国家重大出版工程项目
"十二五"国家重点图书

◎陆琦 编著

广东古建筑

中国古建筑丛书

中国建筑工业出版社

审图号：GS（2015）2780号

图书在版编目（CIP）数据

广东古建筑/陆琦编著.—北京：中国建筑工业出版社，2015.12
（中国古建筑丛书）
ISBN 978-7-112-18176-6

Ⅰ.①广… Ⅱ.①陆… Ⅲ.①古建筑－介绍－广东省 Ⅳ.①K928.71

中国版本图书馆CIP数据核字（2015）第122867号

责任编辑：李东禧　唐　旭　吴　绫　杨　晓
书籍设计：康　羽
责任校对：姜小莲　关　健

中国古建筑丛书

广东古建筑

陆琦　编著

*

中国建筑工业出版社出版、发行（北京西郊百万庄）
各地新华书店、建筑书店经销
北京锋尚制版有限公司制版
北京顺诚彩色印刷有限公司印刷

*

开本：880×1230毫米　1/16　印张：19½　字数：515千字
2015年12月第一版　2015年12月第一次印刷
定价：318.00元
ISBN 978-7-112-18176-6
（25821）

版权所有　翻印必究
如有印装质量问题，可寄本社退换
（邮政编码100037）

《中国古建筑丛书》总编委会

总顾问委员会：

罗哲文　张锦秋　傅熹年　单霁翔　郑时龄

总编辑委员会：

主　　任：吴良镛　周干峙
副 主 任：沈元勤　陆元鼎
总 主 编：陆　琦　戴志坚
委　　员（按姓氏笔画排序）：

丁　垚　王　军　王　南　王金平　王海松　左满常　朱永春
刘　甦　李　群　李东禧　李晓峰　李乾朗　杨大禹　杨新平
吴　昊　张玉坤　张兴国　张鹏举　陆　琦　陈　琦　陈　颖
陈　蔚　陈伯超　陈顺祥　范霄鹏　罗德启　柳　肃　胡永旭
姚　糖　徐　强　徐宗威　翁　萌　高宜生　唐　旭　黄　浩
谢小英　雍振华　蔡　晴　谭刚毅　燕宁娜　戴志坚

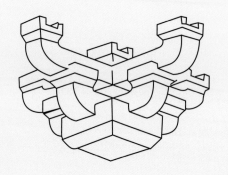

《广东古建筑》

编委会主任：陆元鼎

编委（按姓氏笔画排序）：

    邓其生 邓炳权 刘管平 麦英豪 苏桂芬

    吴庆洲 陆 琦 曹 劲 程建军

审 稿 人：陆元鼎

总 序

中国历史悠久，地大物博，人口众多，是一个多民族的国家，文化遗产极为丰富。中国古建筑是世界建筑史上的四大体系之一，五千年来，光辉灿烂，独特发展，一脉相传，自成体系。在建筑历史发展过程中，从来都没有中断过，因而，积累了大量的极为丰富的优秀建筑文化遗产。中国古代建筑的实践经验、创作理论、工艺技术和艺术精华值得总结、传承和发扬。

中国古代建筑具有强大的生命力，首先是独特的地理环境。中国位于亚洲东方，北部有长白山、乌苏里江高山河流阻挡，西有天山、喀喇昆仑山脉和沙漠横贯，西南有喜马拉雅山脉，东南则沿海，形成封闭与外界隔绝的地域，加上地处热带、温带和寒带，宽阔的地理和悬殊的气候，促进建筑与环境的巧妙和谐结合。

其次，独特的民族性格。中国是以汉族为主的多民族所组成。以中原文化为主的汉族人民团结、凝聚着居住和生活在各地的少数民族。由于各民族的历史、文化、宗教信仰、生活习俗与审美爱好的不同，以及他们所处地区的自然条件和地理环境的差异，长期的劳动实践，形成了各民族独特的性格和绚丽灿烂的建筑风貌。

其三，文化的独特体系。中国文化是以黄河流域中原文化为中心，周围有燕赵文化、晋文化、齐鲁文化、吴越文化、楚文化、秦文化和巴蜀文化所烘托，具有历史渊源长久、人类智慧集中、思想资源丰富的特点。中国传统文化思想的集中表现是以儒学、道学为代表，其后，佛教的传入与中国传统文化的结合，形成以儒学为主的儒、道、释三者合一的中国传统文化思想。归纳起来，就是天人合一的宇宙观念，以人为本、和为贵的人文思想，整体直觉的思维方式，真善美相结合的美学观念。

封闭而独特的地理环境，团结凝聚而又富于创造的民族性格，以儒学为主的文化独特体系，创造了中华民族的雄伟壮丽的建筑工程。长期的经验积累，独树一帜，虽经战争的炮火，民族之间的斗争与融合，外来文化之传入及本土化，但中华民族建筑始终一脉相传，傲然生存下来，顽强发展，独树一帜而不倒，在世界建筑史发展中是罕见的、独有的。

中国古代建筑发展经历了原始社会、奴隶社会和封建社会三个历史阶段。

旧石器时代，原始人群利用天然崖洞作为居住场所。南方湿热多雨，虫害兽多，出现巢居。1973年，在浙江余姚河姆渡村发现大约建于6000～7000多年前的、长约23米、进深约8米的木构架建筑遗址，推测是一座长方形、体量相当大的干阑式建筑，这是我国最早采用榫卯技术构筑房屋的一个实例。

原始社会晚期，黄河流域有广阔而丰厚的黄土层，土质均匀，含有石灰质。黄河中游的氏族部落，在利用黄土层作为壁体的土穴上，用木架和草泥建造简单的穴居，逐步发展到浅穴居，再到地面上的房屋，形成聚落。

奴隶社会，夯土技术逐步成熟，宫室建于高大的夯土台上，木构建筑逐步成为中国古代建筑的主要结构方式。等级制度出现。工程管理有了专职的"司空"，以后各朝代沿袭发展成为中国特有的工官制度。

封建社会初期，高台建筑盛行，修建了长城、驰道和水利工程。东汉时代，建筑中已大量使用成组的斗栱，木构楼阁增多，城市和建筑类型扩充，中国古代独特的木构建筑体系基本形成。

两晋南北朝是我国历史上充满着民族斗争和民族融合的时期，佛教的传入，宗教建筑大量兴建，高大的寺庙、壮丽的塔幢，石窟中精美的雕塑和壁画，这是我国古建筑吸收外来文化使之本土化的创造时期。

隋、唐统一全国，开凿贯通南北的大运河，促进了我国南北物资和文化的交流和发展。唐代的长安、洛阳成为世界上最大的城市。木构建筑的宫殿、楼阁和石窟、塔、桥，无论布局或造型都具有较高艺术和技术水平，唐代建筑已发展到成熟的阶段。

宋、辽、金时期，南方在经济和文化方面居于先进地位。由于手工业分工更加细致，国内商业和国际贸易活跃，城市逐渐开放，改变了汉以来历代都城采用的封闭式里坊制度，形成沿街设店的方式。建筑的设计和施工达到一定程度的规格化、制度化，公元12世纪初在总结经验的基础上编写了《营造法式》这一部重要文献。

元代大都建立，喇嘛教和伊斯兰教建筑影响到各地。明、清时期官式建筑已经达到完全程式化、定型化阶段。明代后期出现资本主义萌芽，清代在城市规划上、建筑群体布局和建筑艺术形象上有所发展，例如北京城、故宫、天坛等。民居、园林和民族建筑遍布各地，呈现一片繁荣景象。

中国古建筑有明显的特征。在城市规划上，严谨规整、对称宏伟，表现出庄重威武的中华民族性格。单体建筑中，雄伟的飞檐屋宇、大红的排列柱廊、高大的汉白玉台基，呈现出崇高壮丽又稳定的形象。黄河流域盛产的木材资源，形成了中国古建筑木构架体系的特色。室外装饰的富丽堂皇、金碧辉煌，室内陈设装修的华丽多样、细腻雕饰，体现了中国古建筑绚丽多彩的民族风格。

聚居建筑方面，包含民居、祠堂、家庙、书院等遍布全国各地，它们与人民生活息息相关。各地各族人民根据自己的生活习俗、生产需要、经济能力、民族爱好和审美观念，结合本地的自然条件和材料，因地制宜、因材致用地进行设计与营造。他们既是设计者，又是营建者、使用者，可以说设计、施工、使用三位一体，因而，这种建造方式所形成的民宅民间建筑，既实用简朴，又经久美观，并富有民族风格和地方特色。

中国古园林的特征。以自然山水即中国山水画为蓝本，并以景区、景物和建筑、山水、花木为构件，由景生情，产生意境联想，达到艺术感受。皇家园林因其规模大、范围广，其园林布局自秦、汉时期的一池三岛，到唐、宋以山水画为蓝本，明、清仍沿袭池中置岛古制，但采用人工造山置水的方法。

明、清私家园林因属民间，士大夫文人常在宅后设园休闲宴客，吟诗享乐，其特点是以最小的场所造成无限的景色为目的。因其规模小，常以叠石或池水为主，峰峦洞壑、峭壁危径或曲径通幽取胜。在情景中则采用巧于因借、精在体宜的手法。

我国是一个人口众多的多民族国家。相传秦汉以前，中华大地上主要生存着华夏、东夷、苗蛮三大文化集团，经过连年不断的战争，最终华夏集团取得了胜利，上古三大文化集团基本融为一体，历史上称为华夏族。春秋、战国时期，东南地区古老的部族称为"越"，逐渐为华夏族所兼并而融入华夏族之中。秦统一各国后，到汉代都用汉人、汉民这个称呼，直到隋、唐，汉族这个名称才固定下来。

由于各民族的历史文化、宗教信仰、生活生产、习俗性格的不同，又由于各族人民所处地区的自然条件和环境的不同，导致他们各自产生了富有特色的建筑和民宅，如宏伟壮丽的藏族布达拉宫，遍布各族聚居地的寺院庙宇、寨堡围村、楼阁宅居，反映了绮丽多彩的民族风貌。

中国传统文化渗透了中国古建筑，中国古建筑深刻地体现了中国文化。

新中国成立后，作为全国性有领导有组织地编写中国古代建筑史，第一次是1959年，由原建筑科学研究院组织"编写三史"开始。当时集中了全国高等院校、科研部门分工编写，1962年由中国工业出版社出版《中国建筑简史》第一册（古代部分）。随后，又组织有关院校、文化、历史、考古等单位对古代建筑史有研究的人员，经多次修改，由刘敦桢教授执笔主编的《中国古代建筑史》，于1966年完成。由于"文化大革命"，未能出版，1980年才由中国建筑工业出版社正式出版。作为高等院校的中国建筑史教材则由全国高校教师编写，参考了上述专著，由中国建筑工业出版社1982年出版。

作为系统的、全面的、编写中国古建筑丛书是从1984年开始，当时作为《中国美术全集》中的一个门类——建筑艺术，称为《中国美术全集·建筑艺术编》，共6辑，包含宫殿、坛庙、陵墓、宗教建筑、民居、园林，1988年完成出版。

第二次编写从1992年开始，编写的原因是《中国美术全集·建筑艺术编》6辑出版后，各界反映良好，但感到篇幅不够，它与我国极为丰富的建筑文化遗产大国不相适应。于是，再次组织编写《中国建筑艺术全集》丛书30辑，其中古建筑24辑，近现代建筑6辑。古建筑部分仍按类型编写。该丛书中的24辑于1999年5月出版。

由于这两次丛书都是全国性编写，按类型写，又着重在艺术，因此，一些地方特色和民族特色的、中型的优秀古建筑就难于入选。为了弘扬和传承优秀传统建筑文化体系，总结经验和规律，保护我国优秀传统建筑文化遗产，因此，全面地、系统地、按省（区）来编写古建筑丛书是非常必要的、合时宜的。

本丛书编写的主要特点是：其一，强调本省（区）古建筑的民族特色和地方特色；其二，编写不限于建筑艺术，而是对本省（区）古建筑的全面叙述，着重在成就、价值、特色、技术和经验、规律等各个方面，这是我国民族和地区的资料比较全面和丰富的传统建筑文化丛书。

陆元鼎

2015年1月10日

前　言

广东位于五岭以南，南海之滨，是岭南文化的中心地。虽然地处边陲且五岭阻隔，但岭南与岭北及中原地区文化交往源远流长，从未间断，特别到南北朝、两宋时期，汉民族南迁使文化重心南移，文化发展更为迅速。地域特点决定了地域文化的特色，岭南奇异的地理环境、深厚的人文底蕴，造就了岭南文化之独特魅力。任何地方建筑都具有文化地域性，岭南建筑强调的是适应亚热带海洋气候，顺应丘陵地形，具有造型轻巧、装饰华美的外观特征，以及与庭院环境结合的空间格局。生活在这块土地上的南粤先民用自己的辛勤和智慧，创造了种类繁多、风格独特、辉煌绚丽的建筑文化遗产。

广东省现有国家历史文化名城6座，省级历史文化名城16座，省级历史文化街区、名镇、名村86处[1]；全国重点文物保护单位100处[2]，省级文物保护单位517处[3]，市、县级文物保护单位至2010年已有2253处；第三次全国文物普查登记的不可移动文物点超过38000多处[4]。100处全国重点文物保护单位中，包括古遗址、古墓葬、古建筑、石窟寺及石刻、近现代重要史迹及代表性建筑等不同类型。广东全国重点文物保护单位中的古建筑，涵盖寺庙、庵堂、教堂、古塔、学宫、书院、祠堂、城垣、私宅园林、民居、桥梁、军事防御设施等，种类丰富，形式多样，地方特色十分鲜明。[5] 厚重的历史积淀，给广东留下了极为丰富的文化遗产。

《广东古建筑》一书的古建筑收录介绍主要为全国重点文物保护单位、省级文物保护单位中的主要建筑，以及市级个别较有特色的文物保护单位。

广东是南宗禅的故乡，有着深厚的佛教文化渊源，较有名气的佛教寺院也很多，也不能一一收录。主要有光孝寺、南华寺、梅庵、开元寺、元山寺等全国重点文物保护单位，还有一些能代表历史文化或当地文化特点的省级文物保护单位佛教寺院，如新兴国恩寺和梅州灵光寺。光孝寺是岭南地区规模最宏大、历史最悠久的佛教丛林，六祖慧能曾在该寺的菩提树下受戒，并以著名的"风幡论辩"脱颖

---

[1] 2008年、2009年和2012年分别公布了三批广东省历史文化街区、名镇、名村。第一批8个，第二批30，第三批48个。

[2] 全国重点文物保护单位自1961年第一批公布以来，于1982年、1988年、1996年、2001年、2006年、2013年共公布了七次。广东省全国重点文物保护单位至第六批共有68处（含有合并项目2处），第七批公布32处，合起来100处。

[3] 1977年、1979年、1989年、2002年、2008年、2010年和2012年分别公布了七批广东省文物保护单位。第一批34处，第二批22处，第三批87处，第四批122处，第五批104处，第六批49处，第七批99处。单独公布增补的省级文物保护单位未算入内。

[4] 方健宏. 前言//广东省文物局编. 全国重点文物保护单位　广东文化遗产[M]. 北京：文物出版社，2010.

[5] 苏桂芬. 概述//广东省文物局编. 全国重点文物保护单位　广东文化遗产[M]. 北京：文物出版社，2010.

而出，最终创立"南宗禅法"；南华寺是六祖慧能弘扬"南宗禅法"的祖庭之一，寺中存有六祖真身；梅庵是为了供奉六祖惠能而建，据说惠能当年在此植有梅树，故取名梅庵，现存佛殿其石柱、梁架、斗栱均体现有宋代建筑风格；新兴是六祖慧能出生之地，国恩寺为慧能"为报佛恩、父母恩、国恩和众生恩"，而在故乡所建造，也是惠能圆寂之所。开元寺是粤东第一古刹，气势宏伟、错落有致，较好地保留了唐代建筑的布局与风格，又凝结了唐以后各个时期的建筑艺术；元山寺建筑群规模宏大，结构严谨，兼有北方恢宏风格和南方华美细腻的特点。

广东祠庙、学宫类建筑较多，全国重点文物保护单位中，像佛山祖庙、悦城龙母祖庙、广州陈家祠等，用材考究，集木雕、砖雕、石雕、陶塑、灰塑之艺术大全，其檐下的木雕，墙壁的砖雕，台阶护栏的石雕、铁铸，瓦脊的陶塑、灰塑等，无不工精艺巧，绚丽夺目。潮州己略黄公祠和从熙公祠是潮式古建筑中的杰出代表，祠中木雕、石雕建筑构件采用了圆雕、沉雕、浮雕、镂空雕等不同手法，把艺术装饰与结构功能和谐地结合为一体，相得益彰。德庆学宫是我国元代木构建筑的瑰宝，其主体建筑大成殿采用加工粗糙大丁栿结构，斗栱种类多达11种，四柱不顶、两侧减柱、斗栱特长，构件衔接榫头接驳，体现了古代工匠高超的工艺水平。

广裕祠具有明显的北方建筑风格，是北方民族南迁过程中南北建筑风格互相借鉴和文化相互融合的产物。雷祖祠历史悠久，有千年石人、乾隆御踢匾额，以及寇准、苏东坡、丁谓、李纲等历史名人遗留下来的文物。而省级文物保护单位也相当多，广州南海神庙、三水胥江祖庙、高州冼太庙、揭阳关帝庙及城隍庙、罗定学宫、高要学宫、揭阳学宫、兴宁学宫、五华长乐学宫、海阳县儒学宫等都各具特色。

广东的古塔数量众多，据不完全统计，现存古塔有300多座，其中全国重点文物保护单位有7处，省级文物保护单位有40多处。唐代怀圣寺光塔是中国现存最早的伊斯兰教建筑，该塔矗立于珠江岸边，塔顶悬灯，古时还有导航船泊的功能。广东的宋塔数量比较多，建筑工艺高超，其中以六榕寺塔、三影塔、慧光塔和龟峰塔为代表。广东现存古桥中以潮州广济桥最具代表性，集梁式桥与浮桥于一身，其规模和结构技术为我国现存古代桥梁中所罕见，反映了我国宋代造桥的最高成就。

因受篇幅限制和调研资料收集漏缺，还有许多古建筑未能收录在案，这不能不说是一个遗憾。希望本书的出版，能使读者对广东古建筑有一个整体的认识，同时为保护和弘扬传统建筑文化起到积极、重要的作用。

陆琦

2015年5月2日

目 录

总 序

前 言

第一章 绪 论
第一节 自然环境状况 / 〇〇二
一、地理 / 〇〇二
二、气候 / 〇〇二
第二节 历史与文化 / 〇〇三
一、历史沿革 / 〇〇三
二、文化交流 / 〇〇五
三、文化特性 / 〇〇六
第三节 建筑发展与特点 / 〇〇七
一、建筑演变 / 〇〇七
二、建筑特点 / 〇一一

第二章 城镇与村落
第一节 古城 / 〇一七
一、广州古城 / 〇一七
二、潮州古城 / 〇二〇
三、雷州古城 / 〇二六
四、城墙与城楼 / 〇三〇
第二节 城镇聚落 / 〇三二
一、城镇聚居形态 / 〇三二
二、佛山古镇 / 〇三三
三、深圳大鹏所城 / 〇三八
四、潮州龙湖寨 / 〇四〇
第三节 村落 / 〇四四
一、村落类型与布局 / 〇四四
二、梳式布局典范——三水大旗头村 / 〇四六
三、"八卦"放射状布局——高要蚬岗村 / 〇四九
四、以宗祠为核心——东莞南社村 / 〇五一
五、山地村落——梅州桥溪村 / 〇五五

第三章 宗教寺观
第一节 佛教寺庙 / 〇六三
一、广州光孝寺 / 〇六三
二、肇庆梅庵 / 〇六八
三、曲江南华寺 / 〇六九
四、潮州开元寺 / 〇七一
五、陆丰元山寺 / 〇七五
六、梅州灵光寺 / 〇七七
七、新兴国恩寺 / 〇七八
第二节 道教宫观 / 〇八〇
一、广州五仙观 / 〇八〇
二、南海云泉仙馆 / 〇八二
三、广州三元宫 / 〇八四
四、博罗冲虚古观、酥醪观 / 〇八五
第三节 伊斯兰教建筑 / 〇八八

一、广州怀圣寺 / 〇八八
二、广州清真先贤古墓 / 〇九〇

第四章　坛庙宗祠
第一节　坛庙 / 〇九五
一、德庆悦城龙母神庙 / 〇九五
二、佛山祖庙 / 〇九七
三、广州南海神庙 / 一〇二
四、三水芦苞胥江祖庙 / 一〇四
五、顺德大良西山庙 / 一〇九
六、高州冼太庙 / 一一一
七、揭阳榕城关帝庙 / 一一二
八、揭阳榕城城隍庙 / 一一三
九、雷州真武堂 / 一一五
十、雷州雷祖祠 / 一一六
十一、潮州韩文公祠 / 一一九
十二、江门陈白沙祠 / 一二一
第二节　宗祠 / 一二三
一、广州陈家祠 / 一二四
二、广州番禺留耕堂 / 一二七
三、广州从化广裕祠 / 一三〇
四、潮州己略黄公祠 / 一三一
五、潮安丛熙公祠 / 一三三
六、东莞潢涌黎氏宗祠 / 一三五

七、东莞厚街河田方氏宗祠 / 一三七
八、顺德逢简刘氏大宗祠 / 一三八

第五章　学宫书院会馆
第一节　学宫 / 一四三
一、德庆学宫 / 一四四
二、番禺学宫 / 一四七
三、罗定学宫 / 一四八
四、揭阳学宫 / 一五〇
五、新会学宫 / 一五二
六、兴宁学宫 / 一五五
七、龙川学宫 / 一五六
八、五华长乐学宫 / 一五六
九、海阳县儒学宫 / 一五七
十、高要学宫 / 一六〇
第二节　书院 / 一六二
一、广州萝岗玉岩书院 / 一六三
二、梅州东山书院 / 一六五
三、肇庆嵩台书院 / 一六六
第三节　会馆 / 一六八
一、广州锦纶会馆 / 一六九
二、南雄广州会馆 / 一七〇
三、徐闻广府会馆 / 一七一
四、兴宁两海会馆 / 一七一

第六章　民居园林

第一节　民居建筑 / 一七七
一、潮州许驸马府 / 一七七
二、顺德碧江职方第 / 一七九
三、梅县南口南华又庐 / 一八一
四、蕉岭丘逢甲故居培远堂 / 一八三
五、大埔光禄第 / 一八三
六、始兴满堂围 / 一八五
七、仁化双峰寨 / 一八七
八、饶平道韵楼 / 一八八
九、大埔花萼楼 / 一八九
十、大埔泰安楼 / 一九一

第二节　园林建筑 / 一九三
一、东莞可园 / 一九四
二、番禺余荫山房 / 一九七
三、顺德清晖园 / 二〇〇
四、佛山梁园 / 二〇三

第七章　其　他

第一节　塔幢 / 二〇九
一、广州六榕寺塔 / 二一〇
二、仁化云龙寺塔 / 二一二
三、南雄三影塔 / 二一三
四、连州慧光塔 / 二一五
五、河源龟峰塔 / 二一五
六、广州琶洲塔 / 二一六
七、广州番禺莲花塔 / 二一七
八、东莞金鳌洲塔 / 二一八
九、高州宝光塔 / 二一九
十、罗定文塔 / 二一九
十一、雷州三元启秀塔 / 二二〇
十二、潮州凤凰塔 / 二二一
十三、汕头潮阳大颠祖师塔 / 二二二
十四、汕头潮阳文光塔 / 二二二
十五、梅州元魁塔 / 二二三
十六、五华狮雄山塔 / 二二三
十七、龙川佗城正相塔 / 二二四
十八、韶关仙人塔 / 二二五
十九、南雄珠玑石塔 / 二二五
二十、仁化澌溪寺塔 / 二二五
二十一、仁化华林寺塔 / 二二七
二十二、英德蓬莱寺塔 / 二二八
二十三、新会镇山宝塔 / 二二八
二十四、肇庆崇禧塔 / 二二九
二十五、德庆白沙山三元塔 / 二三〇
二十六、阳江北山石塔 / 二三〇

第二节　牌坊 / 二三一
一、珠海梅溪牌坊 / 二三二
二、佛山升平人瑞牌坊 / 二三三
三、佛山褒宠牌坊 / 二三四
四、佛山南海良二千石牌坊 / 二三五
五、中山探花及第牌坊 / 二三五
六、英德功垂捍御牌坊 / 二三六
七、大埔丝纶世美牌坊 / 二三六
八、大埔节烈坊 / 二三七
九、顺德冯氏贞节牌坊 / 二三七
第三节　桥 / 二三八
一、潮州广济桥 / 二三八
二、广州石井桥 / 二四〇
三、广州通福桥 / 二四一
四、顺德逢简明远桥 / 二四一
五、乐昌应山石桥 / 二四一
六、湛江新坡广济桥 / 二四二
第四节　炮台守城 / 二四二
一、东莞虎门炮台 / 二四二
二、新会崖门炮台 / 二四四
三、汕头崎碌炮台 / 二四五
四、汕头澄海大莱芜炮台 / 二四六
五、广州番禺莲花城 / 二四七

第八章　建筑营造与装饰
第一节　木结构 / 二五〇
一、大木构架 / 二五一
二、小木作 / 二五六
第二节　砖石结构 / 二六〇
一、砖结构 / 二六〇
二、石结构 / 二六二
第三节　建筑装饰 / 二六七
一、木雕 / 二六七
二、石雕 / 二六九
三、砖雕 / 二七一
四、灰塑 / 二七三
五、陶塑 / 二七五
六、嵌瓷 / 二七六
七、彩画 / 二七九

广东古建筑地点及年代索引 / 二八二

参考文献 / 二九四

后记 / 二九五

作者简介 / 二九六

广东古建筑

第一章 绪论

第一节 自然环境状况

一、地理

广东属岭南地区。所谓岭南，是指五岭以南，五岭包括大庾岭、骑田岭、越城岭、萌渚岭和都庞岭。五岭大体上分布在广西东北部至广东北部与湖南、江西交界的地方。岭南北靠五岭，南临南海，西连云贵，东接福建，范围包括了今广东、海南、广西的大部分地区。五岭是岭南山脉的高峰，连绵起伏、怪石嵯峨，形成一道天然屏障，横亘在两广与湘赣交界地带，成为长江与珠江水系的分水岭、华中与华南气候的分界线。

广东境内自然地理形态复杂，有山地、丘陵、台地、平原等，其地表形态特征为：南岭北峙，地势南倾；丘陵广布，丘顶平缓；水乡泽国，河网纵横；海岸曲长，港湾众多。

平原较为分散，可分为河谷冲积平原，三角洲平原和滨海平原，河谷冲积平原在各大小河流沿岸均有断续分布，有北江的英德平原，东江的惠阳平原，粤东的榕江、练江平原，粤中的潭江平原，粤西的鉴江、漠阳江、九洲江平原等。河流出海处形成三角洲平原，有珠江三角洲平原和韩江三角洲平原等，是岭南主要的平原区。而沿海地区的滨海平原有莲花山脉东南侧的陆丰平原，云开大山脉和云雾山脉南侧的阳江平原、湛江平原等。

山峦是构成自然风景的骨架。岭南山地丘陵广布，由于岩性不同，形成了千姿百态的山体。除了大规模的花岗岩地貌外，还有挺拔俊秀的石灰岩峰林地貌和砂岩峰林地貌，以及由火山喷发构成的玄武岩地貌，代表上述岩石地貌的罗浮山、丹霞山、鼎湖山和西樵山，被誉为广东四大名山。东江下游平原上的罗浮山，系由块状花岗岩构成，山体庞大，山势雄伟。由红砂岩构成的粤北仁化丹霞山、乐昌坪石的金鸡岭，均为典型的丹霞地貌，崖壁峭立，形如城堡。形成于坚硬石英岩的肇庆鼎湖山，以层峦叠嶂的山势、浓荫蔽日的丛林、气象万千的飞瀑、瞬息万变的烟云取胜。而南海西樵山，系火山遗迹，由褐色粗面岩等组成，坡陡顶平，山顶上的天湖碧波泓溢，真可谓壁峭水深，清幽恬静。

岭南自然风光婀娜多姿，既有气势磅礴的山峦，也有川峡险滩的奇景，既有岩溶洞穴的奇观，也有水网纵横的平原，更有海天一色的港湾风光。优美的环境为在自然景观中融入人文景观创造了有利条件，山峦层叠，茂林繁卉，飞瀑流泉，奇石澄潭，许多古观名刹都建在自然风景区中，自古以来就是著名的游览、避暑胜地。

二、气候

岭南襟山带海，地处较低纬度，北回归线横穿岭南中部，大部分区域在北回归线以南。岭南属东亚季风气候区南部，为亚热带湿润季风气候，具有热带、亚热带季风海洋性气候特点，高温多雨为主要气候特征。由于濒临南海，受海洋暖湿气流的调剂，所以气候温和，夏长冬短，雨量充沛。

岭南大部分地区夏（22℃以上的时间）长冬（10℃以下的时间）短，终年不见霜雪。广东韶关以北的粤北北部，冬季也只有一个半月，短时气温低，有霜雪。年平均气温各区有所差异，广东年平均气温18~24℃，一月8~21℃，七月27~29℃。极端最高气温达42℃（1953年8月12日，韶关）；极端最低气温为-7.3℃（1955年1月12日，梅州）。

岭南地区太阳辐射量大，日照时间长，广东省各地的平均日照时数在1450~2300小时之间。由于受太阳高度、大气透明度、云量、海拔高度的影响，太阳总辐射量有明显的地区差异和时间变化。其分布的趋势为：南部多于北部，东部多于西部。广东各地的太阳总辐射量在4150~5510兆焦耳/平方米·年之间，珠江口以东沿海和兴梅一带多于5000兆焦耳/平方米·年，其余各地均在4500兆焦耳/平方米·年左右。

年平均降水量，广东在1500毫米以上，其南岭南侧迎风坡降水在2000毫米以上，多数地区在1200~1800毫米之间。岭南地区4~9月为雨季，夏季降水占全年降水量的70%~80%，在沿海地区尤为明显。而在其他季节，如冬春季节则少雨，形成干湿季节分明的气候状况。

岭南为典型的季风气候区，风向随季节交替变更。夏季以南至东南风为主，风速较小；而在冬季，大部分地区以北至东北风为主，风速较大；春秋季为交替季节，风向不如冬季稳定，春季风向与夏季相似，秋季则与冬季相似。我国是世界上少数受台风热带气旋影响最严重的国家之一，而岭南又是全国受热带气旋影响最多的地区。沿海地区每年5～11月常受热带气旋的侵袭，热带气旋形成狂风暴雨，给岭南地区带来了严重的自然灾害。

岭南的自然灾害除了台风、强风暴外，由于雨季长，所以河流汛期也特别长，从4月至9月都是汛期，都有可能发生暴雨。此外，由于岭南也是冷暖气团强烈交锋之地，每年北来的大风寒流，南来的台风、暴潮，都会对岭南产生严重的影响。

尽管岭南会受到强台风暴等不利因素的影响，但是由于岭南地处热带和亚热带，全年气温较高，加上雨水充沛，所以林木茂盛，四季常青，百花争艳，馨香氤氲，生物种类繁多，各种果实终年不绝。岭南地区跨纬度比较大，使得南北之间气候的差异也较大，植物分布大体和气候带等自然环境相适应，北部为亚热带常绿阔叶林，中部为亚热带常绿季雨林，南部为热带雨林和热带季雨林。良好的地理环境便于植物生长。

第二节　历史与文化

一、历史沿革

广东所处的岭南古为百越（粤）之地，是百越（粤）民族居住的地方。《吕氏春秋》中有"百越"的记载，在《史记》中，岭南两广区域被称为"南越"，《汉书》称"南粤"。越与粤通，简称为"粤"，也是现在广东省的简称。广东的先民很早就在这片土地上生息、劳动、繁衍。

距今约12.9万年以前，岭南出现了早期古人（马坝人）。商与西周时代，广东先民便与中原商、周王朝有了经济文化往来。春秋战国时代，岭南与吴、越、楚国关系密切，交往频繁。历史上楚庭、南武城的传说，反映出这一时期岭南与楚、越的关系。《国语·楚语（上）》也有"抚征南海"的记载，可见当时岭南与楚国有军事、政治关系。

公元前221年，秦王嬴政统一六国后，派屠睢率领50万秦军攻打岭南，公元前214年，秦军基本上占领岭南。随后秦始皇将岭南地区设有"桂林、象、南海"3个郡。《晋书·地理志下》将秦代所立的南海、桂林、象郡称为"岭南三郡"，明确了岭南的区域范围。南海郡辖境是东南濒南海，西到今广西贺州，北连南岭，包括今粤东、粤北、粤中和粤西的一部分，辖番禺、龙川、博罗、四会4个县（据《汉书》记载），郡治番禺。今广东省的大部分地区属南海郡。此外，湛江等地属象郡，粤西有一部分属桂林郡，粤北部分地区属长沙郡。这是广东历史上第一次划分行政区。

秦末，南海郡尉任嚣病危，委任龙川县令赵佗代职。任嚣死后，赵佗起兵隔绝五岭通中原的道路。秦亡之际，赵佗武力攻并桂林、象郡，建立南越国，自称"南越武王"。当时，广东除今连州及乐昌北境属长沙郡管辖外，都属南越国地盘。赵佗及其后的南越国，都与汉朝一样实行郡县制。汉武帝平定南越后，将南越地划分为南海、苍梧、郁林、合浦、交趾、九真、日南、儋耳、珠崖9个郡。为了便于监督各郡官吏，汉朝又设立13个常驻监察机构，称为"十三部"，其中设在苍梧郡广信县（今封开）的交趾部，专门负责纠核岭南九郡。东汉末，交趾部改为交州，除监察权外，还拥有军政大权，成为郡上一级政府，地方行政制度也就从郡县二级变为州、郡、县三级。今广东省境包括交州辖下的整个南海郡（粤中、粤东），还包括苍梧郡、合浦郡、荆州贵阳郡和扬州豫章郡的一部。其中南海郡较秦代增置三个县，揭阳、中宿（今清远）和增城。

东汉末，赤壁之战后逐渐形成魏、蜀、吴三国鼎立的局面。汉献帝建安十五年（公元210年），吴

国的孙权任命步骘为交州刺史，率兵抵番禺。建安二十二年（公元217年），步骘把交州州治从广信东迁番禺。吴景帝永安七年（公元264年），东吴为便于治理，又把南海、苍梧、郁林、高梁4个郡（今两广大部）从交州划出，另设广州，州治番禺，广州由此得名。东吴时期，今广东省境除广州辖下的4郡外，还包括荆州始兴郡和海南岛。

西晋时，今广东省腹地属当时的广州，粤北属荆州，雷州半岛和海南岛属交州。

南北朝时期，中国政局南北分裂。南朝统治者对俚人（越族）实行"羁縻"政策，在原地大量封官，导致州、郡数猛增。增设的州、郡、县多集中在粤中、粤西、粤北地区，粤东地区设置较少。因为当时粤东农业经济没有粤西发达，交通也没有粤西方便。

隋初，设广州、循州（今惠州）两个总管府统领诸州。隋炀帝废州为郡，改为郡、县两级，今广东省境分属10郡、74县。

唐初地方设州、县。岭南45州分属广州、桂州、容州、邕州、安南5个都督府。公元655年以后，5府皆隶于广州，长官称为五府（管）经略使，由广州刺史兼任。肃宗至德元年（公元756年），升五府经略使为岭南节度使。懿宗咸通三年（公元862年），岭南道划分为东、西道，东道治广州，广东属岭南东道，这是广东省名中"东"字的由来，也是两广分为东西的开始。

五代十国时期，岭南为南汉王刘氏占据，行政区划基本上继承唐朝的建制。南汉升广州为兴王府，在州县稀疏的粤东和粤北，增置1府4州。南汉后期，全境共辖60州、214县。

宋代地方行政制度分路、州（府、军）、县三级。今广东省境包括广南东路14州和广南西路境内的7州，共61县。宋朝对唐制有所继承又有所调整。粤西及海南岛裁撤8个州，而粤东、粤北除循唐制外，仍保留南汉所增置的4个州。

广东一词最早出现在宋代。宋太宗至道三年（公元997年）定全国为十五路，宋仁宗天圣年间析为十八路，宋神宗元丰年间析为二十三路，广东、广西是由广南东路、广南西路简化而来的，"广东"即广南东路的简称。东路治所在广州，西路治所在桂州。广东大部分属广南东路。此外它也与广信一名有关，如清朝学者江藩所说："宋时分广东路、广西路，于是有广东、广西之名矣……汉之广信，今之封川县。交州刺史治广信，统领三郡，今分三郡之地为二省，封川以西广西也，封川以东广东也。吴以广名州，本于广信，宋以广名路，亦本于广信也。"

元朝地方行政制度分省、路、府（州、军）、县四级，另有道，是省以下、路府之上的承转机构。今广东省境分为广东道和海北海南道。广东道道治在广州，海北海南道道治在今雷州市。

明朝洪武二年（1369年），改广东道为广东等处行中书省，并将海北海南道改隶广东，广东成为明朝的十三行省之一。而且，过去长期与广西同属一个大区的雷州半岛、海南岛划拨广东统辖，结束了广东以往隶属不同政区的状况，广东省区域轮廓自此基本形成。终明之世，广东设10府1直隶州，统辖7州75县。其中，属明代新置的有顺德、从化、高明、饶平、惠来、大埔、普宁、澄海等22县。这些新置的县大多集中在粤东地区，基本形成当今县制的分布格局。

清初承袭明制，地方行政机关分省、道、府、县4级，但将明时的布政使司正式改称为省。"广东省"名称正式使用，所辖范围与明广东布政使司相同。清设总督管辖广东、广西两省，称"两广总督"，初驻肇庆，乾隆十一年（1746年）移至广州。1841年，鸦片战争中清政府战败，被迫签订《中英南京条约》，香港（时属新安县）沦为英国的殖民化统治地。1887年，葡萄牙诱逼清政府签订《中葡和好通商条约》，侵占澳门（时属香山县）。

1911年，辛亥革命后建立"中华民国"，广东省的名称和范围与清代相同，但将府直辖地及州、厅皆改为县，成为省、县二级制，并于省、县之间分区设置绥靖区。

二、文化交流

商周以后，岭南与中原及长江流域已存在着政治、经济和文化等多方面的往来。战国时，岭北汉人因经商、逃亡或随军征战等原因，逐渐南来。但对岭南的开拓，则是在秦代统一岭南后才开始的，当时派往岭南开垦的汉兵有50万，秦始皇三十四年（公元前213年）还发配了一批罪人到南海郡筑城建屋，"谪治狱吏不直者，筑长城及南越地"①。秦二世时，镇守岭南的赵佗上书奏请拨3万无夫家女子来南海郡，为士卒补衣，照顾生活，秦皇拨给1.5万女性。从北方移居南海郡的汉人带来了中原文化，带来了中原的先进生产技术和生产工具，从而大大促进了早期岭南的开发。南越国期间，赵佗于公元前196年臣服于汉朝，使汉越贸易合法化，中原地区获得了南越国的特产，南越国也得到中原提供的农业生产必需品。

晋代时因"永嘉之乱"，中原和江南战火连年，而岭南地区则社会较为稳定，经济状况良好。广州市郊出土的晋墓砖上刻有"永嘉世，天下荒，余广州，皆平康"的铭文。晋代不少北方的豪门世家南迁岭南，而普通百姓人家南来的就更多了，据《广东通志·舆地略》载："自汉末建安到于东晋永嘉之际，中国之人避地者多入岭表，子孙往往家焉。"

唐代开元年间，张九龄主持扩建大庾岭新道，使其成为连通岭南岭北的主要通道。"兹路既开，然后五岭以南人才出矣，财货通矣，中原之声教日近矣，遐陬之风俗日变矣。"明代丘濬所撰写的这段碑文，道出了大庾岭新道在文化发展中的重大作用。两宋时期，岭南地区交通更加顺畅，北江航运增加，除了广州至保昌乃大庾岭的水陆通道外，粤东的交通也得以改善，沟通了闽南经潮州、惠州到广州的水陆运输。使岭南首府广州与中原及岭北各区域交往更为频繁。

北宋末年，靖康之乱。金兵攻下汴京，宋高宗南渡，导致中原百姓大规模南迁，流入江南各地，高宗建炎三年（1129年），金兵渡江追击，从两浙打到今江西南昌，已到江南的中原士民（包括江南人）辗转南逃，其中一大部分经江西和福建到达广东。至南宋末年，元兵南侵，北人（包括湖南、江西、福建等地）大量迁徙到岭南地区，仅潮州就在短短五十年里，人口增加了一倍。人口的大量增长使岭南的生产发展得以提高。

历史上历次汉人的大举南迁，不仅加快了岭南的开发，而且长期"与越杂处"，在共同改造自然与社会的过程中，以其先进的生产力和文化影响了越族人。这些陆续南迁的汉人中，许多是饱学知识的文人、经验丰富的商人，以及有较高技术的工匠，他们带来了中原先进的铁制农具、生产技术和文化科学知识。同时，历代流人贬官的流放，对提高岭南各地文化素质与文化水平，或多或少地出过力，唐代流贬广东有史籍可考者，流人将近300人（次），左降官近200人，其中皇亲国戚37人（家），宰相49人（次）。而一些著名人物所起的作用则更大，被贬到岭南的中原士大夫有很多，如李邕、李德裕、刘禹锡、寇准、秦观、汤显祖等。他们之中很多人到岭南后，以戴罪之身办学授徒，传播中原先进的文化。三国时代的经学家虞翻，流放到岭南后讲学不倦，门徒达数百人之多。而北宋时的郑侠，贬至英德后，当地人无论贫富贵贱，都派子弟跟其学习，可见其在当地的影响。

唐代韩愈被贬为潮州刺史，虽然仅有7个来月，然而到任后兴教办学，对潮州的文化发展作出了突出的贡献，深受百姓的尊重和推崇，当地父老为感谢韩愈，将鳄溪改名为韩江，东山改名为韩山，连妇女的头巾也改名为韩公帕，还兴建了韩文公祠。宋代苏轼先被贬至岭南的英州（今广东英德），同年再贬惠州，最后贬至海南岛西部的儋州。在惠州的两年七个月中，苏轼推广新农具水碓、水磨及秧马，推动了农业生产。

岭南背山负海的地理环境，造成先民到中原陆上之交通不便，而从海上寻求发展。南越国时，海上贸易就有犀角、象牙、翡翠、珠玑等。汉平南越国后，岭南为交州所辖，广东合浦、徐闻是汉交州对外贸易的进出口港。合浦为郡治所在，濒临南海，溯江而上，可达郁水，是通往岭北各地的商路之起点，而徐闻则位于雷州半岛南端，与琼崖隔海相望，扼海峡要冲，汉代在这里设立专官管理商业贸易，《汉书·地理志》里就记载了西汉时中国官方商船从合浦、徐闻等港前往南海诸国的行程。岭南的海上贸易活动，开拓了中国的"海上丝绸之路"。

岭南对外经济贸易的交流，同时也带来了文化交流。早期岭南的对外文化交流，集中表现在东西方宗教的传播上，六朝时，不少外国僧人随海船到广州传教、译经、建寺。来岭南传教译经最著名的高僧是菩提达摩，在梁武帝中期经三年泛海达广州，创建了西来庵（后改称华林寺），曾到广州光孝寺传播禅法，后赴少林寺，成为我国禅宗初祖。明代时，意大利传教士利玛窦在广东等地除传教外，还传播西方的科学知识，特别是天文、地理、数学、机械方面的知识，增添了人们的世界知识、地理知识和自然科学知识，促进了中国和西方的文化交流。M·苏立文在《东西方美术的交流》中说："由于利玛窦到达中国，中国和欧洲美术的交流才真正开始了。"[2]

在宋代，与广州往来贸易的国家与地区，见诸记载的有50多个，范围包括今东南亚、南亚、波斯湾、东非等地。广州官府在城南西湖设来远驿安置外国使臣，外国商船抵达广州或离开广州前，都设宴招待。北宋嘉祐年间（1056～1063年），经略使魏炎修建海山楼，海船来时检查货物后，在该楼设阅货宴招待外商和船员；海船离广州前，又为他们设饯行宴。

明代至清中期，是古代岭南最繁荣的时期，广州长时间成为唯一的外贸港口，也是当时最大的商业城市之一。清代时珠江商贸航运更加繁忙，英国商人威廉·希克在乾隆三十三年（1768年）到广州后说："珠江上船舶运行忙碌的情景，就像伦敦桥下的泰晤士河。不同的是，河面上的帆船形式不一，还有大帆船。在外国人眼里，再没有比排列在珠江上长达几里的帆船更为壮观的了。"[3]明成祖永乐三年（1405年）在广州设有怀远驿，供外商在广州的贸易和住宿。清代康熙二十四年（1685年）在广州建立粤海关和在十三行[4]建立洋行制度，乾隆年间开始，准许外国商人在十三行一带开设"夷馆"，方便其经商和生活居住。

三、文化特性

地理环境、气候条件对文化的特质和发展起着重大作用，列宁认为地理特性决定着生产力的发展，而生产力的发展又决定着经济关系，以及附在经济关系后面的所有其他社会关系的发展[5]。岭南文化特性，与其自然环境因素有很大的关系。自然环境是人类社会生存和发展的基础，也是文化存在和发展的必备条件。任何文化都是在一定的自然环境中产生、发展并受其制约和影响。岭南的地理环境和气候条件对岭南经济、政治及文化的形成，都有很大的影响。

古代由于地处南疆边陲的岭南因五岭阻隔，与中原基本上是一种相对封闭的环境，中原人对岭南的了解甚少，而岭南人也很难进入中原。这种半封闭的地理环境极大地限制了古代岭南与中原的沟通，影响岭南更快地发展。但从另一个角度来看，由于外部因素影响少，则有利于岭南地域文化的形成和发展，特别是有利于民族地方文化的积淀，形成自己的特色并易于承袭。半封闭的地理环境和热带、亚热带自然生态环境，使岭南人形成了有异于中原地区风俗习惯的生活方式、生产方式、审美观念、价值观念、人生态度、行为方式，等等。

岭南人自古以来对"水"的崇拜超过了对"土"的敬服，岭南各类庙宇内所供奉的基本为管"水"的神灵，像南海神庙、龙母庙、天后宫、北帝庙等。而"水"的流动性和变化性使得岭南人崇尚自然，追求自由，在潜意识里本能地抗拒禁锢的僵化，这种意识越是在中原文化的严酷控制下越能发挥其功用，越能表现出自己的特点。

秦汉以后，岭南与中原的交往力度加大，岭外文化影响不仅带来了农业科学技术，促进了经济贸易，而且带来了中原文化思想，特别是儒、道等中国主流文化思想。传统文化思想意识，对岭南建筑理念起了很大的影响，这不但反映到建筑选址、布局等方面，同样也反映在建筑的造型、装饰上。岭南社会基本结构同样是儒家大一统的国家观念和"天不变，道亦不变"的超稳定观念。"学而优则仕"的知识价值观，对科举考试的迷恋以及岭南人对家谱、族谱的重视等，都体现了儒学思想对岭南的影响。而岭南的道德伦理文化，像儒家"忠君、孝悌"的道德观念，也是岭南人的社会行为规范和准则。所以，像岭南传统建筑装饰，儒家的道德伦理思想表现就十分强烈。

社会结构的变迁对文化的构成应该说起着关键性的作用。影响文化的构成、特征以及功能的最终因素，还是社会结构的变动。社会结构的变动导致了社会风俗、生活方式以及思想观念等产生重大变化。从岭南文化构成内涵来看，岭南先进文化的产生和形成，是在中原文化直接进入以后，与土著文化交汇而缔结成优化文化，这种优化文化，又在海洋文明的影响下，不断地更新、完善。使其具有同我国其他区域文化所不同的特性，这种特性，是其他地域文化所不能代替的。岭南文化因受其独特的地理环境和社会历史条件的影响，在千百年来的演变过程中，逐渐形成自己特色的文化模式。虽然这种文化模式在各种文化交往和碰撞中不断地调整和建构，但岭南文化始终保持着自身鲜明的独特个性，使岭南文化具有兼容、多元、开放、务实、创新的特性。

第三节 建筑发展与特点

一、建筑演变

1978年10月，在广东高要金利区茅岗石角村前的鱼塘中发现了四千多年前的"水上建筑"，有人称之为"湖上居址"，它是建在湖滨低湿地的房屋遗迹。茅岗的水上建筑位于西江下游西岸，四千多年前这里曾是一片泽国，木构建筑原是营建在沼泽上，现在遗址已被淹没在鱼塘里，范围约十万平方米，排干塘水后才显露出木构建筑的遗迹。这是一种"干阑式"的水上木构建筑。发现了三组建筑物，平面布局均为长方形，前后总长度为14.7米，两排木柱之间相距1.64~1.7米。建筑遗存还保留有木柱、木桩、圆木条、树皮板、木楔和经火烧灼过的木板块等。木柱是支撑建筑物的主体，长达2.8~3.3米，柱径30~40厘米。柱身凿有长方、正方或扁圆形的榫孔，柱顶凿凹槽。凿孔时，先用火在孔位烧灼，后用石器对凿而成。遗址下面是厚达4.5~5米的文化层堆积，出土的有斧、锛、凿和砺石等石器生产工具，还有石环、石璜等装饰品，同时出土的还有上万片的陶器残片，65%以上的陶片拍印了几何纹样。其中有用于炊煮的陶釜，盛食用的陶盘、陶豆、陶罐等。

秦末汉初，南海尉赵佗建立了南越国，割据岭南，修筑城池以维持统治，这些古城大体分为两类，一类是以政治功能为主的郡县城，如秦建龙川县城、东汉建增城县城等，另一类是军事据点的关隘或城堡。龙川为秦南海郡首设县之一，首任县令赵佗筑城设县治，《元和郡县志》河源县条日记有：龙川故城为土城，周长800多米，至宋扩建为砖城。秦汉的居住建筑形式，从广州汉墓出土的明器陶屋造型看，多以干阑式建筑为主，也有"日"字形、曲尺形等平面的住宅（图1-3-1、图1-3-2）。在这一时期，岭南建筑特色主要以岭南本土文化为主。

西汉南越国宫署御苑遗址是目前我国发现年代最早的宫苑实例。在现所发掘的南越国宫署御苑遗址里，筑有石砌大型仰斗状水池、蚕室、石渠、平桥与水井、砖石走道等。在南越国第二代君主赵眛

图1-3-1 干阑式住宅——广州汉墓明器

三合院住宅
——广州汉墓明器

"日"字形平面住宅
——广州汉墓明器

曲尺形住宅
——广州汉墓明器

图1-3-2 广州汉墓明器陶屋

的陵墓中，出土的三个印纹陶瓮和一件陶鼎，都印有"长乐宫器"四字的方形戳印，这是从考古发掘中得知南越国的宫殿名称。汉武帝元鼎六年（公元前111年）灭南越，汉兵"纵火烧城"，南越国宫署及其御花园也被火烧毁。

挖掘的南越国宫署御苑仰斗状大型石砌水池，面积约4000平方米，外观近似方形，池壁呈斜坡形，坡长11米，坡斜约15°，壁面用砂岩石板做冰裂纹密缝铺砌，做工考究，在池壁斜坡铺石上，发现有"蕃"、"眈"、"阅"、"赀"、"治"、"□□北诸郎"等秦隶刻字。池底平整，用碎石和河卵石平铺，池水深大约2米多。池中还发掘出巨型叠石方柱、八棱石柱、石栏杆、石门楣、铁门枢、铁斧、铁凿等，附近还挖掘出不少绳纹带"公"、"官"字戳印的板瓦、筒瓦和"万岁"瓦当，估计水池中间建有宫殿建筑物。

方形水池南面的铺石斜壁之下，埋有方形的导水木槽，是用来引导池水流入南面的石砌曲渠而专设的一条暗槽。目前所发掘石砌曲渠有150米长，渠体两边用石块砌壁，稍向外斜，截面呈梯形状，高度约为0.63米，渠口宽1.34～1.40米，底宽1.3米，渠底用石板铺砌成冰裂纹状，上面密排着灰黑色的河卵石，其间还有黄白色的大型卵石疏落点布（图1-3-3、图1-3-4）。石渠的西端有石板

图1-3-3 南越国宫署园林遗址石曲渠（引自越宫文《广州发现南越王的御花园——南越国御苑遗址发掘记述》）

图1-3-4 石曲水渠渠坡（引自越宫文《广州发现南越王的御花园——南越国御苑遗址发掘记述》）

平桥，桥的两边原来都应铺有步石，现步石仅在北边还尚存一段，共9块，弯曲排开，两步石的间距为0.6米，步石小道通往北面南越国宫署的砖石走道，遗址上的砖石走道长约20米，走道中间平铺灰白色砂岩石板两行，两侧砌有大型印花砖夹边。砖面印有几何印纹图案，全为菱形纹，菱纹为横五竖九，⑥可能寓意"九五之尊（砖）"，粤语中"尊"与"砖"同音。

魏晋南北朝时期，中原陷入内乱与混战，岭南相对稳定。南下移民潮使岭南本土文化有所变化，岭南建筑处在融入以中原文化为主的外地文化的发展进程中。城市建设扩大，是这一时期岭南政治、经济、军事、文化发展的集中表现。广东、海南现存从秦到南北朝时期20多座古城遗址，除少数为秦、汉古城址外，大多数为六朝时期所建。古城址及聚居遗址，集中分布在粤西，这与南北朝时期在粤西大量设置郡县有关，也反映了这一地区重要的政治、军事地位。这些古城规模不大，未成定制，城墙为夯土修筑，多数只具军事、政治职能。聚居地遗址多分布于粤北、粤西，有的聚居点面积达数万平方米，是移民南迁合族而居的痕迹。在揭阳九肚山发现的全木结构晋代住屋遗迹，与采集到瓦当、板瓦的粤西聚居遗存相比，别具一格。建筑工艺的飞跃发展，在为数众多的墓葬遗存中得到实证。南朝墓葬中出现长方形双棺室、三棺室合葬墓，墓室内竖砖柱、左右壁，以及后壁辟灯龛、直棂假窗，部分墓壁砌菱角牙子，不少墓室前端设有水井和地下水道，其建筑工艺相似于岭北文化先进地区。从出土明器如广州沙河顶的太熙元年（公元290年）晋墓明器陶卧房、作坊、禽舍，连州的永嘉六年（公元312年）晋墓明器屋宇，可见地面民居建筑达到新的水平。

隋唐南汉时期岭南建筑的发展，突出地体现在城市建设（南汉王宫）、寺庙建筑等方面。今存的岭南古代寺庙建筑，如广州光孝寺大殿、潮州开元寺大殿、南雄三影塔，尚可以见到唐之遗风。隋、唐敕建南海神庙规模宏大，后世虽屡有修建，基本规制却无以逾越。五代十国时期，刘龑在广州建立了南汉国，延续了五十多年。在南汉王国封建割据的政治中心兴王府，掀起规模空前的都城建设，宫殿、寺庙、园林建筑迸发出一时的辉煌（图1-3-5）。岭南在融入中原建筑文化的基础上，已经渐趋自觉地雕琢着本地特有的建筑风格，这对宋以后的岭南建筑有着较为重要的影响。

南汉大举兴宫筑苑，宫苑极为富丽堂皇，已知有苑囿8处，宫殿26个。《新五代史·南汉世家》称："故时刘氏有南宫、大明、昌华、甘泉、玩华、秀华、玉清、太微诸宫。凡数百，不可悉记。"南汉内宫中更有昭阳殿、文德殿、万政殿、乾和殿、乾政殿、集贤殿、景阳宫、龙德宫、万华宫、列圣宫等，在乾政殿的西面，还有景福宫、思元宫、定圣宫、龙应宫。《南汉书·高祖纪》有"建玉堂珠殿，饰以金碧翠羽，悉聚珍宝实之"的记载。《五国故事》称南汉"十五年作秀华诸宫，皆极瑰丽"。其中的南薰殿，据《南汉书》称："柱皆通透，刻镂础石，各置炉燃香"。而万政殿则"一柱用银三千两，以银为殿衣，间以云母"。⑦《五国纪事》对

图1-3-5 南汉园林遗址九曜园景观

昭阳殿的奢侈有细致的描述："以金为仰阳，以银为地面，檐、楹、榱、桷皆饰以银，殿下设水渠，浸以珍珠，又琢以水晶、琥珀为日月，列于东西两楼之上，亲书其榜。"由此可见宫殿之豪华瑰丽。

宋元时期是广东大规模开发的时期，汹涌南下的移民潮，使岭南产生重大的变化，大大缩小了岭南社会生活同中原、江南地区的差距，至南宋以后，基本达到同步发展。宋元以后，岭南的居民已衍化为以汉族为主体。与北方相比，南方显得更为稳定繁荣。在这种背景下，岭南建筑呈现出蓬勃向上的新气象。广州宋城面积增大为唐城的4倍以上，其设施更为完善，中、东城皆以官署为中心，街道布局呈"丁"字形，而面积最大的西城建为呈"井"字形的商业市舶区，并修通了城市供水、排水系统"六脉渠"，使延入城中的南濠、清水濠和内濠等河涌兼有通航、排涝及防火功能。宋元岭南建筑的发展，还表现在园林造园及装饰工艺水平上的提高。随着生活文化的发展，人们越来越追求居住环境的舒适和情趣，于是庭园园林应运而生。岭南宋代庭园园林多为州府仕士所营，如宋经略梁之奇在都督府之右的南汉明月峡玉液池遗址处辟西园，园中置池，池中列石，其状若屏，故称为石屏台，石屏台的东面建有经略厅，北面建有翠层楼。

在岭南城市的布局和建设中，体现了山水环境的格局。肇庆端州星湖、潮州西湖、惠州西湖、雷州西湖等都加大力度建设，由州府和乡绅共同出资营造。潮州西湖古为韩江支流，唐代时修北门堤，遂浚之为湖。宋代时重辟西湖，使西湖"诛茅穿藓，插柳植竹，间以杂花，盘纡诘曲，与湖周遭，横架危梁，翼以红阑，镜奁平开，虹影宛舒，数步之内，祠宫梵宇，云蔓鳞差，浮荣女墙，粉碧相映。"[8] 惠州西湖，古称丰湖，位于惠州城西。西湖北界东江，西依丰山等山地，东、南两面都与城区相接。西湖历史悠久，自然布局甚佳，有五湖六桥八景之胜，五湖为：平湖、丰湖、南湖、鳄湖、菱湖。六桥为：烟霞桥、拱北桥、西新桥、明圣桥、圆道桥、迎仙桥。八景为：水帘飞瀑、半径樵归、野寺岚烟、荔浦风清、桃园日暖、鹤峰返照、雁塔斜辉、丰湖渔唱。五湖一脉相通，水面宽阔，南北纵长6公里，东西横宽4公里，面积约为24平方公里。宋绍圣元年（1094年）文学家苏轼携妾王朝云、子苏过谪居惠州，一住三年，留下朝云墓、六如亭，以及苏轼助款修筑的苏堤、西新桥、东新桥等遗迹，还有苏轼手迹与宋、明、清名士题咏的摩崖石刻。湖内诸洲交错，沿着竹岸柳堤，可见掩映着的红棉水榭、百花洲、点翠洲、泗洲塔、九曲桥等景物。湖边山影倒映水中，烟云聚散，深具曲折变幻之妙

图1-3-6 惠州西湖八景之一玉塔微澜

（图1-3-6）。杨起元《平湖堤记》曰："泉源淳潏，波澜荡漾，鱼虾产育，菱茨布叶，烟云会散，凫鹭沉浮，桥梁亭榭，沓霭飞动，雨降水溢，循渠奔飞，清澈悦目，傍可列坐，上拟布石，用匮而止。鹅城万雉，半入鉴光，渔歌樵唱，朝夕相闻。"

鸦片战争以前的明清时期，中国封建政治、经济、文化发展到了它的顶峰。岭南建筑文化也形成具有鲜明地方特色的体系。明清时期城市建设连续不断。各州县相继兴建或扩建城墙、城楼。随着社会生活的变化，建筑种类扩展，建筑布局趋向大型组群，建筑装饰达到高超的水平。岭南汉族各民系形成各自特色的民居建筑体系，以适应不同地区的气候环境、经济水平和生活特点。私家园林在吸收江南园林的基础上，突出了地方特色，形成与北方、江南等园林不同的一种风格流派。

1840年鸦片战争，是中国近代史的开始。晚清后期至民国时期岭南建筑，融入西方的建筑文化特点。其实在明后期及清初，岭南已开始出现西式建筑，明万历年间，葡萄牙殖民者租占澳门，在澳门建立起教堂、宅居、城垣和炮台，是最早在中国领土上建起的西方建筑。由于广州一直是明代通商口岸，较早受到外来文化的影响，出现了十三夷馆等西式风格建筑。鸦片战争以后，又有汕头、海口开埠通商，广州沙面、香港、广州湾（今湛江）被租借或割占。西方文化加大了传入的势头。直至清末，在岭南兴建了一批西式建筑，这里面有教会兴建的教堂及附属的医院、学校、育婴堂、修道院等，也有外国人居住的领事馆、别墅，还有海关和银行、商行等金融、贸易机构。在口岸城市和侨乡，出现了一批中西结合的住宅和园林建筑。

二、建筑特点

（一）群体规整布局与平面丰富多变

封建礼制始终是古建筑的设计中心思想，中轴对称、方整庄重、规则协调是建筑平面布局的主流。广东古建筑群落也不例外，城市多以衙门府治为主轴，村落则以宗族祠堂为核心。平原谷地村落规整，巷道平直，横纵有序，呈梳式布局。

古建筑组群，坛庙、学宫、宗祠、会馆等，以大殿、厅堂为中心布局。宋代开始，建筑布局向纵深方向发展，进数增多。明代以后，建筑向大型群组趋势方向发展，多进多路的组合构成巨大的建筑群。住宅常因祖堂而定，其他从属房屋左右平衡配置，突出中心。厅堂在开间、尺度、间数和进深上都加之以强化，以庭院为核心，形成循序渐进的院落空间序列。大型府第以及单一家族的围楼围寨，大都采用中轴对称布局形式。宅居前面置有池塘，后面靠着山丘林木加以陪衬，使得建筑整体感强。

民居平面类型多样，十分丰富，但多定型化、标准化，代代相传。建筑平面尺度通常以瓦坑宽度为模数，"坑"分两等，大"坑"约30厘米，小坑约25厘米，由坑组成间必须是单数，再由间组成栋，由栋组成里或巷，由巷组成村落或街镇，井然有序。

岭南潮湿，为使空气流通，建筑尺度多升高，通过前低后高，用巷里对直来兜风入室，有所谓"露白"来加强通风采光，从整体环境设计来达到降温效应。

在庭院处理上，通常庭院的比例尺度较小、紧凑，庭院间多有厢廊、门、檐廊等过渡和联系空间。厅多为敞厅，门窗也向天井开敞。有的在建筑庭院中设水池、花台、盆景山石，不但美观，且有利降温。庭院水池常为方形或多边几何形，配以岭南花木，四季常青，瓜果飘香，有一种幽雅娴静之意境。

（二）严谨结构体系与适宜灵活改进

为抗御台风和地震，木构架的刚性问题始终是建筑的核心问题，因而产生了其特殊的结构形式。虽然中原常用的传统抬梁式木构也曾被应用，但岭南总的木结构还是以穿斗式为主流，如果明间因功能需要而采用抬梁，则偏间多用穿斗构架或直接用山墙承重。

宋代肇庆梅庵和德庆元代学宫大成殿受中原木构影响最深，其中还保存着唐代的某些遗风，为了加强刚性，抬梁也改造了，如把斗栱后昂加长，把枋断面加高为1∶2，斗与栱间加插串销，广泛使用丁头栱、攀间枋增加等。

明清时的岭南木构已很少用栌斗，檐柱直接承托桁条，挑檐桁的荷载直接压在挑枋和华栱上，挑枋和华栱穿过檐柱，与双步梁或搭牵组成整体，以达到力的平衡，实际上是穿斗式建筑构架原理的灵活应用。

为加强抬梁架的刚度，岭南地区常见的手法有：个柱变为瓜柱，把瓜柱的比例加长；抬梁架的下梁与金柱用榫固接；把抬梁与外槽穿斗式框架组合成整体，共同受力。

岭南木构很少有吊天花，为防白蚁和防腐，木材尽量外露，以利通风，无拱眼板。

岭南木构的另一特色是不受某一形制的约束，按实际条件随宜变化，少有相同，在变化中求适应，因地因材因条件而制宜，五花八门，各显神通。柱的位置常无定位，梁的高低也无定位。岭南多斜风雨，檐柱易受雨淋而腐朽，明清时，檐柱常以石代木。明清时，许多小庙、牌坊、塔、桥等，均趋向用石仿木。

岭南建筑的用材特点是就地取材，因材致用，如墙体材料，潮汕地区用贝灰三合土，山区用石墙、土坯和夯土墙。岭南石材应用广泛，明以前广州多用红砂石，明以后多用花岗石，通常用于柱础、压檐边、步级；通道、山墙挑檐、外柱墙基、外栏板、须弥座、勒脚等。

（三）造型风格多样与装饰重点凸显

岭南建筑的艺术造型可分为两种类别：一是庙宇、祠堂之类，其风格较为绚丽豪华；另一是民宅店铺之类，其风格较为朴素淡雅。尽管风格不一，各有特点，但在造型、装饰效果方面有着它们共同的特点。

1. 脊饰艺术的造型作用。脊饰比例较高，且脊饰母题内容丰富，多是民间爱好的岭南水饰和风物人情。

2. 强调入门的端庄气派。大门入口是艺术重点处理所在，通常有凹凸廊和高台基的处理做法，这种手法一可防风避雨，二可产生立面阴影，以虚实对比来加强入口。门簪和横楣联精心雕琢，蔚为壮观。门上屋顶也较两边升高，前面置有抱鼓石、石狮等。

3. 富有哲理的山墙形式。出于防风防火的需要，建筑山墙多采用硬山顶。在硬山屋顶的上端砌成各种形象，创造了丰富多彩的山尖形式，以活跃外观造型。这些山墙按金、木、水、火、土哲理，有的夸张飘逸，有的庄重朴实，有的层层叠叠，有的行云流水,给人以强烈的吸引力,改变了建筑平面方整的单一视觉。有些祠堂庙宇还把山墙做成排山滴水,施加彩画灰塑,以增加侧立面的造型。

4.讲究柱的艺术造型。石柱的断面有圆、八角、四方花瓣等,柱础为防潮雨,比例较高,一般都在30厘米以上,有的竟近米。柱础造型样式不下百种。柱头常见有"莲花托",如意斗栱或出挑华栱。

5.精美灵巧的装饰装修。建筑的装饰装修是表现传统文化的重要手段之一,广东古建筑集乡土文化于一体,反映浓厚的地方特点,其三雕(砖、木、石)、三塑(陶、灰、嵌瓷)及彩画等工艺,施饰于屋脊、墙体、梁架、柱子、门窗、隔断等处,层次丰富,工艺精美,令人叹为观止。

总的来说,广东古建筑平面布置与自然环境配合较密切,建筑因形就势,注重与环境景观的交融,建筑内部开敞通透,内外渗透。注意群体组合的错落参差,建筑轮廓变化灵活,艺术形象丰富。建筑细部向精巧、细致的方向发展,向图案化、标准化过渡。外来文化的交流,外国建筑技术与艺术的引进,出现了百花齐放、丰富多彩的建筑形象。明清后,由于受手工业和商业的带动,建筑装饰、装修、陈设、家具均有长足的进步,与建筑空间有机地组合,达到高超的水平。广东古建筑在不同的历史阶段内,苦心经营,延绵不绝,在特定的地域环境内,善于吸收外来文化的滋养,刻意创新,其古建筑艺术在中华民族建筑历史长河中享有一定的声誉。

注释

① 史记·卷六·秦始皇本纪.
② (英)M·苏立文.陈瑞林译.东西方美术的交流[M].南京:江苏美术出版社,1998:43.
③ 朱培初.明清陶瓷和世界文化的交流.北京:中国轻工业出版社,1984:31.
④ "十三行"是清代广州一个拥有商业特权的商业团体。其主要业务是:承销外商进口商品,并代为收购出口货物;代表外商缴纳关税;代表政府管束外国商人,传达政令,办理一切与外商交涉的事宜。清政府规定广州所有进出口物品都必须由十三行行商办理,外地商人和本地一般商家不许直接同外商做买卖。十三行既是私商贸易组织,又是代表官方管理外贸和外事的机构。
⑤ 列宁全集·第38卷.459页.
⑥ 广州市文物管理处等.广州秦汉造船工场遗址试掘.文物,1977(4).
⑦ 南汉纪·卷五.
⑧ 潮州·西湖山志.

广东古建筑

第二章 城镇与村落

广东城镇与村落分布图

① 广州古城
② 潮州古城
③ 雷州古城
④ 佛山古镇
⑤ 深圳大鹏所城
⑥ 潮州龙湖寨
⑦ 三水大旗头村
⑧ 高要蚬岗村
⑨ 东莞南社村
⑩ 梅州桥溪村

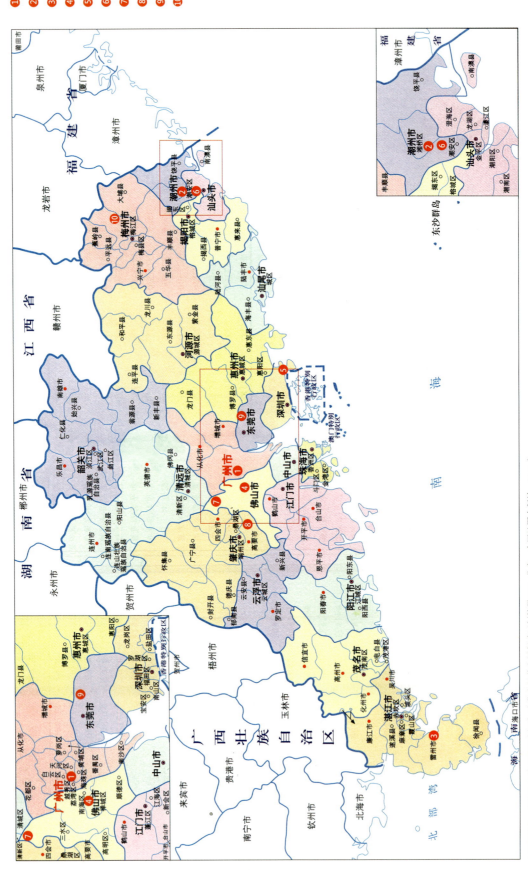

(地图引自：中华人民共和国民政部编. 中华人民共和国行政区划简册2014. 北京：中国地图出版社，2014.)

第一节 古城

中国的古城，基本上是从国都至县（邑）的各级行政机构驻地。这些古城往往也是某个区域内的政治中心、经济中心、文化中心，甚至是军事中心。

从城址的选择上，多依山川，择水而居且顺水发展。平原地区强调礼制尊卑，城市形态和用地划分要求中规中矩，如《考工记》中所述："匠人营国，方九里，旁三门，国中九经九纬，经涂九轨，左祖右社，面朝后市"。而山地河湖地区则更多地体现出因地制宜的思想，管子曰："凡立国都，非于大山之下，必于广川之上。高毋近旱，而水用足；下毋近水，而沟防省。因天材，就地利，故城郭不必中规矩，道路不必中准绳。"①岭南地区在布局上充分利用山川地形及周围自然环境，综合考虑地貌、地质、水文和气候。

一、广州古城

秦始皇三十三年（公元前214年）统一岭南后，在岭南设南海郡，广州（番禺）为南海郡治，任嚣为首任郡尉。并建城郭——番禺城，后人称为"任嚣城"。为后来南越国的建立打下了基础。

赵佗于公元前204年自称为南越武王，立南越国后，原作为南海郡治的任嚣城满足不了国都城的需要，于是将城扩至周围十里，后代俗称"赵佗城"或"越城"。

番禺建城的史实始见于《淮南子》、《史记》、《汉书》等早期文献中。《史记·南越列传》中记载："番禺负山险，阻南海……"，除早期文献中有番禺城的记载外，考古材料也提供了番禺城存在的史实。1953年，广州西村石头岗一号秦墓出土了一件漆盒，盖上有"番禺"二字的烙印。番禺城之名是从南海郡治番禺县而来，因城里有番、禺二山而得名。有的学者认为源自"番山之隅（禺）"，故名番禺；有的认为原意应为"岭外蕃（番）邦蛮夷之地"；有的认为"番"即古越语的"村"，"禺"即古越语的"盐"，"番禺"即"盐村"的意思，为南越人聚居地的名字。②

从汉初葬墓分布范围和考古发掘来看，南越国都城的宫殿区在北面，东面和南面为当地越人的生活居住区（相当于郭城区）。宫城修建十分奢华，从1996~1998年先后发掘的南越国宫署遗址情况和南越王墓及其出土的大量精美的文物中，可以想象其宫殿建筑的壮观场面。南越国的开国皇帝赵佗本来是中原河北真定人，受中原宗族文化的影响很大。南越国的政治制度继承了中原秦制，并且"宫室百官之制同京师"，从历史文献及出土文物来看，南越国设立郡县、置监守、封侯王，朝中设丞相、内史、太傅、校尉等官职，基本上与秦汉中央朝廷一致。都城形态布局也同中原京城的布局类似，采用西城东郭的形态布局（图2-1-1）。

汉平南越后，至隋唐时期，广州古城没有大规模的城池建设，也未见大体量或者是重要的标志性建筑出现，但广州这一时期的发展却显现了非常强的市民性和商业性。城市的发展处于漫长的自然演变当中，从较低水平走向较高水平，尤以商业发展迅速，"广州，镇南海，滨际海隅，委输交部，

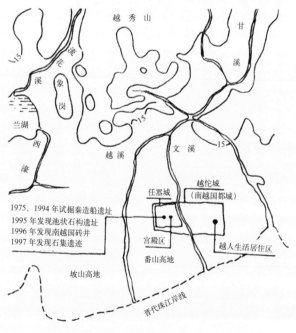

图2-1-1 南越国都城址示意图（引自周霞《广州城市形态演进》）

虽民户不多，而理像猥杂……卷握之资，富兼十世"③，成为一个商业繁荣的城市。广州在盛唐时成为全国三大商业城市之一主要是因为对外贸易的发展。盛唐时期，海上"丝绸之路"发达起来，西亚各国特别是阿拉伯商人大量来中国经商，很多定居广州，形成了广州经济的繁荣。随着对外贸易的蓬勃开展，外国商民鱼贯而来，定居者越来越多，广州人口结构具有了明显的国际化特点。为加强管理，当局参照里坊制度，在城市西部划定外侨居住区，也叫"蕃坊"。

隋唐时期广州外贸主要为波罗庙码头，波罗庙又称南海神庙，建于隋文帝开皇十四年（公元594年），为了鼓励对外交流，促进通商，隋文帝告令："外国使人，欲来京邑，所有船舶，沿溯江河，任其载运，有司不得搜检。"④建南海神庙祭祀南海神，显示对海外贸易的重视。按规定外国商船未经允许，不能驶入广州内城，来广州贸易的外国商船一般先泊于南海神庙码头，而外贸主要航线大多从南海神庙的黄木湾出发，通往东南亚、西亚和东非地区。中外商人出海前都到南海神庙祈祷航海平安，历代帝王亦多派官吏来到这里拜祭海神（图2-1-2、图2-1-3）。

唐末五代时期，刘龑建立南汉政权，广州再一次成为都城，称兴王府。唐代广州已基本上形成了坐北朝南的布局形态，城市最北面是官署区。官署区与南城门相连并将城外商业街主干道直达江边，从刺史署直临江边形成了一条南北向轴线。南汉兴王府仿唐代长安建造，划分城市区域，兴筑大批宫殿，城市建设具有都城建设特点。按照唐制，城市布局分为内城与郭城。内城包括宫城与皇城两大部分，为南汉的政治中枢。宫城位于城北，坐北朝南，居高临下，是皇帝、皇族居住之所和皇帝处理朝政、举行会议的地方，建有昭阳殿、乾和殿、文德殿、万政殿等。宫城之南为皇城，最高的行政机构与事务机关大多设在这里。为适应礼制之需，南汉王刘龑把唐南城门清海楼改为双阙，用来标示宫殿建筑群的隆重性质和至高无上的等级，强化威

图2-1-2　广州南海神庙

图2-1-3　广州南海神庙礼亭祭祀区

仪，渲染宫殿区的壮观气势。

从三国步骘重修广州城历经三国、两晋、南朝、隋唐共七百多年的时间，广州城市没有大的发展，直到南汉后才有了突破性的变化。与此同时，南汉还兴建了水利园林工程和大批苑囿宫殿，"凿山城以通舟楫，开兰湖，辟药洲"⑤（图2-1-4）。在风景优美的地方辟建为宫苑，著名的有南宫、昌华苑、玉液池、芳华苑、华林园等。

在广州城建史上，宋代是一个承上启下的发展阶段。以城市北部中间地区为政治中心，沿江及西部地区为商业居住区的格局在宋代得到巩固。宋代以后通过对城郭的多次修缮，逐渐呈现出三重城墙围绕的空间形态格局，即子城、东城、西城三城并立的总体形态格局（图2-1-5）。

子城又称中城，周长五里，城北不设门，南面、东面、西面共有镇南门（镇安门）、冲霄门

（步云门）、素波门、行春门、朝天门（有年门）五门。城南的镇南门为广州南面的正门。子城的修复是宋代对城墙第一次大规模的建设。子城在宋代仍然是广州城主要的官署行政区和居住商业区。城市商业主干道北端呈"丁"字形布局，为经略安抚使司所在地，也是政治中心。东城的建设是宋代第二次对城墙的扩建。北宋熙宁二年（1069年），东城在古越城的基础上逐渐修建起来，西接子城，与子城并列，面积周围4里，有迎熏、拱辰、震东三门。这里主要是官员的居住区和风景区。东城的街道与子城相似，多为"丁"字形街道，街道较窄。西城的建设是对城墙的第三次扩建，是在北宋熙宁四年（1071年）增筑的。西城的规模最大，与中城隔着西湖相望。周围13里，共有阜财、善利、朝宗、航海、金肃、和丰、朝天、威远等九门，这里是主要的商业区。东西雁翅城的建设为宋代第四次大规模的城墙建设。南宋嘉定三年（1210年），在城南两边筑东西雁翅城直至海边，东翅城长九十丈，西翅城长五十丈，用以保护官署和商业区。

明代以后，广州城原来的三城分立的形态已不适合城市发展的需要。原三城之间有濠水环绕，形成分割之势。明初洪武三年（1370年）拆除了中间部分的城墙，填埋部分濠池，三城合为一体。明洪武十三年（1380年），广州地方官朱亮祖认为在宋城基础上合三为一的城区仍旧过于"低隘"，因而"辟东北山麓以广之"，并"拓北城八百余丈建立五层楼，为会城壮观"。后来城池又陆续有多次的修葺和扩建。明嘉靖四十三年（1564年），原宋代所建雁翅城保护的江边商业区，时常受到骚扰和袭击，为了保护这一带沿江商业区的安定和繁荣，又加筑外城。所加筑的外城称为明代"新城"，或称明代"子城"。新城有东、西、南门，上有两层城楼。这时的广州城基本形成今日广州市旧城区的范围。这两次拓展形成的明代老城，周长约21里，设八门。广州城的规模扩展，使越秀山的一部分也在城市范围

图2-1-4　广州南汉西湖药洲遗址九曜园水中观赏石

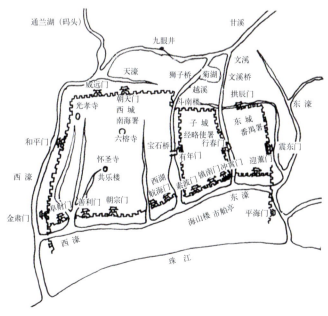

图2-1-5　宋代城郭示意图（引自周霞《广州城市形态演进》）

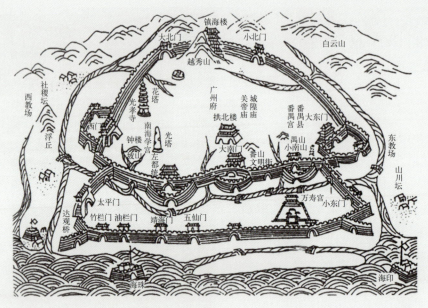

图2-1-6 明代城郭图（引自周霞《广州城市形态演进》）

以内，城中原有的六条溪水长流不断，所以形成了"六脉皆通海，青山半入城"的格局（图2-1-6）。

越秀山的山顶兴建了五层高的镇海楼，也称"五层楼"。镇海楼始建于明洪武十三年（1380年），后经历代重修。现存的镇海楼宽31米，深11米，高28米，为五层楼阁式建筑，逐层收减，复檐五层，硬山顶，楼身各层有平坐腰檐，造型雄伟壮观，仍保留了明代风格。登此高楼，可以远眺珠江，因而也称作"望海"之楼，有"岭南第一胜揽"之称（图2-1-7）。

清代广州城在总体布局上沿承了明代的城市布局形态。清顺治四年（1647年）筑东西二翼城，各长二十余丈，各为一门，向南直通河边，称为鸡翼城。这是广州古代城建史上最后一次的城池建设。在清代大清门外是珠江边天字码头，入大清门往北分布有学宫、书院以及布政司、广州府、巡抚部院等官府衙门。

广州古代城市的发展除汉平南越、宋末元初等大的战争以外，基本处于中国漫长而又相对稳定的封建社会时期。广州古城以早期子城为核心，逐步扩大发展。从总体上看大的扩展和建设有四次，即赵佗城、南汉兴王府、宋三城、明清广州城。广州古代城市的空间结构形态明显受中原的城市布局形

图2-1-7 广州镇海楼

制的影响，赵佗城采用西城东郭的布局，体现了以西为尊的宗族礼制的思想；兴王府采用坐北朝南的布局，体现了突出皇权礼制的思想；宋代的城市形成了三城并立的形态格局，水道与商业街市相统一；明清以后，由于地理环境、商业贸易、交通方式的影响，城市建设更多地结合了城市周围独特的山水自然条件。

二、潮州古城

秦始皇统一岭南后设南海郡，南海郡又下设揭阳戍，潮州归揭阳戍辖区管辖。东晋义熙九年（公

元413年）立义安郡，郡治设在现今的潮州古城内。潮州古城位于韩江三角洲平原的北端、韩江的西岸。韩江三角洲河网密布，土壤肥沃，物产丰盛，为潮州古城的形成和发展提供了有利的自然环境条件。

从汉至宋朝以前，潮州古城发展缓慢。当时潮州属于国家的边远城邑，人口稀少，城中除宫署及各种手工作坊外，城市性质单一，结构关系简单。唐朝开元年间，潮州建成了占地约百亩的开元寺大建筑群，寺庙的建造丰富了古城风貌，改变了以往单调的空间格局。

潮州建设的最早记载是北宋至和二年（1055年）郑伸《筑城纪》，从碑记内容来看，潮州在唐宋时期已经有土筑的外郭和内城。内城称子城，围绕府署公所，范围不大，地势却很险固。⑥元《三阳志·城池》⑦记载："州之子城，依金山为固，前俯而后仰，由南面北，绕以壕，东则溪也"。但因当时土工不坚，至宋初已大部分坍塌，宋淳熙年间（1174~1189年）改建为石城，增设女墙，高一丈五尺，宋城有11处门。完工后的城墙，康熙《潮州府志》卷二《城池》载："潮州府城，旧有子城依金山由北而南，绕以壕，东临大江，外廓以土为之，宋绍兴十四年（1144年）知州李广文乃移近循壕流旧址黍砌。绍定端平间知州王元应、许应龙、叶观相继黍砌之，为门十有一。元大德间总管大中帖里修东城之滨溪者，谓之堤城。"

对宋代潮州城南北轴的长度最为直接、明确的记载，有《三阳志·桥道》："太平桥，在州治之前。州治自太平桥直抵三阳门……自太平桥至三阳门，长五百单五丈八尺。"太平桥遗址现位于潮州市太平路的上水门街口，而三阳门则是宋代潮州城的南向终端。宋代1尺等于30.72厘米，因此，宋朝城南北轴线的长度是：$0.3072 \times 5058 = 1553.8$米。据潮州市城建局1980年实测，上水门街口至古南门（宋三阳门旧址）的长度为1560米，两者的数据基本吻合。宋代潮州城的周长，据《三阳志·城池》记述考证，至端平年间叶观修造堤城之后，潮城的总长度是一千七百二十丈，这一规模此后便基本固定下来，其间虽历次修建，皆沿宋代故基。清顺治吴颖《潮州府志·城池乡村考》谓："潮州府……城围一千七百六十三丈……"，与一千七百二十多丈的基数基本吻合。由此来看，潮州古城的规模自宋代至晚清，基本上未有太大的改动。⑧

宋朝时期的城池是古代潮州的定型阶段。随着宋朝政治中心的南移，潮州与中原的联系逐步加强，城市的行政中心（如子城、宫署等）、军事设施（如城墙、护城河等）都得到很好的建设。道路骨架的完善，宗教、商业建筑及民居的建设日趋成熟，使城市空间更丰富而有韵味（图2-1-8）。

城墙建设，宋初在州治四周重新修筑子城。至宋仁宗至和元年（1054年），太守郑坤动员民力全面维修内外城，完工后外郭"城围一千七百六十三丈，高二丈一尺，阔二丈二尺。内外石筑七门：东，广济、上水、竹木、下水；西，安定门，左有水关一所；南，南门；北，北门。东跨溪，溪浚濠。濠西北抵湖山，西南阔八丈，深者六、七丈，浅者七、八尺"。子城则分设东西南三门，城墙高二丈五尺，墙面阔一丈，城基阔二丈。墙外挖濠，阔七丈五寸，"自城下转西而南，绕郭之外，延一千二百余丈"。⑨由于城郭修葺有误，致使外城崩塌，直到淳熙年间（1174~1189年），太守常纬重新修建，但仅恢复西、南、北三门。端平初年（1234年），太守叶观新修东城，自新城门起，沿溪傍岸，直至南门与旧城相接，长五百五十丈，皆用石砌。墙高二丈，城上构筑排列如齿状的矮墙，全线共4000余齿。由于居民多沿江筑室，新修城墙凹斜屈曲，继任太守刘用行下令迁徙民宅，重行整砌。完工后的城墙门共有11座：城东有州学门、上水门、竹木门、浮桥门、下水门；城西有贡（英）门、湖平门、和福门、凤啸门；城南有三阳门、小南门。此外，在内城、外城之间还有鼓楼门和矮门可供往来。

州治（即知府署）所在的子城位于潮州城北部，北沿金山背，东临韩江，沿东、西、南向有城垣，于西、南向设壕沟，辟东、西、南三门，子城

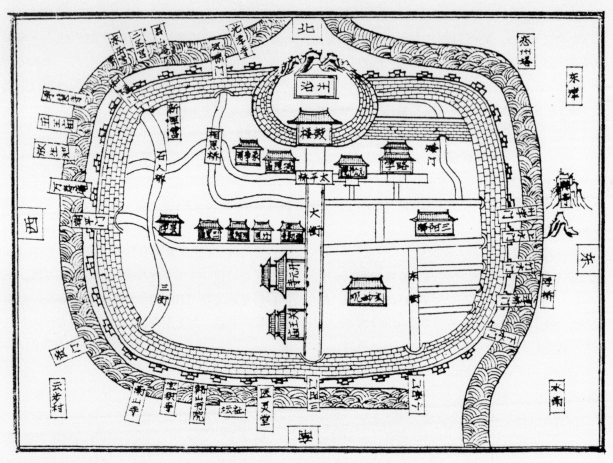

图2-1-8 宋代潮州古城图（引自潮州市建设局《潮州古建筑》）

南端的鼓楼是子城连接外城的主城门。主干道大街北接鼓楼，南通三阳门，是一条贯通古城南北的大道，是组织整个城市建筑的主轴线。其两侧布置宫署、大型寺庙等主要建筑，规模宏大，气势庄严。古城形成以子城为核心的南北轴线格局。

纵横的街巷形成古城骨架。《永乐大典》载，宋代潮州"直州而前为街三堤一，巷陌贯通"。主干道大街（即今太平路）"自太平桥至三阳门，长五百单五丈八尺，东抵西阔二丈四尺，官沟在外街之两旁，石刻丈尺为志，砥道轩豁，有中洲之气象焉。"另二街居其东者称东街，通小南门；居西者称第三街，连贯贡门（一称贡英门）与和福门。以上三街均为南北走向。宋代的古城图中，东西走向的较大道路有六条：一通下水门，一通浮桥门（今东门），一通竹木门。以上三条道路均达东街，成"丁"字路口；另一自上水门穿大街，越第三街通湖平门；一自州学门穿大街，迤北越去相思桥，通凤啸门；一自大街太平桥，经相思桥，过石人桥至城西廊与放生池（今西湖）相望。从道路上还有桥梁分析，城区内还有若干河道，是引西湖水或韩江水的干渠。

古城合理地分布文化机构活动场所，并开辟城市风景区，古刹开元寺位于古城中心，玄妙观与关王庙也处于古城内部，与分布于城池四周边缘的大小庵堂、宫寺、祭坛、庙宇、放生池等构成广阔的宗教活动场所。位于城北鼓楼附近的学宫也处于重要的位置，说明这时候潮州的文化教育发展已有相当的基础。宋代潮州城里还设有官办的贫民福利救济机构安济院、养济院、安乐庐等。其中养济院址在开元寺后，利用废弃庵寺修辟而成，专门安置一些孤寡残疾无靠以及过往贫民病患者，由官方供给衣粮柴薪[①]。潮州城依山带河，原来就擅形胜之美。

宋代更是着意开辟布置，当时建设的风景区，集中在韩山、金山与西湖山（即西湖和葫芦山）。潮州古城今日的主要风景区和旅游点韩山韩祠、金山、西湖、湘子桥等都是宋代建置或重修奠下的基础（图2-1-9）。

明清两代是潮州经济发展的鼎盛时期，城市在宋朝的基础上有了进一步的调整和发展，潮州已成为粤东的政治、经济、文化中心。城市的经济政治职能日趋明显，同时商业活动也更为繁荣，古城的商业积极外拓，冲破原有城垣的限制，形成了新的街市与桥市（图2-1-10、图2-1-11）。明清潮州古城主要特点如下。

1. 城市外曲内方呈不规则长方形

城市形状呈屈曲状主要是外围的地理环境造成的，因金山立城北、葫芦山堕其西、笔架山江东崎、韩江绕郭南流等因素所决定，古城布局重其自然，巧于因应。潮州城四周筑有高大

图2-1-9 潮州西湖风光

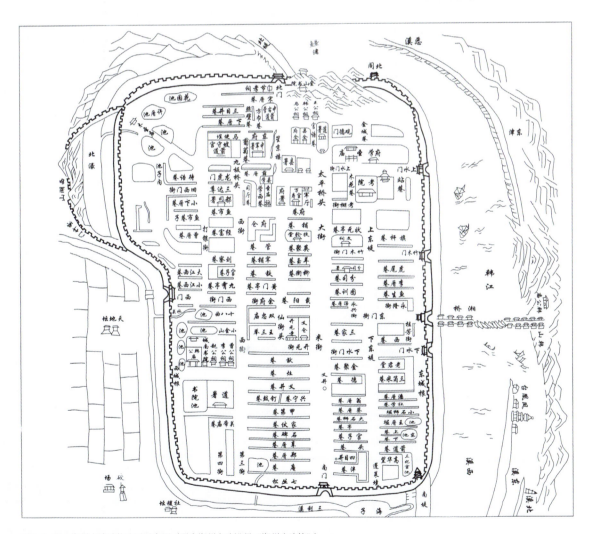

图2-1-10 潮州古城功能分区示意图（引自潮州市建设局《潮州古建筑》）

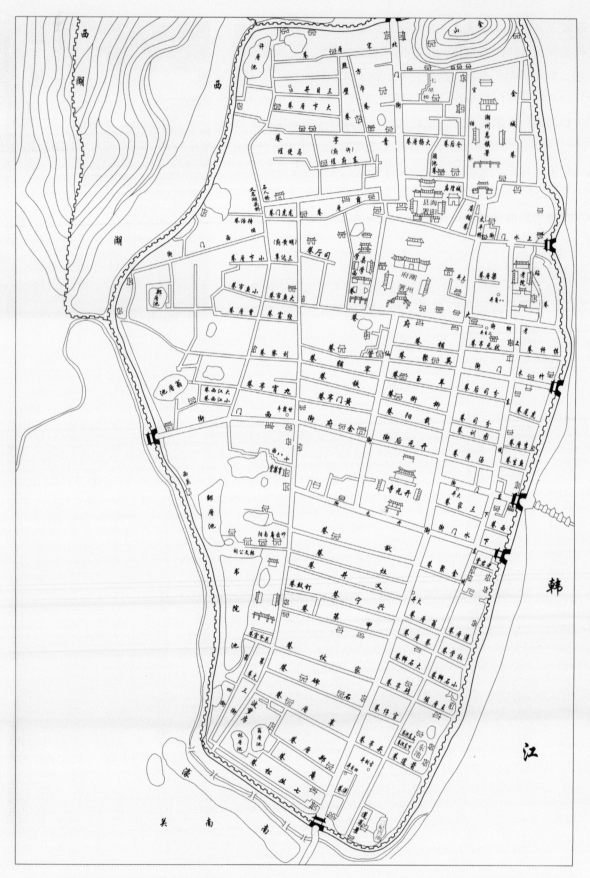

图2-1-11 潮州古城区示意图（引自潮州市建设局《潮州古建筑》）

的城墙，南北长约2.2公里，东西宽约1.2公里，周长约5.6公里。古城墙的作用有三：一是防水患；二是军事；三是治安。《左传》云："墙所以防非常也。"为了便于守卫，城周只设七门，除北门外其余皆为水陆门（图2-1-12、图2-1-13），其位置也是由所处的地势和城壕来决定的，偏设而不求对称。广济门上面东门楼为三层，为潮郡首要门户。城墙中开拱门，城楼各层均为五开间，抬梁式木构架，重檐歇山琉璃瓦顶，现建筑仍保留明代风格（图2-1-14）。除东面为韩江、西北面及北面有西湖和金山外，其余城垣外面都有护城河。

2. 城市布局主要按功能划分区域

潮州古城的格局严整有序，经纬分明。城内功能分区按传统的职业划分，具体为"北贵、南富、东财、西丁"。北贵：中国的传统营造思想基本建立在以北极为中心的天国秩序，古城的北面为历代府衙、县署、学宫、城隍所在，且位置又居全城之上方，统领全城；南富：南面多为豪富宅院，今从猷、灶、义井、兴宁、甲第、家伙、石牌、辜厝、郑厝、庵等十大巷的民居建筑规模尚可看出当年之繁盛；东财：东面临江，水陆交通便利，且东方主生，故商贾云集，是闽、赣经水路贸易之地，这里多为仓储、客栈、酒楼、妓馆；西丁：因西面是作坊聚集之地，而工匠多为男性，故属丁，如今尚从铁巷、打银街、裱画街、胶柏街、竹篾街等巷名，可想象当年古城西片手工业基地，工匠云集的情景。这样，就形成了动静分明、功能齐全的城市划分。

3. 街巷体系的形成

古城街道的结构形式按传统的经、纬、环涂制规划。除环涂外，古城经涂由北向南，主要有三道：中部的大街（今太平路）、分处于东西面的东街（今上、下东平路）和西街（今西平路）。纬涂

图2-1-12　潮州上水门

图2-1-13　潮州下水门

图2-1-14　潮州广济门城楼

由东抵西,主要也有三道:中部由汤厝巷(今汤平路)经开元后巷(今西马路东段)穿余府街(今西马路西段),联系东、西两城门;北有府巷(今昌黎路);南有开元前街(今开元路)。南北两纬涂虽未贯穿东西,但已显其基本格局。除此,南北走向的街道还有府前街(今义安路)、第四街、打银街;通向城门者还有北门街(今北马路)、上水门街、竹木门街、东门街、下水门街。在各街道之间巷道纵横,形成古城的棋盘式道路网。

4. 以民居单元组合的坊巷制

清代古城街坊没有采用宋代以前的里坊制,而代之是以民居为单元组合,横向排列,前后间隔巷道的坊巷制(图2-1-15、图2-1-16)。全城共90多个街坊。如城南的猷、灶、义、兴、甲、家、石、辜、郑、庵十街坊,每个街坊长约300米,宽在30至60米之间,为潮城之较大街坊。城东、城北和中部街坊,因是商业、衙署、寺庙和民居混合区,交通量较大,故各街坊比城南为小,一般长100～200米,宽约50米,既利于交通,又便于防火。城西由于地形地势错综复杂和池塘较多,故所在街坊因地制宜,大小不一。城内出现不少行业街市,如米行、丝竹、果子行、药市、皮市等,也有茶馆、酒肆等娱乐场所,还有由集中市制转化而来的街市和桥市。

5. 城市空间丰富而有意境

潮州古城北依金山,东临韩水,北高南低,日照、排水便利。在古城的中轴线上,前面是潮州府署,后为海阳县衙,署前侧有府仓,东侧为府学宫,县衙后面有县仓,西侧为县学宫,署前向南伸展有府前街、仙街头交接开元前街,使中轴线明显突出府署在古城北上方的几何中心位置。在空间组织上,古代潮州城空间轮廓层次相当分明。形成以环城低山丘陵金山、西湖山、笔架山自然轮廓为主的古城空间的"高轮廓线",城墙、城门楼、骑楼街组成的"中轮廓线",成片低矮民居组成的"低轮廓线",以及韩江、西湖水面形成的"下轮廓线"。高、中、低、下,错落有致,层次丰富。

三、雷州古城

雷州地处中国大陆最南端的雷州半岛。先秦时,雷州为"荆扬之南裔、商南越、周南海、周末百粤"。因而其城池兴起极早,据明黄佐《广东通志》记载,公元前355年楚子熊挥奉命镇粤,至此开石城。熊挥同时还建了一座楚豁楼,遗址在宋元的县治中,一般认为这是雷州最早的城池。

雷州城在唐代为海康县治,海康之名始自隋开皇年间(公元581～600年),唐朝沿袭,为海康县治和合州州治。贞观八年(公元634年)改古合州

图2-1-15 潮州甲第巷街坊

图2-1-16 潮州甲第巷宅居

为雷州，并建造郡城。贞观十二年（公元638年）城工告竣，当年所修的城池当在今雷州旧城内。南汉期间，城池袭唐制，乾亨年间（917～925年）大筑城池。

宋代是雷州城市发展的高峰时期，城池多次筑构。宋太宗至道二年（公元996年）郡守杨维新建子城，周一百四十步，高一丈七尺，下阔一丈，上阔九尺。自南宋绍兴十五年（1145年）开始兴修土筑外城，郡守王鉴于绍兴八年（1138年）因"海寇陈旺长驱乘潮犯城南郊，纵火大掠，人莫能御"而"复筑外城，作女墙，辟四门"，[11]外城依附旧城，只有东、南、西三面。绍兴二十二年（1152年）改为砖砌。新旧两城周长5里280步，城墙高二丈五尺，上阔一丈，下阔三丈，濠广五丈五尺，深一丈四尺，城外环筑女墙，辟四门，城池完备，规模宏大。[12]此后，宋宁宗嘉定五年（1212年）、理宗淳祐十年（1250年）曾先后因台风侵蚀城池而修葺，并于旧城之上构筑四楼。

元初，雷州城历经战乱和台风的侵袭，城邑残破。同时认识到外城是内城的屏藩，如唇齿之相依，不可或缺，故于天历二年（1329年）筑外城。元统元年（1333年）重修雷城，立栅门，筑羊马墙，从而使内外两城互为犄角，防御更为完善。明朝时为进一步加强防御，又多次修城，洪武七年（1374年）在雷州重新大筑城垣，垒石砌砖，辟四门——东曰镇洋，西曰中和，南曰广运，北曰朝天，门建重楼，东、西、北三门各置石桥，环城浚池储水，周围长达6里。

清代雷州城屡遭台风侵蚀，破坏严重，如顺治九年（1652年）"飓风连作，城崩池坏"；康熙十年（1671年）"城东垣崩数十丈，又飓风频发，城上垛窝十坏八九"。[13]因此城池也屡有修葺，顺治、康熙、乾隆和嘉庆朝多次修筑，其中规模较大的是顺治十三年（1656年）所修，盖40间窝铺，并仿省城式样重新改造，将圮坏单薄之城逐一修筑高厚，垛口改造，城濠疏浚，同时还在四门外百步处各建楼防守。

唐至明清时期雷州城市的格局前后变化较大，南宋绍兴十五年（1145年）之前，雷州仅一座城池，即宋至明清的旧城，也称子城，为一长方形城池。绍兴十五年以后，在旧城之南循其南界修建了一座半圆形城池，新旧两城形成外似一城实为两城的格局。雷州城池总面积至清中期已达3.2平方公里，城墙周长5里多，城濠长达6里有余，规模宏大。南宋在旧城之南再筑新城，是因为进出雷州的水路港埠主要在城东南的南渡河，盗匪多由此入城，于旧城南建外城可作为内城的屏障，"雷郡新城实内城之屏障，唇齿相依，不可或缺。如丁亥狼兵围雷，自七月至九月，帅老卒疲，内城晏然无恙，止劫新城而去，非新城捍卫之力乎。"[14]而经济的发展、城市人口的增加也影响着新城的建设和发展，明清时期新城坊市的增加和向城门内外的发展也说明了这一点。以后历代雷州城虽屡经修葺，却一直保持着这种格局。

雷州城内交通畅达，以陆路为主，其间纵横交错的街道构成了一个完整的交通网络系统。它们通过城门与城外交通连为一体，形成便捷的内外交通。根据历代的府志、县志记载，明朝时期雷州街道网络已形成，清代进一步完善。旧城街道形成时间较早，街道多为建城时所设，因有所规划，故较规则平整，同时受中国古代都城布局的影响，其主要街道也多为东西、南北走向，且与城门相通。据万历《雷州府志·建置》记载，其中连通东西城门的街道一条，长约1里，称东西街，连通南北城门的街道一条，长约2里，称迎秀街。两条主干道相交于城中心偏东位置，形成十字形交叉，构成现今旧城交通网络的基本架构。另外，旧城东西向的街道还有中正巷、西街等，西街又分大、小西街，"司狱司南直上，呼曰'大西街'，恺悌坊西，呼曰'小西街'"。[15]新城街道形成较晚，主要在明清时期。受地形和修建时间等因素影响，街道多弯曲自然。新旧两城的主要街道在明成化二十年（1484年）由知府魏瀚"伐石铺砌"，今城中一些街道还遗留有明代的青石路面。另外，雷州城外也开辟了一些街道。

唐代以后，雷州城市日趋兴盛，并逐步形成了一些功能相对集中的区域。官衙是一个城市的指挥机构，因此官衙区往往在城市布局中占据着极其重要的地位，雷州城亦如此。官衙机构一直作为雷州半岛的政治中心，既是历代海康县治地，还是唐代郡治、宋代军治、元代路治和明清府治所在地，同时它还是中国南疆边关重镇，因此军政官衙机构众多。雷州的官衙区主要集中在旧城西北部，包括海康县治、雷州郡（军、路、府）治，还有监狱署、元宣慰司（明雷州卫、清参将府）、左营、右营、火药局、武行署等。雷州官衙区之所以位于城西北部，一方面与中国古代城市官衙布局特点有关，中国古代城市官衙布局有一个突出的特点，即官衙往往居于城邑中心或地势高处，以体现出地位和权威，而雷州城西北部地势略显高亢，因此雷州衙署设置于此，有高屋建瓴之势，利于防守；另一方面，历史上雷州周围多盗匪，他们多沿海路从城南进攻，而旧城位于新城之北，有新城作为屏藩，旧城的官衙安全才有保障。

由于受中国古代传统文化的影响，各地的官学一般都设在官衙附近（图2-1-17、图2-1-18）。雷州城早期的文教区主要设在城西北的官衙附近，如宋代始建县学宫和府学宫于此，雷州的第一座书院莱泉书院也于此时在寇公祠兴修，贡院则在学宫稍北处，从而形成密集的文教区。明代以后，雷州文化教育发展迅速，仅城区就有9所社学和怀坡、崇文、文会、雷阳、平湖（莱泉）5所书院。这些社学和书院除一部分在官衙区附近外，大多集中在旧城东南部，如著名的雷阳书院等，形成新的文教区。

雷州早期的居民区也是按里坊制建设，到明代后还保持这样的称谓，如21坊、下河里、灵山里等。宋代以前居民区设在封闭的坊墙内；宋代以后，逐步开始和工商业区杂处，并开始沿街布设，形成连片街区，每个居民区都有巷口楼或牌坊标志。据万历《雷州府志·建置·坊表》记载：明代雷州城有21坊，其中位于旧城的有迎恩、镇宁、安仁、桂叶、中正、乐安、贵德、明善、恺悌、守

图2-1-17 雷州海康学宫大成殿

图2-1-18 雷州海康学宫大成殿梁架

廉、澄清、官贤、拱宸、西湖共14坊，位于新城的有文富、调会、登云、南亭、解元、宁国、文昌等共7坊。清中叶以后，随着人口的发展，居民区进一步扩大，新增10个坊。其中除仁里、荐贤和龙兴在城内外，其余的主要出现在旧城四水关内外。东

关外有兴贤、富教、宜稼坊，西关有昭贤、守富坊，南关有永宁坊，北门外有芦坊。反映出这一时期社会经济的发展、人口的增加、城区面积的拓展和居民区向城外扩展的趋势。

清中叶以后，由于雷州港内外贸易的兴盛，雷州口海关在今关部康皇庙北设立，遂使这里成为繁华的商业区，而居民也大量拥入新城，在这里形成新兴的居住区，有曲街、苏楼巷、钟楼里、灵山里、下河里等。这些地方如今仍保留了许多府第和祠堂（图2-1-19、图2-1-20）。如岭南"三大清官"之一的陈瑞清公祠就位于钟楼里，翰林院编修陈观楼故居观察第就位于下河里，典型的雷州民居宋屋巷位于灵山里。

雷州虽然一直为边关军事重镇，但同时它又是历代雷州半岛的政治、经济、文化中心，因此其商业区同样是城市布局的一个重要组成部分。宋代以前，雷州城的市场和同时代的其他中国城市一样实行封闭集中的管理制度，市场设在指定的坊内，实行封闭集中管理。宋代以后，市场也逐步推行开放的管理制度，工商居民区杂处，市场沿街布设，形成众多的商业区。宋至明中叶，雷州的商业区主要集中在旧城，其中旧城中的东西、南北向的主干道是最重要的商业区，店铺密集，货物品种繁多。另外，大西街、小西街、嘉岭和大新街的商业也很兴旺，人烟鼎盛。如大新街主要经营苏杭布匹、日用百货，亦有书店、药房、制笔等业，镇中东路的酱料、糕饼、药材、蒸酒、粮食，镇中西路的饮食、钱庄、理发等业也十分兴盛。这些街道的市场是由一个个的店面组成，它们或彼此共墙，或紧相连接，多前为店铺，后为仓库或宿舍。明朝时，来往的货船沿南渡河支流南亭溪直达城西的西湖惠济东桥，但东西行人来往不便，于是跨南亭溪架一桥，方便行人。但由于桥横溪上，船舶只能停在桥南，明嘉靖十三年（1534年）知府黄行可便以石砌桥

图2-1-19 雷州下河里灵山公馆

图2-1-20 雷州下河里民居

图2-1-21 经过修葺后的肇庆古城墙

图2-1-22 肇庆古城墙

门,又疏浚溪流,使船重至惠济桥下,"舟楫运货,从桥下乘潮而过","山程水驿,从无阻截之区,攘往熙来,并鼓康衢之腹"。[16]

与此同时,城南新城商业也逐步发展起来,有与城内平分秋色之势。其中南亭街以布匹、药材、纺织为著;二桥街则以土扎、油糖、铜铁、竹木、缸瓦有名;曲街不仅有繁荣的商业,而且手工业也密集,有铜铁、首饰、纺织、木作、石刻等行业。新城商业虽屡遭兵火,但仍欣欣向荣。而城门附近也因交通便利发展成商业区,如南门市和西门市等。

四、城墙与城楼

城墙是古代防御敌人的重要构筑物。在生产力较为低下的古代社会里,城墙发挥了巨大的作用。中国古代城墙建筑,出于军事防御和自然防灾的需要,保护城内衙署和居民的安全。城外再环城凿池(亦称壕)蓄水,使城多一层屏障,名曰护城河。城墙往往与池壕连在一起,称之城池。城墙上再建雉堞(排列如齿状的矮墙),以作掩护之用;建窝铺,作为人藏匿或安身之所;建串楼,以便瞭望、居守;建城门以供人们出入。

肇庆古城墙的修建最早可追溯到宋皇祐五年(1053年),开始修的是土城,筑子城卫州衙,将州衙、县署所在地方围起来。宋政和三年(1113年),节度使郑敦义扩大城池,并改土墙为砖墙,开四门:"东曰宋崇,西曰镇南,南曰端溪,北曰朝天。城墙周长七百四十二丈八尺,厚一丈五尺,垛堞一千二百二十,四门之上各建有城门一座,四门之外各有屏蔽城门的半月形子城,俗称月城,它的城墙高二丈二尺,长分别是:东十丈五尺,南十三丈五尺,西二十三丈五尺,北二十五丈二尺。月城各开一门称廊门,月城之上又各有小楼一座。城墙的四角也各有小楼一座,北城墙西段有披云楼,南城墙东段有文昌阁。城墙上有空心炮台6座,小炮台17座,兵房13间。此外,城外有濠堑,广六尺、深六尺,东西北三面绕城,城内还有内濠,出城外接外濠而注入西江。"[17]

现存肇庆市古城墙是在宋代砖城的基础上经历代维修而成(图2-1-21、图2-1-22)。城墙的砌筑方法与形制等,都基本保留了宋代城墙的原始形态,城墙外围仍保留28个突出的敌台,城墙呈长方形,基本保留完整一周。城墙平均高为6.5~10米。东城墙长403.4米,宽8.47~9.17米;西城墙长376.9米,宽16.1~18米;南城墙长992.3米,宽8~10米;北城墙长1028.6米,宽8~11米。[18]

原城墙上的城门及所附属的月城等已不复存在。现存仅为朝天门北立面的子城部分残墙。地方志记载:宋城建成之后,历宋、元两代250多年后,于明洪武元年(1368年)首次修葺,东、西两城门分别改称"正东"、"景星",南、北两门仍用旧名。城墙在明代修葺数次,到崇祯十四年(1641

年），肇庆府总督张镜心等人对古城做了更大规模的修葺，把城墙增高了三尺五寸，改建了四门月城，增筑了城门马道。此后经过清代的数次修葺，直至民国初城池仍保持完好。但民国13~15年（1924~1926年）将城墙上的城门楼、雉角楼、文昌阁、月城炮台全部拆除。

披云楼原为肇庆市古城墙西段的城楼性建筑，宋代建砖城时新建。城楼平时属城市公用建筑，战时则是主将坐镇指挥守城的指挥军所，虽然不在纵深前沿，但也体现出城楼建筑的军事功能。楼高三层，登临楼台，可揽肇庆西江两岸四塔，郊外田园山水以及城内的亭台楼阁等风光。现楼为1986年重建的仿宋式建筑。

肇庆建造城墙，一方面是为了抵御敌人的进攻；另一方面是它还起着防御洪水危害的作用。肇庆文献记载：自元大德七年（1303年）至2003年的700年间共发生86次洪水，其中特大洪水（12~13米）18次，非常洪水（13米以上）共5次，年均8年就发生一次。肇庆古城墙是既御敌又防洪的工程。

韶州府城最早由刺史梁裴于南汉白龙二年（公元926年）始筑州城，宋皇祐、绍熙间增修敌楼。明洪武三年（1370年）重修，周回9里（4.5公里）30步（折合一千六百三十五丈），城高二丈五尺，城门5座，曰湘江门、乾门、东门、南门、西门。在明初修建的基础上，天顺年间和成化年间又进行两次修建，建1153处串楼，26处敌楼。明嘉靖二十年（1541年），知府符锡再修串楼350间和5门大楼，东曰闻韶，西曰镇远，新开之门曰望京，又改湘江门曰迎恩，南门曰阜民。在城内除修葺原有的风度楼之外，又新建风采楼与之相望。风采楼为正方形，顶为三重飞檐翘角，正中有华饰小圆顶，建筑雄伟独特。楼为纪念北宋名臣余靖而建。因前人有"更加风采动朝端"之诗赞颂余靖，楼便以"风采"命名。楼上镌有明中期著名学者、书法家陈白沙亲书"风采楼"三个大字的石匾。[19]

南雄府城于宋皇祐四年（1052年），知州萧渤辟州城城门，东曰春熙，西曰凌江，南曰政平，但其城甚隘。明洪武初，镇守指挥王玛重修府城，并将原三门改为东门、西门、南门，谓之斗城。城建串楼，以便瞭望、居守。还增筑外郭土城三百四十丈，开东、南、北三小门，与斗城东、南二门相通。明成化二年（1466年），两广提督兼巡抚韩雍移文南雄知府罗俊改用砖石筑砌。成化五年（1469年），佥事陈贵自小北门至牛扼潭筑土城三百余丈，沿河固以木栅。成化十二年（1476年），斗城西河决，知府江璞筑堤御之。明正德三年（1508年），将土城改用砖砌。正德九年（1514年），知府李吉增筑城墙上的矮墙，门其东曰宾肠，东南曰文明，谓之新城。嘉靖年间多次修环城之池，深、阔各一丈。明万历四年（1576年），重修斗城。[20]

惠州府城宋元时故城狭小。明洪武三年（1370年），知府万迪与千户朱永率军民分筑，以旧城为限。洪武二十二年（1389年）扩建，周围一千二百五十五丈，城高一丈八尺，雉堞1840处，敌楼7座，旁列窝铺280处。城门7座，曰惠阳、合江、东升、西湖、朝京、横冈、会源。经扩建后，府城东北带江，西南萦湖。明嘉靖三十五年（1556年），知府姚良弼、通判吴晋增筑。军城起水门，止小西门，计三百零八丈五尺；民城起都督坊，止武安坊，计三百五十七丈九尺。嘉靖三十八年（1559年）和明崇祯十三年（1640年）先后两次增筑。城周一千三百二十六丈，高二丈二尺。[21]

罗定州城初无城池，明正统十二年（1447年）立土城，明景泰四年（1453年）筑砖城，周六百六十丈，高二丈六尺，雉堞303处，串楼570间，敌楼25座，月城3座，3门，东曰顺德，南曰永安，北曰武成，各层楼3间。明隆庆三年（1569年）增设敌楼。环城池阔二丈，深一丈五尺。[22]

高州府城唐代始筑土城，周围三百零八丈六尺，高六尺。明洪武十四年（1381年），于旧城之外建新城，但只是"环以木栅"。洪武三十一年（1398年）改用砖石砌筑，周六百一十四丈，高一丈四尺，辟城门5座，东曰迎阳，南曰广济，西曰通川，北曰北门，又有小西门。成化元年（1465

年），该城东南北三门均因战事毁坏，小西门填塞。成化三年（1467年）复建，翌年又砌城，增高四尺，并建串楼600间。嘉靖四年（1525年）恢廓城东，将学宫包入城内，周围砌筑子城。嘉靖十五年（1536年），辟南街直行稍转而西接通衢，建门曰履垣。[23]

明代广东城建是广东古代城史上极具重要的时期，并对以后产生重要影响。宋元时期，广东的州城都很狭窄，多为土城。入明之后，经过多次改建、重建和扩建，不仅土城改用砖石砌筑，而且城的规模普遍扩大，城墙普遍增高，保护城市安全的其他各种防御设施普遍加强。随着城的规模不断扩大，城里居民增加，工商店铺增加，文化教育机构和场所增加，于是商品经济和城市文化也就不断发展。各府府城成为各自的经济、文化中心，其实力不断加强。

城市街道笔直宽阔，且两侧有遮顶人行道。这种建筑架构，见诸记载，始于明代。这种大街两侧带遮顶的人行道，受到人们的欢迎，被长期沿袭下来，成为一种传统。从有关记载可以看出，明代的城墙建筑、街道建筑、屋宇建筑都很讲究建筑质量，砖、瓦、木料优质坚实，工艺精湛。

第二节　城镇聚落

一、城镇聚居形态

广东村镇聚落一般分为两类：一类是普通农村、渔村等村落；另一类是墟镇，包括墟市、集镇。县城是墟镇的扩大形式，其布局原则与墟镇相同。所不同的是，墟镇以经济为主，而县城同时是政治、经济的中心。墟市、集镇的布局与村落布局不同。墟镇是农村产品和货物的交换、买卖集散地，它以商品经济为主，故墟镇民居采取线型布置的形式，前铺后宅，住商合一，它与普通村落以居住为主的块状布置形式截然不同。

还有一种聚落类型是军屯，即驻屯的军队，朝廷制定"寓兵于农"的政策，利用驻屯军队就地耕种土地。汉武帝元鼎元年（公元前116年）就在西北边关以六十万人戍田。曹操整合军屯与民屯，在各地设立田官专门负责屯田，认为："夫定国之术，在于强兵足食，秦人以急农兼天下，孝武以屯田定西域，此先代之良式也。"[24]明代早期为了促进军屯的发展，朝廷还调拨耕牛、农具和种子，而各地军屯月粮能自给且有盈余。卫所是明代兵制的核心编制单位，明洪武十七年（1384年），在全国的各军事要地，设立军卫，一卫有军队五千六百人，其下依序有千户所、百户所、总旗及小旗等单位。有事调发从征，无事则还归卫所，并与户籍制度配合，维持卫所制运行。清代的卫所职能沿袭明代，并制定了严格的规则，为当时的社会稳定发展起着非常重大的作用。广东是海防前沿，有相应的海防体系和卫所军屯建制。卫一级规模相当于镇，条件较好，设施也较为完善；而所一级规模相当于村，大多设在临近海边，条件相对艰苦，军屯驻地多有围墙城堡，攻防能力强，与一般的村落格局差异很大。

城镇街区发展大致有两种形式：一种是早期以线状呈自然有机地向两端扩展，如沿河流、主干道路等，而支干道像鱼骨状向两侧延伸；另一种为块状形态，道路呈网格状，多为中后期发展而成，主要在平原地区。城镇街区内的街巷布局，大多为平行或垂直的几何形网状，这与城镇规整密集的居住建筑布置有关。

城镇街巷的形成模式有两种：一是先有建筑后有道路；另一种是先有道路后有建筑。中国的许多城镇是在自然村落的基础上，逐渐发展起来，街巷形成的原因可以追溯到聚落的形成。聚落先从最早的几户开始，逐渐发展扩大，而联系各户的路径就成了街巷。位置重要而形成较早的街巷成为主干道，由主干道又生长出若干巷道与之垂直或平行，一套网络交错的街巷体系在聚落中生长形成。自然有机形成的街巷通常没有过多的受人为规划思想影响，街巷最初产生的原因更多的是居民自己所考虑的交通、防火、采光、通风等需求，而留出房屋间的通道作为巷道。这类街巷一般与自然地形地貌结合密切，有的沿河而建，有的依山而筑。

近代城镇街巷多为理性形成的街巷，也就是在一定规划思想指导和影响下建设的。古代城市中的居住区称"闾里"，据《周礼·尔雅》说："巷门谓之闾，五家为比，五比为闾，闾，侣也，二十五家相群侣也。"《说文》中有："里，门也"、"里，居也"。《周礼》："五家为邻，五邻为里。风俗通云：五家为轨，十轨为里，里者止也，五十家共居止也"。历史上封建社会统治形成的城镇里坊制下的街巷，其街巷空间受制于一种形制，这里面包括政治、法律、宗教信仰等等。"闾里"是我国古代城市居住区的基本单位。所谓坊和里是指被道路网所分割出来的"街区"。中国城镇由于采用棋盘式的路网，主干道大都等距，切割出来的"街区"面积大小也基本相等。里是一个封闭的居住单位，闾是里的门。坊里制是聚落居住区的基本单位，它的道路系统一般由街、坊、里三级组成。街巷布局多呈树枝状，街为干，坊、里为枝。坊和里内有自己的道路系统，可通到每一住户，就是巷道。

广东城镇道路网络不如北方城市那样方正整齐，这也反映出岭南的城镇布局不像中原地区那样受宗法礼教的严格影响。传统街巷布局通常是能使内部交通以最短、最便捷的方式到达所至的地方，加之岭南平原地区河涌水网系统，故广东城镇的许多街巷基本上是不规则的。

街巷的走向形式有以下几种：直线型、折线型、曲线型。

1．直线型巷道。视线可以通达，方向性强，交通最为畅顺。这种巷道的形成受到理性规划的影响，两旁建筑规整布置，街巷的方向多是正南北向或正东西向。

2．折线型巷道。由数段直线连接而成，方向在转角处发生变化，外转角处的建筑物成为视线的收尾。这类巷道的形成原因较多，如避让自然地形条件或由于建房土地的私有分割等等。折线型巷道造成建筑及院墙之间存在一定的角度或空间呈凹凸状。

3．曲线型巷道。巷道不能一览无遗，前进方向随着巷道弯曲在行进中不知不觉发生改变。由于没有折线型巷道的转角处，交通较畅顺，而且也增强了安全感。折线型巷道因转角处前视线不通达，容易造成人流、车流的冲撞。曲线型巷道形成的原因，通常是巷道随河涌水网走向或山地顺等高线而行。

一般的传统城镇，包括乡村的墟镇，主要是进行商贸经济活动。这种以商贸经济功能为主体的城镇发展，使商业建筑占据在街道系统的主干道上，商业用地开发形成以城市道路为依托，呈线状扩展的模式。在这种城镇空间形态中，街道空间成为最有生气的空间，狭长的街道以"一"字排开的商业店铺为界面，从店铺的建筑形态上来看，早期多是单一经营，铺面一至二间，以一、二层木构建筑为主，沿街整齐排列，商业街道空间为古代城镇居民的物质交换提供了场所，具有浓厚的生活气息，形成城镇内部重要的公共活动空间。

传统居住建筑的平面布局和环境特征，取决于该地区同时代的生产方式和人的行为方式。广东城镇居住布局方式有两类：一类是沿街建筑；另一类是内街小巷的住宅建筑。沿街建筑的平面布局特点是，按线型布置，建筑沿街，前铺后宅或下铺上宅，其目的是为了商业需要。内巷而置的居住建筑，层数为单层或双层。内巷民居布置也是一种线状联立排列。正门直接对街，宅居背面相靠，呈条带网状的平面格局。

二、佛山古镇

佛山自宋代以后，开始兴起，已经由渔村墟市变成一个初兴的工商业城镇。地方志载："佛山成聚，肇于汴宋"。明代时佛山处于发展时期，工场手工业规模日益扩大。"佛山商务，以锅业为最"，说明佛山冶铁业相当发达。另外佛山丝织业、成药业已发展到相当规模。明代佛山地方划分为二十五铺（街坊）。

明末清初，佛山为国内外贸易的重要地点，形成与广州并立的岭南二元中心市场。各省货物，皆先到佛山，故南北互输也以佛山作为枢纽。清代中叶，佛山处于鼎盛时期，手工业的行业有300多个，出口以铸铁、陶瓷、纺织、爆竹、中成药等远销国内外，如南洋等地。全盛时期人口达十多万户（50万～60万人），发展为二十八铺，有神庙150多间，神社100余座，祠堂300多间，当楼56个，戏台36个，各省在佛山设有18省会馆，大小街巷1300多条。汾江水面上往来船只终日不断，状若穿梭。城内三墟六市、六十渡口、二十桥梁、处处人来人往、熙熙攘攘。在中国封建社会后期的经济上，佛山与京师、苏州、汉口并称为天下"四大聚"，与汉口镇、景德镇、朱仙镇并称为"中国四大名镇"。㉕

佛山地势南高北低，汾江河水环绕四方，如玉带围腰。"汾江河"，古名"分江河"。后人以"分"字不祥，改称为"汾"直至今天。汾江河是佛山历代的水路交通运输枢纽。水源来自西、北两江，汇合于佛山南海区。除汾江河外，佛山过去还有许多纵横的河涌，如记载中的大塘涌、仙涌、婆滘涌、大口涌、沙涌等。

自宋以后，中原人口大量南迁，加速了佛山的开发，手工业、农业迅速发展。商业和手工业因而逐渐兴旺，明代中叶，佛山已成为相当繁荣的商业和手工业市镇，吸引了岭南乃至全国各地的商贩。明景泰三年（1452年）的《祖庙灵应祠碑记》载："南海县佛山堡东距广城仅五十里，民庐栉比、屋瓦鳞次，……"。

城市布局是依据地形而发展的。随着手工业和商业的发展，铺区发展成型，各行业逐渐分类聚集，到乾隆至嘉庆年间，行业趋向集中，出现手工业和商业区。铺区划分成南部的手工业制造区、北部的商业中心区和中部的工商、民居混合区的三大功能区划。㉖

南部的手工业制造区为铸造业集中地。冶铁业主要沿汾水集中在西部和南部地区；纺织业则主要集中在东部和东南部的乐安里、舒步街、仙涌街一带。北部为商业中心区，濒临汾水的三铺形成一个商业专业区，因靠近水运，处处码头，这里是清代佛山发展最快的区域，商业会馆、酒楼和戏班云集，店铺鳞次栉比。中部的八铺，是手工业、商业和民居住宅的混合区。北部、中部地区是街巷纵横、人口密集的闹市商业区。手工业作坊和店铺、居民住宅交织在一起，很多街巷是以行业命名的，由于地域所限，大多数街巷都是狭窄弯曲的。康熙年间吴震方在《岭南杂记》中说：佛山"街道甚窄，仅容两人交臂而行。"部分较为整齐的街巷，则多是宅居内部的通道或名门大族聚居的地方，如东华里等。

祖庙东华里历史街区位于佛山老城区的中部商住混合区，是一个手工业、商业和居民点交织在一起的区域，既有工商会馆，也有手工作坊，既有店铺，也有民居，特别是成片成岛状的宗族聚居地，街区集中体现了佛山作为传统民间手工业城镇的特点（图2-2-1～图2-2-4）。

图2-2-1　佛山东华里历史街区商铺

图2-2-2 佛山东华里历史街区会馆

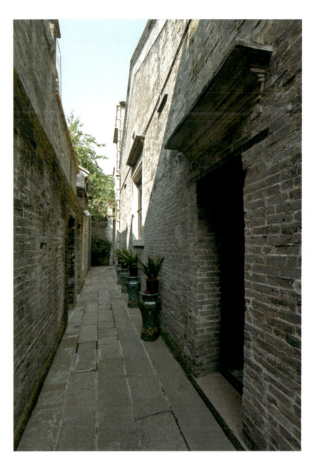

图2-2-3 佛山东华里历史街区宅居内巷

图2-2-4 佛山东华里历史街区宅居天井内院

历史街区中的文会里嫁娶屋（位于佛山市禅城区福贤路文会里36、38、40号），始建于清中叶，原为富商杨氏家族的大宅第，晚清时随着产权的易手，逐渐被用作固定的嫁娶屋，临时出租供给办婚事的人使用。据乾隆《佛山忠义乡志》记载：在清乾隆时期佛山镇上的居民已有10万户，人口多达40万。除少数富户、中产人家有宽敞的住居外，多数居民住在狭窄的竹筒屋内。人们遇婚嫁喜事便需较大的场所摆宴席，于是大型宅第建筑作为一种专供出租操办婚嫁喜事的场所遂应运而生，并

城镇与村落

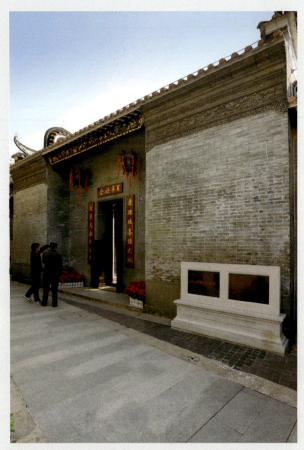

图2-2-5 佛山文会里嫁娶屋

形成一种相沿已久的习俗,成为佛山地区特有的一种"嫁娶"文化。嫁娶屋坐南朝北,建筑平面为三开间三进院落的合院式布局,主体建筑面阔11.36米,进深28米,建筑面积约318平方米,主体建筑左右两侧为贯通首尾的青云巷,后部为辅助用房,头门为凹门斗入口形式,中堂有轩廊,采用镬耳山墙和龙舟脊,砖木结构,清水砖墙,花岗石墙脚,布局严谨,空间高敞,有显著的地域建筑特色(图2-2-5~图2-2-7)。

祖庙东华里历史街区西临祖庙涌,区内有泥模冈、莺冈、黄伞冈等多处土冈。城市布局依据地形而发展,街区的建设也是因地制宜,顺应自然环境,所以地势的变化导致了街区格局的扭转。在祖庙东华里历史街区内,街巷纵横、狭窄曲折,一、二层的传统建筑非常密集,店铺、民居交织在一起。由于地势的自然因素和功能的差异,主街道路

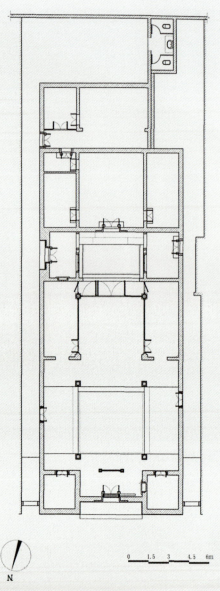

平面图

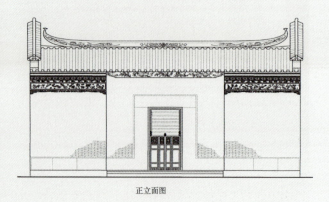

正立面图

图2-2-6 佛山文会里嫁娶屋平面图、正立面图(引自平元建军《梓人绳墨》)

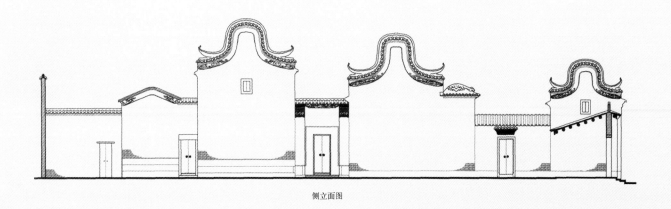

图2-2-7 佛山文会里嫁娶屋侧立面图、剖面图（引自程建军《梓人绳墨》）

两边呈现出不同的街巷肌理。街巷与建筑的组合形式主要分两种：一是若干座三到四进、面宽三间10米左右的建筑并列，形成前后巷道间的平行肌理，巷道间距离与三到四进的建筑进深相仿，约为50米；二是面宽多为4米左右的单开间竹筒屋，进深十余米不等，沿巷道垂直方向成组布置，但较灵活。

祖庙东华里历史街区内有祖庙、家庙、祖铺等22处重要文物保护单位，以及市场、会馆、义仓等历史遗迹。佛山祖庙始建于北宋元丰年间（1078～1085年），是供奉北帝的神庙，居佛山诸庙之首，故称祖庙。民间社会可以在乡贤的旗帜下凝聚，也可以在共同供奉的神灵面前聚集。历史上佛山受官府的管理较弱，基本上属于传统民间自治的社会控制模式，所以可想而知祖庙的地位。祖庙位于佛山老城的中心，许多重要的公共建筑群是以祖庙为中心分布的，包括政治管理机构，市、墟等市民集散之所。

政治组织机构的建筑形式有忠义流芳祠、大魁堂、义仓、八图祖祠等。忠义流芳祠（祖庙内）是全镇共同信仰的代表；大魁堂是乡绅议事决策并管理祖庙产业的机构，大魁堂是崇正社学内的一座建筑，据乾隆《佛山忠义乡志》记载："崇正社学在灵应祠左……"。清代大魁堂逐渐成为佛山权力的中枢，主要功能是决议乡事，出纳祖庙尝款、组织地方公益事业（创办义仓），犹如合镇的政府决策机关。义仓建于祖庙铺麒麟社街，是赈灾办学的民间组织，是灵应祠赈灾物资的储存地。八图祖祠是清代佛山土著建立的一个超宗族的地缘性集团，他们认为除了明初八图子孙外，其余都是"非我族类"，不得入八图祖祠。八图祖祠的建立不仅是土著宗族争取自己权力的一种表现，同时也是面对外乡人的涌入所建立的一种自治机制，是城市社会自组织"协同"的一种措施。[27]

由于官府管理力度不大，佛山的民间自治特别看重血缘、地缘，崇尚神权、族权、父（夫）权。在佛山历史的很长一段时间内，宗族势力在乡里制度中占据重要的地位，集行政和宗族权力为一体，并且通过多种方式实现了对乡族权力的整合。明代以后，强大的宗族势力集团掌控着佛山社区的命脉，管理着佛山事务的方方面面。祖庙东华里历史街区内遗留了多处大宗族的宗祠：傅氏家庙、简照南佛堂、蓝田冯公祠、隔塘霍氏家庙古建筑群，象征着家族强大的凝聚力、显赫的地位和权力，建筑豪华气派。蓝田冯公祠由明代聚居此地的冯氏家族所建，清中叶后重修，规模颇大，主体建筑坐北向南，头门、前殿、正殿等共四进合院式布局，沿纵轴线依次排列，各建筑均三开间，硬山镬耳式封火山墙，具有当地祠庙的典型特征。

佛山早期的居民多聚族而居，以祠堂为中心，住宅紧靠排列，成排成围地形成相对封闭的建筑群落。其中以东华里最为著名，东华里街口建有门楼，闸门可关。街内建有祠堂一座，街内两旁为有高大镬耳墙的青砖大屋，每座均有三进，之间有青云巷，街巷整齐，房屋划一，高大坚固，为清代佛山传统民居聚居区的典型。这样的氏族聚居地，其内部有着很强的凝聚力，自成一区，独立于工商街区之外。

佛山民间有"三墟六市"的说法。"市"是古镇主要的经营活动场所之一，没有固定店铺经营。濒临祖庙商业街，是佛山历史上的繁华地带，清代时居民多在自家内从事手工业生产，前店后铺，自产自销，产品多是佛山传统手工业品，厂、店、家不分。其行会会馆有楚南会馆、江西会馆、山陕福地等。东华里街区有酒行会馆和山陕福地，酒行会馆是行业性会馆，山陕福地是地域性会馆，是山西、陕西商人在区内建立的会馆。

三、深圳大鹏所城

大鹏所城位于深圳市东部大鹏镇，始建于明洪武二十七年（1394年），是明清两代南中国海防军事要塞。明代初期建立的"卫"、"所"军事制度，是最基本的军事编制单位。明洪武年间，广州左卫千户张斌奉命筑"大鹏守御千户所城"。大鹏所城战略地势险要，从海路扼守珠江口，防备外敌入侵岭南重镇广州。清代大鹏所城将士在赖恩爵将军带领下取得了鸦片战争首战——九龙海战的胜利，在中国近代史上占有重要地位。大鹏所城是我国保存最完整的明清海防卫所，也是研究明代卫所军事制度的重要实证。

大鹏所城的得名源自当地的自然环境，过去属新安县管辖，新安城东有大鹏山，由"罗浮逶迤而来，势如鹏然"，故名之。整个古城呈方形布局，地势北高南低。据康熙《新安县志》记载："……沿海所城，大鹏为最……内外砌以砖石，周围三百二十五丈六尺，高一丈八尺，址广一丈四尺，门楼四，敌楼如之，警铺十六、雉堞六百五十四，东、西、南三面环水，濠周围三百九十八丈，阔一丈五尺，深一丈。"

大鹏所城格局完整，有雄伟的古城门，古色古香的老宅，特别是气势宏伟的将军府第。街道空间特色突出，城内有东西、南北向的主要街道三条：南门街、东门街和十字街，街道地面用长条石板铺筑，街道宽约4米。城内主要建筑有参将署、县丞署、军装局、关帝庙、天后宫、守备署、赵公祠、华光祠、刘起龙将军第、赖恩爵将军第等。

大鹏所城城墙门现有东、西、南三座，其中东、南两门保存较好，皆为明代建筑。北门在清嘉庆年间被堵塞。城门通道地面用花岗岩石板铺设，顶部用平砖和模型砖以三顺三丁的纵连砌法结拱起券。内设双重门，第一道门为上下起落的闸门，设在门道的前半部分、第二道门设在门道的前后两部分的交接处，由向内开的两扇门扉组成。城墙长1200多米，东城墙约长306米，南墙约长255米，西墙约长318米，北墙约361米。城墙是板筑夯土墙外双面包砖。城外东南西三面环绕着深3米、宽5米的护城河。

大鹏古城雄伟庄重、风格古朴，内有近10万平方米的明清民居建筑群，民居大多是明清时期之遗存。古建筑鳞次栉比，错落有致，窄街小巷，石板铺就，厅堂厢房，古色古香（图2-2-8）。城内具有重要文物价值的民居建筑17座（间）。数座建筑宏伟、独具特色的清代"将军第"有序分布，其中以抗英名将赖恩爵的振威将军第最为壮观，该将军第有150年的历史，拥有数十栋屋宇。厅、房、廊、院组合丰富，较有特点，其中牌匾众多，雕梁画柱，是广东省不可多得的大型古建筑。位于大鹏所城南门附近的民居群，布局结构大多保持了所城初建原貌，条石框窗、青砖砌墙和红砖铺地。从这些民居特点来看，具有广府和客家两处民居的综合特点，因为深圳处于广东广府、客家民系的交汇点上。

位于古城南门街内，有一座典型的清代中叶天井院落式建筑群，为清道光年间福建水师提督刘起龙将军的府第。刘起龙于清道光六年（1826年）任福建水师提督，为抗击东方倭寇和西方殖民者入侵作出了不少的贡献。病卒于任，皇帝诰封为振威将军。该府第呈不规则梯形，东墙长18米，西墙长30米，宽30米。平面布局为侧门内进，门首横额题"将军第"（图2-2-9）。

赖恩爵为鹏城村人，一代水师名将，曾在鸦片战争中与英殖民者交战，取得辉煌胜利。清道光年间任广东水师提督，封振威将军。鸦片战争爆发前夕，赖恩爵就任大鹏营参将，负责严禁鸦片走私。虎门销烟后，英殖民者不甘心失败，寻机挑衅，在九龙山炮台对面海域不宣而战，猝然开炮。赖恩爵率各艘水师船只与炮兵还击，以中国水师的胜利告终。赖恩爵振威将军第位于南门右侧内，建于清道光二十四年（1844年），规模宏伟，建筑面积2500平方米，宅第侧门内进，门首横额楷书"振威将军第"五字（图2-2-10～图2-2-12）。

鹏城赖氏三代出了五位将军，三个一品、两个二品，两个提督，三个总兵官，赖氏遂成广东望族，时称"文颜武赖"。

赖英扬将军第位于正街郑氏司马第之东侧，为两进二开间一天井的府第式建筑结构。面宽7.8米，进深12.4米。大门木匾上雕楷书"振威将军第"。大门有较为精致的木雕，门内有屏门。

赖世超将军第位于赖恩爵振威将军第对面，是赖氏第一代将军赖世超的府第。该将军第面积约150平方米，为清中期府第式建筑。大门门额上挂"将军第"牌匾，两边有对联："武艺深藏须急运，

图2-2-8　深圳大鹏所城东门街巷

图2-2-9　刘起龙将军第

图2-2-10　赖恩爵振威将军第大门

图2-2-11 赖恩爵振威将军第厅堂

图2-2-12 赖恩爵振威将军第厅堂院落

功求不露显灵通。"

赖恩锡将军第位于南门附近,赖恩锡是赖恩爵将军之堂弟,清道光年间曾任福建晋江镇镇台,正二品。该将军第长10.5米,宽9.6米,面积约100平方米。该将军第虽有改造,但其整体格局仍保存完好。

赖绍贤将军第位于西门内,规模仅次于赖恩爵振威将军第。占地面积1500平方米,有大小房间35间,为清道光年间所建的建筑群。赖绍贤为赖恩爵之长子。该将军第门首横额楷书"将军第"。檐板、梁枋、墙壁上饰以金木雕刻和绘制花鸟、书法等。

赖绍林将军第位于赖绍贤将军第侧面,为赖恩爵第四子绍林所居住。将军第长20.5米,宽17.6米,面积约为350平方米。门首也是横额匾题"将军第"。平面布局为侧门内进,二进二间。青砖墙体石筑墙基,硬山屋顶,房间地面铺以红阶砖,天井用条石铺砌。

天后宫位于西门内鹏城正街,始建于明永乐年间(1403~1424年),是祭祀海上保护神天后的庙宇。天后宫占地200多平方米,共分三进。门前13级台阶,走廊立着两条花岗石圆柱,精雕细琢。门楼红匾上镌着"天后宫"三个斗大的漆金体行书。门两侧刻有一联:"万国仰神灵波平粤海,千秋绵俎豆泽溯蒲田"。五百多年来,天后宫香火鼎盛,每年的农历三月二十三为天后生日,且每隔五年举办一次隆重的"打醮"活动。

四、潮州龙湖寨

龙湖又称塘湖,因西、南、北皆池塘(古彩塘溪遗迹),故名。据《海阳县志》记载,初创年代为南宋绍兴二年(1132年)之前,经数百年龙湖先民的建设,至明嘉靖年间(1522~1566年),为防御倭寇的侵扰,筑寨自卫,形成了"三街六巷"的聚落规划格局,寨中汇聚有数百座宗祠、府第、商宅、宫庙等建筑物。

历史上的龙湖寨水陆交通便利,对它后来成为繁荣的商埠是一个重要的条件。龙湖寨东有韩江西溪,西临尚未湮没的古彩塘溪,陆路又是通往府城的要道,周围十里沃土。龙湖寨恰处于韩江的出海口,大宗货物运输多通过水运,由于龙湖具备水陆交通的特殊位置,自然而然地成为历史上潮州的物资集散地之一。

龙湖古寨地处潮汕平原,韩江中下游之滨,古寨呈带状,南北走向,面积约1.5平方公里,寨内辟三街六巷,从门到街巷显得设计有致,布置明

图2-2-13　潮州龙湖古寨寨门

图2-2-14　潮州龙湖古寨寨门

朗，俨然一座小城（图2-2-14），其地形及建筑风格与古时潮州府很相似，故龙湖有潮州小城之称。

古寨的寨内结构相当讲究，是先人按照九宫八卦修建的。寨中央直街长1.5公里，由于形似龙脊，便将原先的俗称"塘湖"改为"龙湖"。中央直街的东面有新街、上东门街、下东门街，西面有五宫巷、隆庆巷、福兴巷、狮巷、中平巷、伯公巷，形成"三街六巷"的工整格局（图2-2-15～图2-2-17）。

在平面布局方面，因地理条件的限制，龙湖寨中的府第、民居大部分无法横向发展，形成多纵轴线的建筑群体，只能沿中轴线纵向发展，个别府第达八进之多。这些建筑平面布局在潮州民居建筑中甚为罕见。

过去寨内最大的祠宇是许氏宗祠，位于下中栅上段，坐西向东，始建于康熙年间（1662～1722年），为潮州传统建筑四点金格局的扩大，占地面积780平方米，分为四进布局，中轴序列有大门、二门厅、中厅和后厅。二门厅较具特色的三门面，称为三山门，其中门也称鞠躬门，中门上额有两个长出的圆形门簪，中门两旁有石鼓两个，这石鼓也称户对，三山

图2-2-15　龙湖寨街巷1

图2-2-16　龙湖寨街巷2

图2-2-17　龙湖寨街巷3

图2-2-18　许氏宗祠大门

图2-2-19　许氏宗祠门厅望明序堂

图2-2-20　龙湖古寨婆祠是清代商人黄作雨为其生母周氏所建，也是潮州唯一的女祠

门的建筑体现主人身份的显贵，三山门的中门平时都是关着，有高贵客人或祭祀大事才开中门，平时出入都走旁门。中厅为"明序堂"，每年冬节祭祖或开席时，必须按辈分入座（图2-2-18、图2-2-19）。后厅"著存堂"为祖公厅，中设神龛，供祖宗神位，是每年祭祀的地方。厅堂石柱巨大，木柱梁枋等俱用全材，祠堂显示宗族的实力与财气。许氏宗祠还是戊戌变法时创办的第一个新式学堂旧址，校名"震华"取自祠内对联："震为雷无声光焉能赫赫，华而实有文质而后彬彬"。

婆祠是龙湖古寨另一个有名的祠堂，由清代龙湖巨商黄作雨为其生母周氏所建的"婆祠"，也是潮州唯一的女祠（图2-2-20）。康熙初年，周氏过世后，黄作雨欲将母亲牌位放于氏族宗祠中，族人强烈反对，因其周氏为妾侍，不得入祠。黄作雨毅然斥巨资在其宗族祠堂旁另建一座比黄氏宗祠更宽大、更气派的祠堂。为建母祠，黄作雨还将天后宫也挪了地方。婆祠的建筑格局为门前广埕的二进四厅相向、四面八展形式，大门楼展下有倒挂莲花为饰，大门牌匾由清代大儒翁廷资所书写。

龙湖寨历史上以重文崇教著称，"龙湖多书斋"盛名在外，除了创办于明代的龙湖书院外，全寨书斋全盛时数量不少于30处。著名的有黄姓"江夏家塾"、许姓"高阳家塾"以及"梨花吟馆"、"读我书屋"、"抱经舍"、"雨花精庐"、"怡香书屋"，等等。

龙湖寨至今仍保存着许多明清时期的古民居建筑，其中以清代建筑最为华丽，同时也保存得最好，如探花府、进士第（方伯第）、太卿第、儒林第、绣衣第、夏氏府（夏雨来故居）等。

儒林第位于福兴巷，坐北向南，分四进，始建于清乾隆中期，是到苏州经营糖业发迹的黄衍、黄鼎相父子两代所建（图2-2-21）。他们参仿苏州的建筑式样，请了苏州的建筑工匠建造。大门是全副华表式的石门框，非潮汕传统的檐楣结构，屋檐角当是潮州地区罕见的"齿"字造型，作用在于减少屋顶的重量对下面檐口角的压力，屋脊采用红砖通窗连续图案作为装饰，屋顶瓦面不包灰，柱脚有精致的石刻花纹。此府第是龙湖寨内唯一具有苏州民居特色的建筑。

进士第位于隆庆巷中段，坐北向南，是明嘉靖时广西布政使刘子兴的宅第，因年久破旧，于民国初由刘子兴的裔孙，同时也是一代侨领的刘正兴先生重建，落成于民国12年（1923年）。刘府的大门为进士第，二门为方伯第，因刘子兴职授广西布政使，在明朝建制上为一省最高的行政长官，相当于封建制度五爵中的伯爵，故而也称方伯第（图2-2-22、图2-2-23）。建筑布局为三进带一后包，三从厝，后有花园、更楼。大门后的门厅内置有四扇博古屏，嵌瓷屋脊有飞禽走兽、花卉水果等，墙面灰塑彩绘有人物、动物、山水、花卉等，外窗窗

图2-2-21　龙湖寨儒林第

图2-2-22　龙湖寨进士第

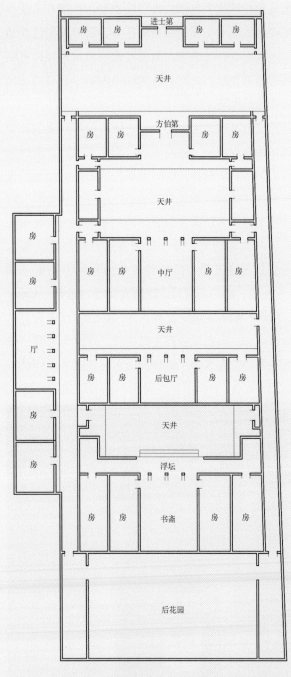

图2-2-23 龙湖寨进士第平面图

楣上有西洋图案罗马花式,梁枋、檐板木雕采用浮雕、通雕、圆雕细刻而成,然后贴金。后厅即祖公厅,为"绥成堂"。建筑讲究,是龙湖寨最具规模的名人宅第,也是保留完好的一座大宅第。

龙湖寨天后宫位于龙湖寨南门内,始建于明代,清代迁于今址。现庙中尚保存嵌于壁上的碑刻一块,文曰:"吏部候选州同知黄名之赵,暨侄其进等同捐,天后宫后栋地去铺七吉存巷伍尺广,阔三丈五尺深七丈。乾隆五十三年七月十五日学修立"。

天后宫的大门门神并非一般祠宇所见的武将——据传说为唐朝的秦琼、尉迟恭,威风凛凛,手握剑柄,起着护卫的作用,而是绘着二位端庄肃穆、和蔼慈祥的女性,她们手捧如意、身着罗裙,不加冠,背后有飘带,这在潮州庙宇中未见先例。大门两侧的石鼓向内处,刻有似"双狮戏球"(有人认为是麒麟)的石刻。

第三节 村落

一、村落类型与布局

古人非常注重营建宅居,择宅宜在聚"气"之地,"气乘风则散,界水则止",因此在选址中会考虑到寒风、热风、台风,水流、水质、土质等自然地理条件。立村选址相形取胜,在所处区域,通过对周围附近的山川地形、地貌、地势等自然环境,进行认真的观察比较,选用宜居之地。选择村落宅基时都会仔细寻找"背山、面水、向阳"的地势以获取房屋选址的最佳格局。古人认为:"山为阴,水为阳。""万物负阴而抱阳"。村落布局大多以坐北向南,背山、面水的向阳之处,为最好的自然环境,称作"后有靠,前有照",得到阳光照射形成"阴抱阳"格局。背山可以阻挡北方袭来之寒流,面水可以迎接夏日南来之凉风,向阳可以取得良好的日照,面水不但有利于生活、生产用水,也有利于雨季雨水汇集,防止水涝,而万一建筑失火,则可马上取水扑救。

相形取胜的原则除"背山、面水、向阳"的基本要求外,还包括政治、经济、军事等方面综合考虑:在政治与管理方面大都选在交通方便、四通八达的地方,在经济方面会选择土地肥沃、物产丰富之处,在军事方面则要考虑周围要有好的地形,利于进退攻守,以利于人们生存。广东村落聚居选址与其他省区村落选址一样，都有共同的规律，即要求近水、近田、背山、利交通，最理想的是几者俱备。

水是人们生活的命脉，故村址要靠近河流、湖泊，在山区则要充分利用溪水、山涧。如果无法取得自然水源时，则利用人工在村内或宅院中挖井供饮用，并且在村前挖掘池塘，作蓄水、排水、养鱼用，当地称它为"四水归堂（塘）"。村落近田的目的是为了便于耕作。沿坡近山建村的优点，一方面可节约耕地，另一方面，房屋建于山阳，朝向好，有阳光，排水、通风也好，冬季又可防寒风。小农经济的商品交换主要靠墟市。农民的交通运输方式是肩挑或用木制独轮小车，在田间有径（小路），就可以通往墟市了。墟市集镇的商品来自各地，故墟镇的选址要近交通线。古时水路交通发达，墟镇一般沿河较多；近代陆上交通发展，墟镇靠近陆路就多了。近代工商业的发展，促进了农村副业、手工业的增长，也影响到村落的对外联系和交通。由于陆上交通比水路快捷而方便，农村中，临近道路的村落逐步扩大，过去是一个自然村为一个聚居点，后来逐步扩大到几个自然村成一个聚居点，一个乡为一个聚居点，甚至达到一个区（几个乡）为一个聚居点。这种乡或区，不但民居、祠堂连绵，甚至还附有集市、街道和商店。

岭南水乡是珠三角地区以连片桑基鱼塘或果林、花卉商品性农业区为开敞外部空间，具有浓郁的广府民系地域建筑风格和岭南亚热带气候植被自然景观特征的水乡村落类型，其空间格局包括：建筑依河或夹河修建的线型水乡；聚居建筑以梳式布局为主的块型水乡；水网分汊把聚落建筑划分为若干部分的网型水乡。

线型水乡依河或夹河修建，利用水资源服务于当时的生产经营方式。水乡布局沿水陆运输线延伸，河道及道路走向往往成为村镇展开的依据和边界。线型水乡的主轴就像一条延长的骨干线，而沿干线生活的居民可以最大限度地享受临水之便利。水乡沿河布局形成房前是交通要道，屋后是宁静的田野的格局，同时线型水乡能够根据地形曲折变化，灵活地发展。村落从南至北以沿河涌街道作为骨架呈线型扩展，错落有致的民居与小溪、石桥结合，构成水流穿街的聚落格局。

块型水乡是村落位于河涌一侧，周边为各类基塘，传统村落采用梳式布局系统，利用河流吹送的凉风来冷却耙子般的巷道，河岸对面往往为景色优美的水稻田或果树林。这类水乡通常临河一侧是水乡的公共活动中心，布置祠堂、书院及各种小型地方神庙，成为公共活动的场所。往往是一条巷道对应一个水埠和一个支祠，各宗族民居以此为中心层层展开。

网型水乡呈"T"或"Y"字状分汊把聚落划分为若干部分，以保证村落民居得到最长的河道与最便捷的交通出行口。这类水乡可以向任何方向发展，由河涌河道分割成若干形态类似的陆地区域，通过桥梁将各陆地区域连通在一起。

广东村落的布局形式：一是梳式布局，在广东大部分地区都有，是本省广府地区农村中最典型的村落布局形式；二是组团式布局系统，在粤东地区较多，是该地区代表性的村落布局形式；三是围合式布局，是客家地区村落建筑的代表形式；四是散点式布局，一般在山区和少数民族地区采用较多。

1. 梳式布局

中国广大农村是以自给自足的小农经济作为基础，因此在村落中所看到的建筑，绝大多数是民居，村落组成即以民居为主。广府民居一般两代人居住，长子因供养父母则三代人合住。兄弟成家后便分居，故家庭结构以一家一户为主。小型住宅一般都是三合院式，也有四合院式。

粤中广府地区的梳式布局村落，各民居单元相同，外观和平面都一样，整齐划一，每户建筑前后相接合，像梳子一样纵向排列成行，两列建筑组群之间有一小巷，称为"里"，即所谓古代的"里巷"，它也是村内的主要交通道。纵向各户建筑的安排，少者四五家，多者七八家，每户厅堂轴线方向与巷道平行，故大门侧面开，大门外就是巷道。

巷宽1.2～2米，为了防御，巷道口设"隘门"，每个隘门都有名称以示区别，如东华里、西华里、仁和里、丛桂里等。

梳式布局村落中，建筑群前为一小广场，称为禾坪，或称埕，作晒谷用。坪前有池塘，或河涌，用于蓄水、排水、灌溉、防洪、防火等，面积一般为20～30亩。村后及两侧结合生产植树、栽竹，既可防风，也有美化环境的效果。

梳式布局的村落，建筑物顺坡而建，前低后高，利于排水。它坐北向南，朝向好，有阳光，通风也好。这种村落前面有广阔的田野和大面积的池塘，东、西和背面则围以树林。村落的主要巷道与夏季主导风向平行。在正常情况下，越过田野和池塘的凉风就能通过天井或敞开的大门吹入室内。

当烈日当头且无风情况下，民居将充分利用巷道和天井内空气的对流作用。由于村内巷道窄，建筑物较高，巷道常处于建筑物阴影下，温度较低。当村内屋面和天井受太阳灼晒后造成气流上升时，与冷巷气流进行热交换，形成微小气候的调整，使民居仍然得到一个舒适的环境。这种布局用地紧凑，通风良好，很适应岭南的地理气候条件，成为我国南方一种独特的村落布局形态。

2. 组团式布局

组团式布局，在粤东地区的村落较多见。各民居单体如爬狮、四点金、三坐落、三壁连等，毗邻相近组合，形成村落围寨。每户建筑面积、类型、规模大小不一，巷道组织变化多样，不像梳式布局那样以纵向延伸发展。

密集组团式布局有几个特点。一是每户建筑之间相邻密集，有的仅为院墙相隔。各户外有高墙，封闭性强，适应封建礼制和宗法制度的需要。二是适应气候条件，内部采用敞厅、天井、庭园等方式，共同组成独特的通风体系，使建筑内部通透凉快。同时外封闭、内开敞的平面布局形式还可夏防台风、冬御寒风。三是庭院天井的丰富变化和灵活布置，它不但具有通风、采光、换气、排水、交通等功能作用，而且还有美化环境和满足人们户外生活的作用。

密集村落的形成，是同宗或同族人为了团结集居和防御而建造的。村落建筑组群的大小，看人口多少和经济水平而定。密集式布局的村落，一般建于平地，要求有良好的迎风朝向，多为南向，但根据当地地形与气候条件的差异而有所改变。

3. 围合式布局

围合式布局多见于兴梅客家地区以及粤东潮汕地区。从史料记载，西晋、唐、宋三朝战乱，中原地区人民多次南迁。他们路途千里，颠沛流离，途经各处又与当地人们发生纠纷或械斗，以血缘为纽带的宗族关系使他们团结起来，互相援助，抵抗外侮。这种独立又封闭的围屋形式，很适合宗族组团、防避外侵。围合式布局一般按姓氏宗族，三五成群地置在客家山区与潮汕平原。

4. 散点式布局

地处山区的村落民居，以结合地形为主，无一定的格局，房屋的朝向也没有一定的规定，因地制宜，自由布局，少数民族地区采用尤甚。

二、梳式布局典范——三水大旗头村

大旗头村位于佛山市三水区乐平镇，由于村落一侧的河涌建有大桥，因此原称"大桥头村"。明朝初年，来自佛山南海官窑南浦村的钟姓始祖福安公迁居于此。明嘉靖五年（1526年）左右，来自当地蚺蛇村的郑姓始祖康泰公（三水县蚺蛇郑氏十世祖）定居于此后，村中以郑姓为主，故又名郑村。

清代光绪年间，大旗头村由广东首任水师提督郑绍忠开始建造新村。郑绍忠死后，葬于村西南的老虎冈。由村里远眺，绍忠墓如大旗飘展，于是后人改此村名为大旗头，该村名一直沿用至今。从郑氏宗族的构成看，开基祖的四个儿子分别居住在村落的南、北、东、西。有仕途功名的家族在村落宗族中会有较高的地位，郑绍忠的入仕对大旗头村的影响最为深远，重新构建了宗族各房的权力空间。郑绍忠家族通过垫土抬高地坪，建筑祠堂家庙群，其高大的府第、醒目的镬耳山墙凸显了其宗族之地位。

大旗头古村采用了粤中地区典型的梳式布局，集民居、祠堂、家庙、府第、文塔、村前广场以及池塘于一体，村落布局完整，每家每户都采用镬耳山墙及三间两廊民居式样，整个古村相对完整地表现了广东粤中农村民居的特点（图2-3-1）。

大旗头村坐西向东，西面背依老虎冈、大窝冈、企冈等山冈，东面为乐平涌环绕，之间为平整的田畴。整个村落占地约5.2万平方米，古建筑现存60多座、200余间，面积约1.4万平方米。村落在空间形态上，表现为郑姓主要分布于村西南区域，钟姓分布于村北区域，两姓之间相对独立。在现今村落东向和北向之间，早年曾有庙宇，供奉洪圣大王。洪圣大王本名洪熙，是唐代广利刺史，廉洁爱民，精通天文地理，曾经设立天文气象观测所，出海的渔民和商人都颇受其益。死后受到敬仰和供奉，成为人们心中的海神。

大旗头村前临半亩方塘，名为洗墨池，塘基砌以石砍，突出部分状如壶嘴，建筑群可以通过地下排水系统，依靠倾斜的地势，将雨水汇入水塘中。村前的禾埕广场寓意纸，塘边的文塔代表笔，塔下有两方石，大者高三尺许，如砚，小者方块状如印，组成文房四宝——笔、墨、纸、砚。人文景观寄托了修建者郑绍忠希望后代"读书做官"之意，郑绍忠凭着一身武艺拼到广东水师提督的位置，却从未念过书，因此把这美好的愿望寄托在修建大旗头村中。后人在文塔旁边种植了一棵高大的红棉树，寓意读书做官，出人头地。

村头有象征"文房四宝"的文塔、水塘、禾埕、方石。村前为郑氏宗祠、建威第、振威将军家庙等宗祠，其后是住宅区，整个建筑群为水磨青砖墙面建筑，巷道全为花岗岩石板铺砌。村中古建筑群密集整齐，小巷纵横，梳式布局既便利交通，又兼具防火通道的作用。每条小巷建有闸门楼，山墙立面不开窗（图2-3-2、图2-3-3）。

水塘边的文塔是一座三层楼阁式的砖塔，平面为六角形，坐落在石砌基座上，石台阶有石栏板作护栏，首层刻有额枋"层峦叠翠"，塔身每层都砌出柱、额、门、窗形式，面宽和高度自下而上逐层减少，顶部设有窣堵坡，楼层辟门窗，可以登临眺望（图2-3-4）。

村东自文塔北门沿水塘依次分布有郑氏宗祠、裕礼郑公祠、振威将军家庙；村南分布有奉政大夫家庙、裕仁郑公祠；村西的祠堂巷中分布有慧清钟公祠、永康郑公祠和大道钟公祠，村北还有郑大夫家庙。这些祠堂、家庙是大旗头村婚嫁、祭祀、节庆和丧葬活动的场所，过去也是村落教育中心（私塾）和权力中心（宗族管理），体现出村民敬拜祖先，并以宗族、血缘等关系来维持村落社会。

由于先祖曾沐皇恩封为"振威将军"和"建威将军"，因此"振威将军家庙"和"建威将军家庙"是本村的标志性建筑。其用料之讲究、装饰之华美，为当地之最。建筑群的木雕、砖雕、石雕、陶

图2-3-1　三水大旗头村梳式布局巷道

图2-3-2 三水大旗头村

图2-3-3 三水大旗头村落的梳式布局

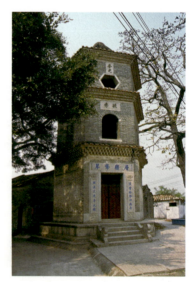

图2-3-4 广东三水大旗头村口文塔

塑、彩画等建筑工艺极具匠心，富有艺术性。

民居建筑规整而纵横贯通，呈梳式布局，整个古村落共由四组梳式布局的建筑群组合而成。最为突出的是郑绍忠修建的民居建筑群，每座建筑采用硬山镬耳山墙，内部全采用广东典型的"三间两廊"民居式样。住宅内的天井两侧是行廊和厨房，正房三间，中间厅堂由一扇木质屏风分隔为厅堂和卧房，卧房内设置放杂物的木阁楼，屏风前有神龛，供奉祖先。

大旗头村的下水道排水系统非常合理，结合村中的地形，所有由屋檐流下的雨水排到天井小巷并由"渗井"泄入暗渠，经暗渠全部排入水塘。小巷全部以条石铺砌，排水眼都统一凿成钱眼的模样，方便清理暗渠和疏浚作下水道。

三、"八卦"放射状布局——高要蚬岗村

蚬岗村位于高要市蚬岗镇，由蚬岗一村、蚬岗二村和蚬岗三村组成。蚬岗村从明朝初年建村，现有李、叶、邓、尹、石、钟、何、陈等17个姓氏，其中以李姓居多。李氏家族明初从佛山南海小塘移居至此处，分有五坊十五里居住。

蚬岗村地处水乡高岗，四面环水，呈蚬状，观之犹如巨蚬蛰伏水中。村中民居按"八卦"布局，依岗而建，从空中俯瞰整个村庄为放射形状，一幢幢房子构成一个个圆圈，结构整齐，地势天成，图案优美（图2-3-5）。村落"八卦"直径约600米，20圈左右，每进一圈，房屋递减，至岗顶最后一圈房屋剩有10多间。

村落布局精巧，共有8个出口，8大水塘绕村而置，每个出口均栽种有古榕树。岗顶原也栽种有8棵古榕树，暗含"八卦"方位。村道以石板铺砌，纵横交错，错综复杂。外围环村池塘长2公里多，宽60米，誉为"瘦西湖"，两岸翠柳依依，古榕参天，遮天蔽日，水面鹅鸭嬉戏，水牛玩耍，好一幅乡间野趣图。村落特点在于：一是水多寓意以水为财；二是祠堂多寓意旺丁兴族；三是榕树多寓意福荫子孙。村落格局体现了村民追求、向往美好生活的强烈愿望（图2-3-6）。

蚬冈村在环村大道不同的方向共建有16座祠堂，所以有"八卦十六祠"之说，有的祠堂相隔只有几米远。

最具代表性的是始建于明代天启年间，重修于

图2-3-5　高要市蚬岗镇蚬岗村鸟瞰（引自广东省文学艺术界联合会　广东省民间文艺家协会《广东古村落》）

图2-3-6 蚬岗村外围古榕水塘景观

清代光绪年间的李氏大宗祠（图2-3-7、图2-3-8）。祠堂历代有维修，为三间三进硬山顶，抬梁式砖木结构，坐东北向西南。建筑雕梁画栋，古木清香，尤以梅、兰、竹、菊四君子雕刻最为精致，造型秀美。祠堂里的屏风雕着龙凤呈祥图案，与花岗岩石柱和坤甸木柱雕刻相映生辉。入口门额上阴雕"李氏大宗祠"五个蓝色大字，首进大门两次间的石月梁上各有一只石狮子承托着白石斗栱，斗栱中央处分别漆红色的"福"、"寿"字样，装饰独特。大门后为木屏风，门头上镶嵌着"奉训大夫"和"御前侍卫"两块牌匾，牌匾为红底金字，周边有金黄色的四龙戏珠图。屏风北面挂着"文魁"和"岁进士"两块红底金字木牌匾，屏风南面挂着两块红底金字的"武魁"木牌匾。

村落民居主要沿袭珠三角中心区域的建房理念，青砖墙体，以三间两廊为主形，稍作变化。民居大门入口立面是装饰的重点，经常集灰塑、木雕、石雕、砖雕等多种工艺来表现。入口大门有两种基本形式：一种是"凹斗门"，即大门后退3~7米，形成凹口状；另一种则直接在墙上开门，只在门上方做门罩挡雨，门罩的出挑方式有多种，有石

图2-3-7 蚬岗村李氏大宗祠怀德堂

图2-3-8 蚬岗村李氏大宗祠大门檐廊梁架木雕装饰

雕斗栱出挑、木斗栱出挑、砖砌叠涩出挑，一般配合相应的工艺做装饰。立面重点装饰的还有墀头，多用石雕或灰塑来表现。凹门斗通常在凹进的墙面沿屋檐绘有彩画装饰，题材比较广泛，有山水、花鸟、人物、吉祥图案等。有实力的大户人家会在两个次间的檐口下方做大面积的灰塑高浮雕。村落民居建筑两端山墙采用人字形山墙为主，也有采用镬耳山墙，立面外墙一般不开窗（图2-3-9）。

书屋（家塾）建筑也承担祭祀先人的功能，实际上也是祠堂，套用祠堂的形制。清乾隆间，朝廷对广东宗族势力的膨胀已有所顾忌，合族祠易于缔结地缘关系，发展为民间组织。于是祠堂纷纷易名为"书院"，既可以回避朝廷的禁例，又能迎合世俗家族群体意向。村落书屋常取一个有书香味的名字，从中反映出村民追求个人身份和社会地位的意愿。

家庭书屋与民居相连，实为书斋。家庭书屋和民居在外观上并没有太大区别，不同的是内部布局及装饰，这其中显示的是它们功能上的差异，同时也显示了它们在村落中角色的不同。村落大部分家庭书屋还是承担着居住的功能，所以书屋平面布局同普通民居并没有太大区别，或为三间两廊，或为明字屋带院子，大一些的由两个到三个这样的建筑组合起来。一些书屋建筑和住宅在一起，属于住宅的一部分，另一些和住宅分开。书屋是在三间两廊的平面上发展变化，两层楼，布置灵活舒适，利用两廊的屋顶做成休闲露台，上置盆景花草，同时也解决通风采光问题。要说家庭书屋和普通民居区别的话，这些书房多有阁楼，亦有在天井中加照壁、房间里加隔断，使得空间丰富许多。书屋装饰较一般民居讲究，如烦冗的雕刻、艳丽的色彩、精巧的灰塑，等等。

四、以宗祠为核心——东莞南社村

南社村位于东莞市茶山镇东部，距东莞市区约15公里。原名"南畲村"，因为村名忌讳"畲"与"蛇"同音，而以"社"代替了"畲"。南社村始建于南宋末年，初为戚、席、麦、陈、王等诸姓聚居的小村，后因战乱，谢氏先人尚仁公徙居于此，经数代繁衍发展，南社村建成以谢姓为主的村庄。

从明朝中期开始，谢氏先后出了11位进士、举人。南社谢姓村民以及从支社分支海内外谢氏族人已有三千多。现存的祠堂、家庙、府第、旗杆石、墓碑等文物就是古村深厚历史文化底蕴的实证。

南社村处于东江与寒溪河的冲积埔田地区，周围荔枝林茂盛，全村以长条带形的水塘为中心，有16座祠堂分布两岸，构成南社村公共空间中心。过去这里是村里的祭祀核心。水塘被三座横跨其上的石桥分成四段，分别称为西门塘、百岁塘、祠堂塘和肚蔗塘（图2-3-10、图2-3-11）。

当年水塘为低洼地，两侧是樟岗岭和马头山。南社村古建筑群的布局不是当地典型的梳式，而是根据村落地势和水塘分布，形成一种船形。村东北祖坟高地为船头，高高翘起，四座水塘的地势微微

图2-3-9 蚬冈村民居镬耳山墙

图2-3-10　东莞南社村长条带形的水塘和祠堂，构成村落公共空间中心

图2-3-11　南社村水塘被横跨石桥分成若干段

下沉为船身，水塘上有三座桥——庆丰桥、四通桥和丰收桥犹如船的分隔仓。桥旁榕树高大，以四通桥旁的为最，象征船帆，取"一帆风顺"之意。

沿水塘两岸主街道布置祠堂，与水塘相垂直的有若干条向村内辐射的巷道，这些巷道随地势逐渐升高，民居建筑沿地势逐级而上，错落有致，层次丰富。这种以长形水塘为核心，向两侧逐级而上的布局，利于排水，同时对村落的局部人居环境也起到调节的作用，水塘边广场成为村民活动的场所。

南社村外河道纵横，交通便利，经济繁荣，也是东莞的重要墟市，加之返乡华侨带来很多财产，因此对安全防御十分重视，南社村外围修建了围墙，环古村一周全长968米，墙体高约5米，宽近0.5米，用红砂岩或夯土做墙基，墙身为青砖或红砂岩砌筑。围墙有东、西、南、北城门4座，小门2座，谯楼17座，现仅存村东门的一段城墙。据《南社谢氏族谱》记载，明崇祯十七年（1644年）正月至八月，山寇多次劫掠南社，杀人放火。于是建造围墙，并制定相应的守卫和管理制度，其《谕乡人守围及巷战法》、《守城歌》等规章，成为守村抗击者的行动指南，先后多次成功地抵御外敌围攻。

南社村古建筑群基本保存了明清时期的原貌。全村共有明清祠堂、书院近30座，古民居250多座，庙宇旧址和遗址5座，古井40多口，古水塘7口，古墓葬30多座，还有古围墙及其遗址、门楼、谯楼多座。

祠堂群主要分布在古村中心带状水塘的南北两岸，在西门塘北岸有任天公祠、百岁祠、简斋公祠。在百岁塘北岸有樵谷公祠、百岁坊祠、照南公祠，南岸有谢氏宗祠、孟傅公祠。在祠堂塘北岸有念庵公祠、谢氏大宗祠、云野公祠，南岸有社田公祠。在肚蔗塘北岸有东园公祠、应洛公祠、晚节公祠，南岸有少简公祠、晚翠公祠。它们构成了独特的宗法文化祠堂景观。

祠堂除宗祠以三进布局外，各家祠、家庙则是二进四合院落形式，民居布局以三间两廊为主。

百岁坊祠是一座坊与祠相连的建筑，前面是牌坊，后面连着祠堂（图2-3-12）。百岁坊始建于明万历二十年（1592年）。当时南社村的谢彦眷夫妻都同时超过一百岁，东莞县令李文奎上报朝廷，朝廷准予建祠，公祠命名为"百岁坊"。百岁坊祠为三开间二进院落布局，首进为三间三楼牌坊，即四柱三间，中间高两边低，三座屋顶中间为四面坡的庑殿顶，两侧为歇山式屋顶，檐下施如意斗栱，梁枋石、木各有雕花，枋子两端下面有雀替与柱子相连，影壁须弥座为红砂岩，二进梁架木雕工艺精巧。旁边还有百岁翁祠，是一位百岁老人临终遗命用自己所居古屋改建的。百岁翁祠为三开间三进院落布局。硬山屋顶，始建于明朝，现存有明万历二十三年（1595年）《百岁翁祠记》碑刻，记载为纪念百岁老人谢彦庆而将其居所改为祠。祠内现存神台基座及碑座红砂岩石雕具有明代风格。

谢氏大宗祠位于村中心，坐北向南，始建于明嘉靖三十四年（1555年），前有池塘，后靠马头山。背山面水的"前有照，后有靠"的风水格局，寓意着子孙后代能够"风生水起"。建筑是三开间三进院落布局，从门厅、前厅、祀厅到两侧廊屋都采用抬梁式木构架，二进檩条之间用卷草花纹雕刻的叉手与托脚连接。宗祠装饰十分讲究，首进屋脊陶塑和二、三进屋脊灰塑及封檐板木板雕刻工艺精美。建筑采用非硬山屋顶，为广府地区祠堂少见（图2-3-13）。

民居沿巷道而建，朝向水塘。户型多为三间两廊房屋，砖木结构（图2-3-14）。如清光绪六年（1880年）武进士谢汝镠的住宅。建筑依地形和巷道的关系而灵活多变。村落北部的民居建筑年代较早，土坯房较多；南部的民居建筑年代较晚，墙体为红砂岩条石与青砖砌筑，建筑用材讲究。木雕、石雕、灰塑、彩绘均精美，施工工艺精湛，建筑质量较好。整个古村建筑的形制、结构、体量、用料、工艺、色调以及装饰等仍然保存着明清时期广府农耕聚落的建筑风貌。

资政第为清光绪二年（1876年）丙子恩科会试中式第九十九名武进士、任官礼部主事谢元俊宅。三开间二进院落布局，凹斗式大门。前后两进之间有穿罩，二进近前檐有落地大花罩，由桃树、仙

图2-3-12 南社村百岁坊祠

图2-3-13 南社村谢氏大宗祠

图2-3-14 南社村民居

图2-3-15 依山而建的梅州雁洋镇桥溪村

鹤、凤凰、雀鸟、花卉及枝叶等木雕组成。

谢遇奇于清咸丰十一年（1861年）中武举人，同治四年（1865年）中武进士，因立下战功，被封为建威将军。其住宅是村中规模较大的民居，为两栋三间两廊合二为一并置布局，两个天井院落，厅堂各自居中。天井在厅前。天井院落两侧各有廊屋，厅堂檐廊两天井间隔墙开门将院落连通。正门是凹斗式的红砂岩大门，高达3.3米，极其讲究。谢遇奇家庙紧挨着谢遇奇居，清光绪二十七年（1901年）为纪念武进士、官至总兵官的谢遇奇而建，建筑为两进院落四合院式布局，硬山屋顶，抬梁与穿斗混合式梁架结构。其木雕、石雕及正脊的陶塑、灰塑工艺精美。

五、山地村落——梅州桥溪村

桥溪村是梅州东北部雁洋镇的一个自然村落，面积约1平方公里，位于阴那山五指峰西麓，海拔500多米。"桥溪"原名"叩头溪"，过去通往村外的石径小道陡峭崎岖，入村宛如朝阴那山主峰五指峰一步一叩首，故桥溪村古时称为"叩头溪"。

桥溪为沿溪两岸逐步发展而成的村落，形态呈狭长的带状，整体地势自东北向西南平缓降低。从村口沿溪而下，谷底狭小且山体陡峭，复杂多变，村落上端，山谷更为狭窄，空间局促，不宜居住，多用作垦荒耕种。唯村落现址，山体相对平缓且谷地稍大，为村民提供了生存发展的基本定居条件。故村落呈现出两头窄、中间宽的形状。

许多客家村落建在山区坡地，利用坡地等高线在空间格局上形成阶梯台状，建筑随着等高线走向而灵活布置，所以客家村落与珠三角平原、潮汕韩江平原规整布局的村落有很大的差异。桥溪村在溪流两旁沿着山体筑台建房，宅居依山傍水，错落有致（图2-3-15）。由于地理条件的限制，台地进深较小，因此不少民居建有二层，向空中发展。桥溪村大宅多为堂横屋，为减少用地，只做双堂，设上、下堂。

村中数十座古色古香、风格典雅、结构独特、气势恢宏的传统民居建筑，耸立在山涧两侧，客家文化特色浓厚，营造了人与自然的和谐统一（图2-3-16、图2-3-17）。

继善楼由朱氏十八世"琪源"、"澄源"、"湘源"、"照源"、"莹源"五兄弟合建，始建于清光绪二十八年（1902年），历时12年竣工。为两层两堂六横式的堂横屋，不但规模较大，而且内部装饰甚为精致，其石雕、木雕、灰塑、彩绘，形色端庄，富有书卷气（图2-3-18～图2-3-21）。

图2-3-16　梅州雁洋镇桥溪村世安居

图2-3-17　梅州雁洋镇桥溪村半圆围楼

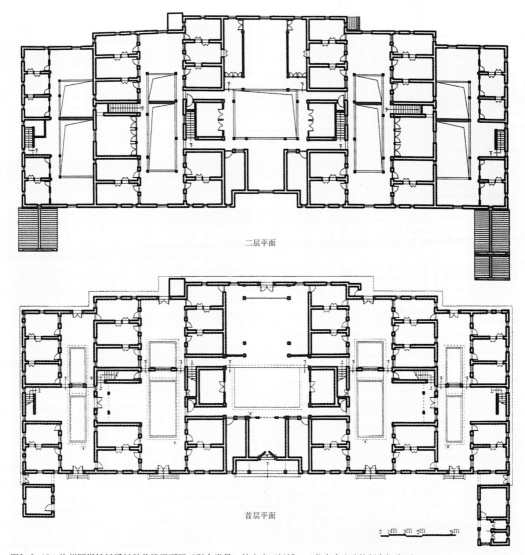

图2-3-18 梅州雁洋镇桥溪村继善楼平面图（引自肖晏、林垚广《桥溪——华南乡土建筑研究报告》）

图2-3-19 梅州雁洋镇桥溪村继善楼剖面图、立面图（引自肖晏、林垚广《桥溪——华南乡土建筑研究报告》）

平面布局上，两层的堂横屋与单层的平面组织基本一致，纵向中轴布置上、下厅堂，左右对称设置横屋。首层下厅即门厅，上厅为正厅，正厅后面设有神龛。上、下厅堂之间为天井，天井两侧为花厅。堂屋和横屋之间有纵向的长形天井，天井以带花隔窗的隔墙分为上、下天井。横屋由多个房间组成，每列横屋均带一横厅。

外观造型上，横屋山墙与下堂屋面成为一整体，不像单层堂横屋那样突出居中的堂屋，原有堂屋空间在形体上的统率作用变弱，使得这种两层堂横屋的外观形体类似于杠屋状。两层高的堂横屋为了加强正立面效果，常采用突出下堂入口的做法，屋檐做有两层高。

继善楼位于村中心主要位置，房屋之前是用围墙围起来的条形规则的禾坪，围墙连着两侧的龙虎门。两层楼高的入口门厅显得气派，两根石柱撑起了凹斗门檐廊，屋檐下有精雕细刻的木雕装饰，"继

图2-3-20　梅州雁洋镇桥溪村继善楼天井内院

图2-3-21　梅州雁洋镇桥溪村继善楼外院大门

善楼"牌匾和"继志述事，善邻亲仁"的门联，依稀向我们透露着房屋主人曾经的辉煌。

走进继善楼，堂屋里摆放着朱氏先祖的图像。因为是两层的楼房，所以楼上也布置成堂屋的样子，比较特别的是楼上堂屋，向外开启的四个窗扇，用彩色玻璃镶嵌，显现出近代外来文化的影响。继善楼的内饰精致，具有浓厚的文化气息，在二层的堂屋两侧，悬挂着两幅镏金的木刻家训。

宝善楼为两层两堂两横式的堂横屋，平、立面与继善楼相近。屋主人十七世维乾公，年轻时去外洋做生意，挣钱后回老家建了这栋宝善楼。维乾公共有五个儿子，都在外洋做生意，返乡建继善楼、世德楼、世安居、宝庆居、祖德居等建筑。

注释

① 管子·乘马第五.
② 周霞. 广州城市形态演进. 北京：中国建筑工业出版社，2006：22.
③ 南齐书·州郡志（上）.
④ 全隋文·卷十七.（清）刘应麟. 南汉春秋.
⑤ （清）刘应麟. 南汉春秋.
⑥ 陈小凡. 潮州古城发展演变及保护研究（华南理工大学专业学位硕士学位论文）.
⑦ 潮州所领县数，历史多有变化。南宋绍兴十一年（1141年）领海阳、潮阳、揭阳三县，史称"三阳"。
⑧ 同⑥。
⑨ 陈香白. 潮州文化述论选. 广州：中山大学出版社，1993：22.
⑩ 庄义青. 宋代的潮州. 广州：中山大学出版社，1997：39.
⑪ 民国海康县续志·地理·舆图.
⑫ 赖琼. 唐至明清时期雷州城市历史地理初探. 湛江师范学院学报，2004（4）.
⑬ 嘉庆雷州府志·建置.
⑭ 康熙雷州府志·建置.
⑮ 万历雷州府志·建置·坊表.
⑯ 嘉庆雷州府志·建置.
⑰ 广东省宣统高要县志.
⑱ 何丽娟. 肇庆古城墙的维修与保护.
⑲ 蒋祖缘. 明代广东的省城与府城建设. 广东史志，1999（2）.
⑳ 同上。
㉑ 同上。
㉒ 同上。
㉓ 同上。
㉔ 三国志·魏志·武帝纪.
㉕ 张红霞. 佛山市祖庙东华里历史街区保护与更新研究（华南理工大学硕士学位论文）. 2007.
㉖ 罗一星. 明清佛山经济发展与社会变迁. 广州：广东人民出版社，1994.
㉗ 邱衍庆. 明清佛山城市发展与空间形态研究（华南理工大学博士学位论文）. 2005.

广东古建筑

第三章 宗教寺观

广东宗教寺观分布图

1. 广州光孝寺
2. 肇庆梅庵
3. 曲江南华寺
4. 潮州开元寺
5. 陆丰元山寺
6. 梅州灵光寺
7. 新兴国恩寺
8. 广州五仙观
9. 南海云泉仙馆
10. 广州三元宫
11. 博罗冲虚观
12. 博罗酥醪观
13. 广州怀圣寺
14. 广州清真先贤古墓

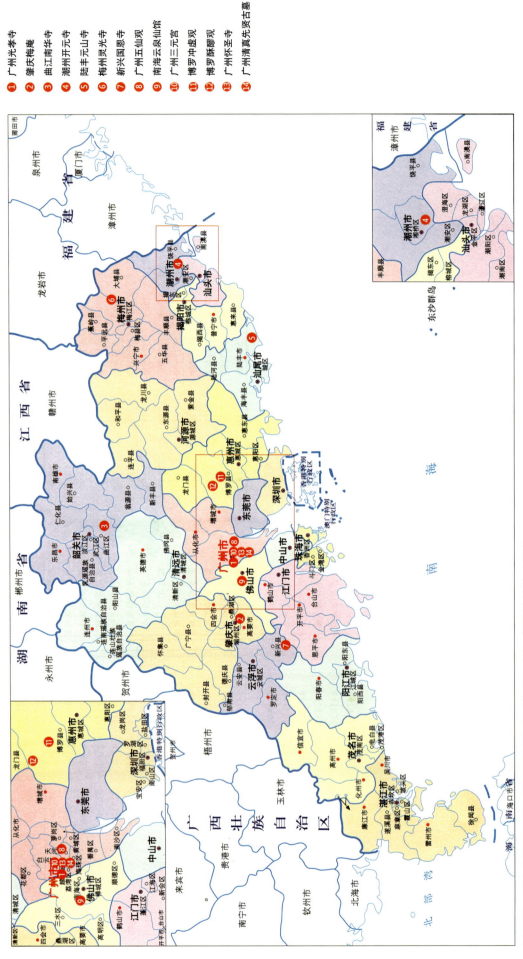

（地图引自：中华人民共和国民政部编．中华人民共和国行政区划简册2014．北京：中国地图出版社，2014．）

广东省是我国最早接触外来宗教并保存多种宗教的省份，主要有佛教、道教、伊斯兰教、天主教和基督教，均在中国宗教史上占据着重要的地位。广州自古就是中国重要的对外交通与通商口岸，随着中外经济活动的频繁往来，包括宗教在内的外国文化得以最早进入岭南并向全国各地传播。除中国本土的道教由北往南传入广东外，佛教、伊斯兰教、天主教、基督教皆由海路经广东传入中国。三国吴五凤二年（公元225年），西域人支彊梁接在广州译出《法华三昧经》，是目前所知佛经传入广东的最早记载。西晋光熙元年（公元306年），道教理论家葛洪南来广州从事道学研究和修炼，道教得以在岭南绵延流传。唐宋时期的伊斯兰教主要在旅居广州的外国侨民中流传，元代之后北方各省的穆斯林大批南下广东，由此演变成为岭南回族的传统信仰宗教。

第一节　佛教寺庙

佛教在两汉之际传入中国。相传东汉末年有僧人安清来到广州说法。三国东吴孙亮五凤二年（公元255年），天竺僧人强梁娄至（真喜）到广州翻译《十二游经》一卷。流放广州的经学家虞翻于三国东吴孙权嘉禾二年（公元233年）病逝后，其寓居改作"制旨寺"，为岭南历史上记载的第一所佛寺。

南朝后，经海路抵广州弘法、译经的僧人增多，佛教在岭南传播开来。据《简明广东史》统计，魏晋南北朝时期，广东先后兴建大小佛寺37所，集中于三地：广州19所，始兴郡11所，罗浮山4所。刘宋元嘉初年，天竺僧求那罗跋摩取道始兴北上入京，将始兴虎市山改名龙鹫山，辟建佛寺。南朝刘宋年间，广州已建有宝庄严寺（今六榕寺）。南齐时，印度僧人昙摩伽陀耶舍、伽跋陀罗分别到广州朝亭寺、竹林寺译经。梁武帝初，天竺僧人智药三藏法师经广州上曲江，建宝林寺（今南华寺）。后有达摩抵广州，其登岸处后人称"西来初地"并建西来庵。南梁普通元年（公元500年）僧贞俊、瑞霭在今清远飞来峡北岸云台峰创建至德寺。与此同时，也出现了官府主持兴建佛寺，南梁广州刺史萧誉在罗浮山上建南楼寺，即今延祥寺前身。罗浮山寺院建筑接踵而起，成为岭南佛教发祥地之一。

唐代，岭南佛教已发展到鼎盛时期。六祖慧能在岭南创立禅宗南派渐被公认为正宗；中外佛教文化交流中，不少高僧交汇于此，不空南下、义净西行、鉴真东渡、金刚智等入华，推动了佛教传播，也带动了佛教建筑的兴建，如潮州开元寺、潮阳灵光寺、新兴国恩寺、梅州灵光寺等。宋元时期佛教在岭南继续发展。广州之光孝寺在南宋时屡易其名且历经重修。六榕寺也重建于北宋。据《广东地方志》所载，宋代广州、韶州、肇庆、高州、潮州、雷州等地区，创建寺院约130所左右。

明清时期，岭南各地建寺风气极盛，特别是明中叶以后佛教得以复兴。肇庆庆云寺、新会叱石寺、徐闻华捍寺、兴宁和山古寺先后落成。清初广州有"五大丛林"之称，除光孝寺外，华林、大佛、海幢、长寿等寺都是在这个时期扩建而成的。在寺院规模、殿宇构筑、佛像雕塑等方面刻意追求，形成了广州佛教寺院的园林化模式。岭南佛寺的平面布局多数采用中轴线布局，因地制宜形成错落有致、对称中有变化的建筑组群。

一、广州光孝寺

光孝寺位于广州市光孝路北端，是岭南年代最古的一座名刹，广州民间流传俗语"未有广州，先有光孝"之说。据《光孝寺志》所载，寺址初为西汉第五代南越王赵建德故宅。三国吴大帝年间（公元222~252年），东吴名士骑都尉虞翻因得罪孙权谪徙广州，居此聚徒讲学，他在庭院中种下许多苹婆、诃子树，时人称为"虞苑"、"诃林"，虞翻故后，施宅为寺，取名"制止寺"，作为寺院的历史始于此时。

东晋安帝隆安元年（公元397年），罽宾国（今克什米尔）高僧昙摩耶舍在广州传教，建大殿，改名"王苑朝延寺"，又称"王园寺"。唐贞观十九年（公元645年）改为"乾明寺"、"法性寺"。东土禅宗的初祖菩提达摩到广州后，曾到这里开讲传教。至唐代禅宗五祖弘忍传衣钵时，慧能以著名的"菩提本无树，明镜亦非台，本来无一物，何处惹尘埃"四句偈语，深悟禅机胜过大师兄神秀，因而成为禅宗六祖。唐仪凤元年（公元676年），慧能至广州法性寺（今光孝寺）听僧人讲经，恰巧风吹幡动，引起"幡动"、"风动"之争，慧能插话："风幡非动，动自心耳！"一语妙演禅机，震惊满堂，连正在讲经的印宗法师都为之折服。此后，寺中住持法才亲自为他在菩提树下削发，后人募资建六祖瘗发塔和风幡堂以纪念此事。入宋后，为"乾明禅院"（公元962年），再改"崇宁万寿禅寺"（1111年）。南宋绍兴七年（1137年），宋高宗发布诏令改寺名为"报恩广孝禅寺"，绍兴二十一年（1151年）易"广"为"光"，改定为"光孝禅寺"，寺名沿用至今。

至盛时光孝寺有十三殿、六堂、三阁、二楼及僧舍坛台等。现存面积30490平方米，总建筑面积为12690平方米。寺院坐北向南，沿中轴线布置有山门、天王殿、大雄宝殿、藏经楼。藏经楼东、西侧分别为六祖殿和罗汉殿。东院有伽蓝殿、睡佛阁、洗砚池、莲花池、东铁塔、洗钵泉；西院有禅堂、大悲幢、瘗发塔、西铁塔及碑褐刻石等。寺内建筑疏落有致，古木婆娑，巨榕如盖，环境幽雅。

大雄宝殿始建于东晋隆安元年至五年（公元397～401年），为昙摩耶舍始建，历代均有重修，南宋绍兴年间曾大修，清顺治十一年（1654年）由五间扩至七间，大殿现仍有唐宋建筑风格。现大殿面阔七间35.36米，进深六间24.8米，四周走廊宽1.46米，高13.6米，建筑总面积1104平方米，为岭南佛殿之冠（图3-1-1～图3-1-5）。建筑为重檐歇山顶，立面的檐柱间全部开有门窗，斗栱间无栱垫板，使其稳重造型之中又不乏岭南古建筑空间通透之特色。大殿下檐斗栱硕壮，出檐平缓深远。上檐不用斗栱铺作出跳，仅在内檐柱用一跳插栱出跳，出檐较小。上檐与副阶起脊处垂直距离较小，使上下屋顶距离较为接近。屋顶坡度举折较为平缓，下面以平阔低矮之月台承托，使大殿给人以庄严、稳固之感。屋脊线从中间向两端缓缓生起，配上优美的屋顶、翼角檐口曲线及屋脊上的各种脊饰，又给大殿平添几分活泼优雅的气氛。柱子为梭形柱，柱础采取高70～90厘米的石雕须弥座形式，起防潮作用。大殿台基高1.4米，四周绕以石栏杆，望柱头饰雄健的石狮，其余栏杆为后代重制。殿前有宽敞的月台，左右有一对塔式花岗石法幢，七层八角，高4.95米，每层刻有佛龛，十分庄严稳重。

大雄宝殿室内柱网整齐，分内外两周，外檐柱26根，内檐柱18根，金柱8根。殿身构架为十三架椽屋，前后三椽栿用四柱形式，采用《营造法式》"彻上明造"之制，一切梁枋椽桁皆露明视而可见，不施天花藻井，因岭南地区气候湿热，室内空敞以利通风散湿。四椽栿、平梁上下梁间皆以隔架驼峰斗栱支撑传力。纵向梁架中内檐额枋、金柱之间以穿插枋作为两缝梁架之间的纵向连接，次间两缝梁架高于心间两缝梁架，使脊槫和平槫自心间向两端生起，配合举折形成双曲屋面。副阶檐栿与斗栱相接，置于柱头铺作之上。大殿之梁皆为直梁，不用月梁，但梁端入柱处略作卷杀，梁之腹部亦凸出，刚柔相济，制式优美。大殿斗栱心间、次间各两铺作，梢间与尽间各一铺作。檐柱柱头斗栱为单杪双下昂六铺作斗栱，柱头铺作的栌斗施于柱头普柏枋上，斗栱外跳为计心造，里跳为偷心造。

大殿前西南角有石经幢一座，建于唐宝历二年（公元826年），平面八角，高2.19米，幢身八面刻有梵文和汉文大悲咒，故名大悲幢，全称大悲心陀罗尼经幢。幢下基座为力士承托莲花状，幢身上施宝盖，宝盖檐枕与角梁相交处刻出一跳华栱作为承托。

大殿东面是伽蓝殿和六祖殿。伽蓝殿为明弘治七年（1494年）重建，伽蓝殿面阔三间，进深三间，八架椽，歇山顶、斗栱、隔扇都仿大殿所制而尺度缩小，显得小巧玲珑（图3-1-6）。六祖殿位于伽蓝殿之后，供奉六祖惠能，北宋大中祥符年间始建，清康熙三十一年（1692年）重建，面阔五

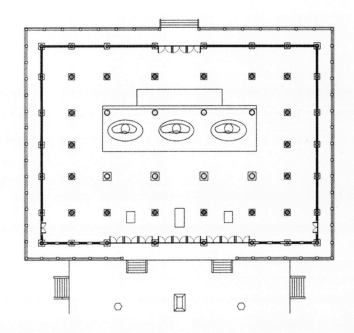

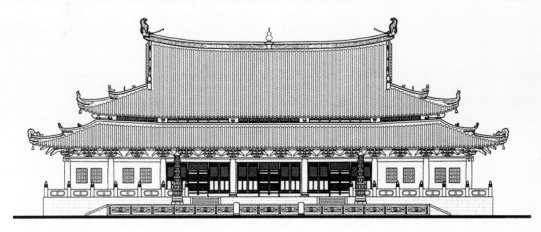

图3-1-1　光孝寺大雄宝殿平面、立面图（引自程建军《梓人绳墨》）

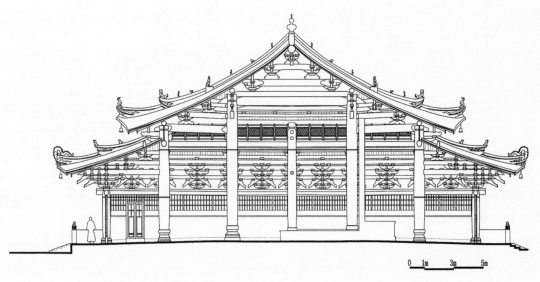

图3-1-2　光孝寺大雄宝殿剖面图（引自程建军《梓人绳墨》）

图3-1-3　广州光孝寺大雄宝殿1

图3-1-4　广州光孝寺大雄宝殿2

图3-1-5　光孝寺大雄宝殿室内梁架

图3-1-6　光孝寺伽蓝殿

间、进深四间，十三架，单檐歇山顶，前檐下用八角石柱，余为木柱，出檐达2.4米，殿内柱础扁平古朴，用青石造成覆莲状，梁架上安有驼峰，上刻飞仙，广东建筑中较少见（图3-1-7、图3-1-8）。

瘗发塔外观为楼阁式，高7.8米，八角7层，每层有八个佛龛（图3-1-9、图3-1-10）。据说惠能在菩提树下削发后，将发埋此处，上盖塔以纪念之。

寺内东西两侧各有两座铁塔，分别建于南汉大宝十年（公元967年）和大宝六年（公元963年），东塔是以南汉主刘鋹名义铸造，西塔是以刘鋹的太监龚澄枢及侍女邓氏三十二娘联名铸造，是我国现存铸造年代最早的铁塔。两塔的铸造工艺精致工巧，其高度和式样相仿，都是四角7层，各层四面都有一个大佛龛，供奉坐在莲花座上的弥陀佛，大龛外遍布小佛龛。东塔高6.35米，石雕须弥座高1.34米，总高7.69米，塔身下为莲花铁座，铸成之

图3-1-7　光孝寺六祖殿

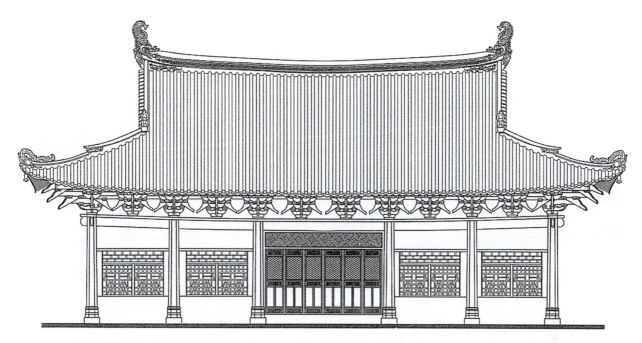

图3-1-8 光孝寺六祖殿立面图（引自程建军《梓人绳墨》）

图3-1-9 光孝寺瘗发塔

图3-1-10 光孝寺瘗发塔立面图（引自程建军《梓人绳墨》）

初，塔外贴金，称涂金千佛塔。西铁塔因护塔房屋倒塌，压崩4层，只剩3层，残高3.1米，现置于寺内西侧碑廊庭中。

二、肇庆梅庵

位于肇庆市端州区梅庵路15号，坐北向南，依岗势前低后高营建。梅庵为供奉六祖惠能而兴建，据载，禅宗六祖惠能经过肇庆，曾在此插梅为记，以锡杖掘井。北宋至道二年（公元996年），智远和尚为纪念慧能，在此处建庵。现梅庵仍保存有慧能当年所掘的那口井，被称为"六祖井"，又称"六祖甘泉"。

梅庵占地面积5000平方米，建筑面积1400平方米。主体建筑由山门、大雄宝殿、祖师殿以及连廊、天井组成；附属建筑有头门、平台、六祖井、庵舍、禅脉堂、常光亭、六云亭、高深莫测池、碑廊和梅园等。

山门及祖师殿为清道光二十一年（1841年）重建。山门面阔三间、硬山顶，凹门廊，两侧耳房，山墙承托桁条，门厅中间设屏风，后有檐廊。祖师殿建于0.55米高的平台上，面阔三间，进深四间，也是硬山顶，以山墙承重，后檐以砖墙封顶。

寺内最重要的建筑为大雄宝殿，"建于北宋至道二年（公元996年）。是岭南现存最早的木构建筑，在长江以南的现存木构建筑中，排行第二，仅次于福州华林寺大殿（建于宋乾德二年，即公元964年）"[①]。大雄宝殿于清康熙三十五年（1696年）重修，乾隆、道光年间又多次重修。宝殿立于高出天井1.08米的石砌台基上，创建时为三间单檐歇山顶，后人增建两边山墙，改为硬山顶，但梁架与山墙无直接结构上的联系（图3-1-11）。

大殿现面阔四柱五间14.78米，进深四柱三间9.6米，通高9.1米。明间4.84米，次间3.16米，折宋尺与《营造法式》规定吻合。大殿用材高、厚比为2∶1，约合《营造法式》规定之"六等材"，梁架形式为十架椽屋前后乳栿用四柱，内槽前后金柱

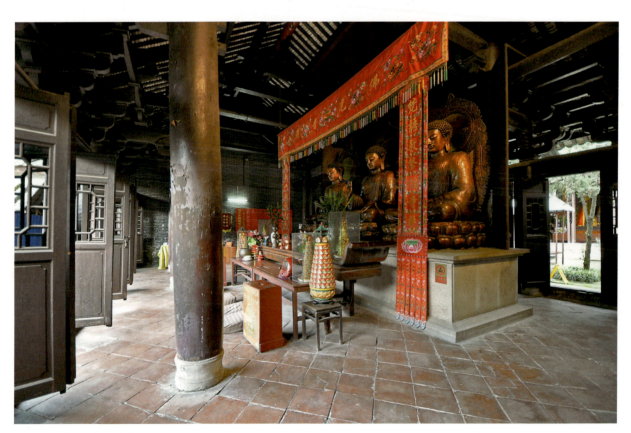

图3-1-11　肇庆梅庵大殿室内

之间施六椽栿，上置襻间斗栱承四椽栿，再置襻间斗栱承平梁，平梁上置一跳两铺作斗栱。各檐柱与金柱间上部以乳栿相连，梁为月梁形式。大殿外檐斗栱均为八朵。檐柱上各有柱头铺作，补间铺作为明间两朵，次间一朵，梢间无。柱头斗栱为七铺作重栱单杪三下昂，外转为计心造，内转为偷心造。补间斗栱做法外转与柱头斗栱做法相同，里转为六铺作三杪偷心造。斗栱与檐柱高之比例约为2：5，是北宋早期建筑做法。内外柱均用圆形梭柱，柱础为铜鼓型。尽管建筑曾多次重修，大雄宝殿仍具有宋构建筑风格，保留着宋代以前斗栱硕大、出檐深远、屋顶平缓的特点，具有较为典型的宋代中原建筑特征，但在具体的技术处理方面则又与中原建筑有所不同，如收山的大小及做法、梁架中具有装饰性构件等，均表现了岭南地区的特点（图3-1-12、图3-1-13）。

三、曲江南华寺

南华寺位于韶关市曲江区马坝镇的南华山上，始建于南朝梁武帝天监元年（公元502年）。据史料记载，印度高僧智药三藏自广州北上，途经曹溪，掬水饮之，甘美异常，四顾群山，峰峦奇秀，宛如西天宝林山地，因而在此建寺。天监三年（公元504年），寺庙建成，梁武帝赐额"宝林寺"。唐仪凤二年（公元677年），禅宗六祖慧能来寺主持36载，弘法道场，成为岭南禅林之冠，南宗祖庭，也称六祖道场。南华寺先后更名中兴寺、法泉寺，北宋开宝元年（公元968年）重修，宋太宗敕赐"南华禅寺"，寺名沿袭至今。明万历二十八年（1600年），憨山禅师大力中兴，僧风日盛。清康熙七年（1688年），平南王尚可喜重修全寺。

民国25年（1936年）著名高僧虚云和尚重修南华禅寺。将原来的平面四合院布局改为顺应山势地形的阶梯状、呈中轴线两边对称布局，建筑面积达1.2万平方米。主要建筑从南至北依次有中路的曹溪门、放生池、五香亭、宝林门、天王殿、大雄宝殿、法堂、灵照塔、六祖殿、方丈室。左侧依次是虚怀楼、报恩堂、钟楼、伽蓝楼、客堂、待贤楼、香积厨、斋堂、回向堂、回光堂、延寿堂、念佛堂、东贤殿。右侧依次为云海楼、西归堂、鼓楼、祖师殿、云水堂、韦驮殿、维那寮、班首寮、如意寮、禅堂、观音堂、西贤殿。寺东有无尽庵、海会塔，寺后有飞锡桥、伏虎亭、卓锡泉。卓锡泉俗称九龙泉，清澈甘冽，终年不竭，传为当年六祖惠能常在此浣洗袈裟。

进入第一道山门曹溪门（又称头山门）后，就

图3-1-12　肇庆梅庵大殿梁架斗栱

图3-1-13　肇庆梅庵大殿外檐斗栱

是放生池。池为椭圆形，上建一座八角形攒尖顶五香亭（图3-1-14）。宝林门是南华寺第二道山门，建于明嘉靖十三年（1534年），清、民国时期重修，门联曰"东粤第一宝刹，南宗不二法门"，横批为"宝林道场"（图3-1-15）。钟、鼓二楼相对，建于元大德五年（1301年），明清两代及民国期间重修，钟、鼓楼均为3层歇山顶（图3-1-16），檐角挑起，格子门窗，钟楼顶层悬有宋代铸造的铜钟，鼓楼底层立有千佛铁塔一座。天王殿建于明成化十年（1474年），原为罗汉楼，清代重建改为天王殿，面阔五间歇山顶。

大雄宝殿亦称三宝殿，始建于元成宗大德十年（1306年），现存建筑为民国年间移位重建。殿前有月台，四周回廊，重檐歇山顶，门窗为格子式（图3-1-17、图3-1-18）。建筑面积984.37平方米，面阔七间，通面阔35.4米，明间6.58米，次间5.7米，梢间5.3米，尽间2.6米；进深七间，通进深29.25米，平面为双槽副阶周匝式，采用抬梁式构架。殿内正面塑三大佛像，每尊佛像高8.31米，形貌庄严。左右两壁及后壁是泥塑彩绘五百罗汉像。

图3-1-14 南华寺放生池五香亭

图3-1-15 南华寺宝林门

图3-1-16 南华寺钟楼

图3-1-17 南华寺大雄宝殿

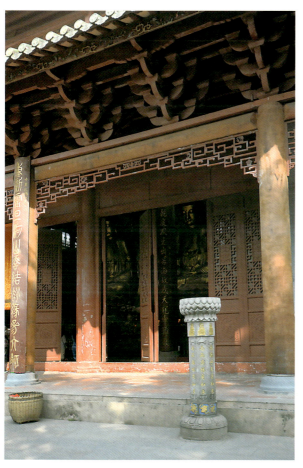

图3-1-18 南华寺大雄宝殿外檐

图3-1-19 南华寺灵照塔

灵照塔初建于唐宪宗元和七年（公元812年），为木塔。宋代改为砖塔。明清及民国时期多次重修。塔呈八角形，5层，正面有券门可入内。塔内辟有螺旋形阶梯直到塔顶，每层每面均有券门和小窗，八柱攒尖顶，上置大型铜铸净瓶及铁铸覆盆（图3-1-19）。

六祖殿里供奉六祖惠能大师以及憨山大师、丹田祖师的真身。六祖真身坐像通高80厘米，结跏趺坐，双手叠置腹前作入定状，塑像至今已有1200多年历史了。殿内还珍藏有北宋木雕五百罗汉，是我国现存唯一的宋代木雕罗汉像，明代曾涂饰过金色。1936年，虚云法师主持修庙时，将大部分木雕罗汉藏在大雄宝殿里三尊高达15米大佛的腹中，直到1963年才被发现。现存360尊，其中有133尊为清光绪年间因火烧毁补刻的。有154尊罗汉身上刻有铭文，从铭文得知这批罗汉雕刻于北宋庆历五年至八年（1045～1048年），匠师有张续、蔡文赟、廖永昌、王保、赦璋等。每尊造像都是用整块木坯雕成，包括底座和坐像两部分，通高49.5～58厘米，直径23.5～28厘米，木料主要是柏木，少量为楠木、樟木或檀香木。罗汉造像形态自然，变化多样，传神生动，雕工洗练，手势随坐式和姿态而变，是十分珍贵的历史文物。

四、潮州开元寺

开元寺位于潮州城区开元路，前身为荔峰寺，唐开元二十六年（公元738年），玄宗崇尚佛教，诏告天下：十大州各建一大寺，以玄宗年号为寺名，潮州开元寺便是其中之一。开元寺宋代加额"祝圣道场"，元代曾改为"开元万寿禅寺"，明代为"开元镇国禅寺"，又称"镇国开元禅寺"，加额"万寿宫"。宋以后多次修葺，其中以北宋宝元三年至庆历三年（1040～1043年）的修缮为最大的一次。

1982年后连续三期大规模全面修复。

整体布局为院落式，分中轴和东、西路共三路。中轴为照壁、山门、天王殿、大雄宝殿、藏经楼、后花园。从天王殿至藏经楼，两侧有东、西长廊连接（图3-1-20）。东路有地藏阁、香积厨和伽蓝殿等，西路有观音阁、方丈室和祖堂等。

山门即金刚殿，建于明代，面阔五间22.56米，进深三间7.5米，单檐硬山顶，殿内有"祝圣道场"横额。

二进天王殿为宋代遗构，旧称"仪门"，后接东西两庑廊，为进入寺庙主殿区之门户（图3-1-21、图3-1-22）。天王殿面阔十一间47.97米，进深四间十五架共13.3米，明间较宽，其余各间渐次缩小，平面深阔比为1∶3.6。立面处理中部高、两侧低，斗栱高度近乎柱高的一半，是早期建筑梁架构造的特点。正面十一开间可分解为"11=3+5+3"，表现出三段式的组合。平面前面东、西两侧三间以墙体围合，中央一间设南向门户对外，左右对称位置有房，南向开窗，形成一厅两房的格局。中间五开间较高，与左、右两端门房侧墙相夹成凹门斗，形成檐廊，当心间最大，次间略小。天王殿外观为单檐歇山（厦两头）屋面，收山为整一开间，以版筑贝灰砂夯墙代替末间屋架，整体性能好，墙身下厚52厘米、上薄36厘米，收分明显。背面十一开间均通透开敞。厦头结构做法简单直接，梁架搭在夯土墙内。殿身中段中轴对称设四对（共八榀）梁架。

天王殿梁架组成有抬梁式与穿斗式混成特征，总体表现为抬梁式的厅堂构架，心间梁架为十四架，椽屋前后四步梁用四柱典型的抬梁式做法。穿斗构架特征有：前、后檐柱及前内柱直接以柱头承檩，与柱结合的梁枋大都使用透榫贯穿柱身，而且梁架中顺梁方向穿透各柱及各落叠斗的枋栱既多又密，是穿斗构架建筑使用穿枋穿连各柱构成横向屋架的表现，而前、后檐的出檐做法，为四步梁梁头收窄成枋，贯穿檐柱后挑出。檐柱以木石相衔接，下端为八瓣圆肚型石柱，上端为圆木柱，前檐柱上端的木柱直接墩立在石柱之上，后檐柱的木石柱之间垫有木櫍，柱础为石覆盆。后檐明、次间石金柱也安于覆盆柱础上。

大雄宝殿重檐歇山屋顶，为寺内最大的建筑，外观面阔五间，进深分作四间，坐于总高约1米的两层台基之上，下层台基中部向前伸出成殿前宽阔花岗石月台，月台正面及左、右三方设台阶上落。台基石栏板共嵌有78块，每方高80厘米，宽110厘米，雕刻着释迦牟尼出家故事和奇花异草、珍禽瑞兽，包括仰莲、覆莲、圭脚、卷草、流云、如意等图形，线条圆润流畅，造型古朴凝练。

大雄宝殿平面为满堂柱带副阶周匝，总阔26米，总深21米。大殿屋顶坡度平缓，副阶屋面宏大，上用本地陶瓦。上、下两层重檐屋面相距非常近，但整体感强。副阶部分，立柱全为石柱，梁架露明。殿身结构使用天花，室内的副阶梁架露明，设横梁三道。大梁断面方形，跨深四步，前端组合在步柱上的叠斗内，后端作榫插入殿身金柱。梁上

图3-1-20　开元寺天王殿至大殿广场两侧宽敞的长廊

图3-1-21　潮州开元寺天王殿室内空间

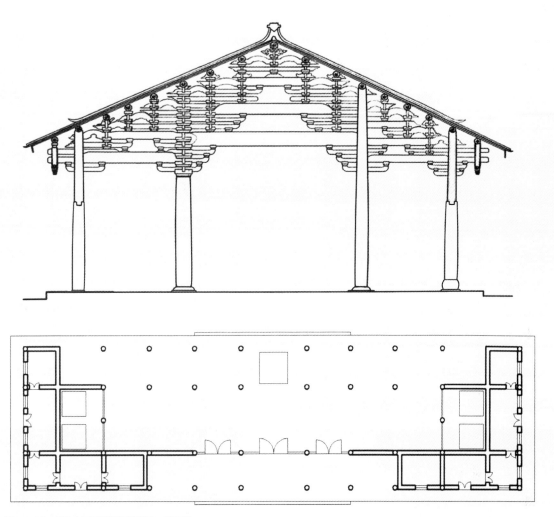

图3-1-22 开元寺天王殿明间剖面图、平面图

以驼峰及纵横相交的十字斗栱承托天花枋。金柱为木石结合柱，大部分柱身为石柱，适合南方的潮湿天气，木柱部分只在高处，组合各向梁枋构件，柱头作斗形，同样设置叠斗叠累向上托天花枋及上层草架（图3-1-23～图3-1-26）。

地藏阁和观音阁在布局与外观上十分相近，都是面阔三间的重檐歇山小型殿阁，在开元寺总体格局中左右对称呼应。观音阁面阔12.50米，进深12.54米，平面的宽深比近似1∶1的正方形，总面阔较总进深略短。观音阁平面采用满堂柱式，外带一周副阶。平面西、北、南三面为夯土墙，仅东面开敞设门窗，内部共六根立柱，将殿身空间划分为前、后两个部分，前半部分供信众参拜，后半部分设置供桌、佛像。

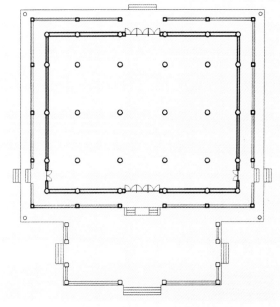

图3-1-23 开元寺大雄宝殿平面图（引自李哲扬《潮州传统建筑大木构架》）

图3-1-24 开元寺大雄宝殿

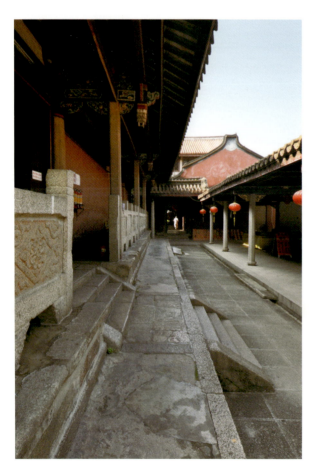

图3-1-25 开元寺大雄宝殿外檐圈廊

图3-1-26 开元寺大雄宝殿外檐圈廊石栏板

五、陆丰元山寺

元山寺位于陆丰市碣石镇北郊玄武山麓，始建于南宋建炎元年（1127年）。元山寺原为玄武庙，古称玄山祖庙，供奉"北极真武玄天上帝"，与湖北武当山祖庭、佛山祖庙一脉相承。后又增加供奉释迦牟尼、观音菩萨、弥勒大佛、达摩祖师等佛像。明洪武二十七年（1394年），碣石设卫建城，驻军5600多员，成为粤东海防军事重镇。元山寺受驻军官兵的推崇，得以修建。万历五年（1577年），碣石卫参将侯继高主持落架扩建，形成了今日之规模，称玄山寺。清康熙年间，为避帝讳（康熙名玄烨），改"玄"作"元"。元山寺鼎盛时期（清乾隆、嘉庆年代）寺僧人数百。

元山寺坐北朝南，依山傍海，中轴对称，多重院落，规模宏大，布局严谨，总占地面积约3万平方米（图3-1-27，图3-1-28）。建有山门、前殿、中殿、正殿、左右配殿、虎廊以及僧房共99间。寺前建有戏台，寺后建福星亭（今为福星塔），并于"起龙岩"上置一鉴亭（今之四美亭）。位于元山寺北面约2公里处尚存的"祥师"、"羯摩"以及圆寂比丘、沙弥等和尚塔（墓）计70多处。

寺庙平面为三进院落布局，逐进抬高。前、中、正殿各面阔五间、进深三间，梁架均为抬梁式和穿斗式相结合、琉璃瓦硬山顶。三进屋脊均用彩色瓷片镶嵌"双龙戏珠"装饰图案。山墙、垂脊、屋檐有石雕、木雕、灰塑、彩绘、嵌瓷等，内容丰富，有宗教故事、民间传说、历史戏剧等（图3-1-29，图3-1-30）。

戏台建筑为琉璃瓦重檐歇山顶，抬梁式木架结构，台基用青石垒成须弥座，高1.2米、面阔22米、进深16米，整座戏台高朗宏阔，是广东最大的庙宇戏台。福星塔为八角3层楼阁式石塔，通高18.6米，首层置副阶，3层塔身均辟有门，塔刹系用红石雕成葫芦。"喷水龙头"和"狮子戏球"为该塔的主要装饰物（图3-1-31）。

元山寺也是古代粤东海防军事基地。寺内悬挂有清同治皇帝和广东、福建、江苏、山东等省总督、提督、总兵官等题刻的匾额48块；保存有大量的楹联、壁画、书画作品、雕塑以及寺藏和出土的历史、宗教文物，反映了当地不同历史时期的传统文化特色。此外有摩崖石刻6处；抗英、抗倭等记事碑15尊。玄武山下还有古卫城遗址、浅澳古炮台、广德祥院等古迹。

图3-1-27　陆丰元山寺

图3-1-28 陆丰元山寺山门

图3-1-29 陆丰元山寺山门装饰

图3-1-30 陆丰元山寺主殿

图3-1-31 陆丰元山寺前戏台

图3-1-32 梅州灵光寺（引自广东省房地产科技情报网 广州市房地产管理局《岭南古建筑》）

六、梅州灵光寺

灵光寺位于梅州市雁洋镇阴那山五指峰下，创建于唐文宗开成至唐武宗会昌年间（836～846年）。相传高僧潘了拳（自号惭愧，福建省延平府沙县人）在此立庵，唐懿宗咸通二年（公元861年）圆寂后，弟子将庵重修取名"圣寿寺"。明洪武十八年（1385年），由广东监察御史梅鼎捐钱扩建，易名"灵光寺"，并亲书"灵光寺"三字嵌刻在山门的门额上。清顺治十年（1653年）大修。灵光寺依山而建，古朴典雅，由山门、大殿、金刚殿、罗汉殿、诸天殿、经堂、斋堂、客堂、钟楼、鼓楼等建筑组成，多为明清时期所建（图3-1-32）。

大殿又称菠萝殿、祖师殿。重檐歇山顶，面阔三间（图3-1-33）。平面设计特别，进深17.57米，远大于面阔的12.32米。殿前有卷棚顶檐廊。大殿中央的螺旋形藻井菠萝顶更是闻名遐迩，殿内屋顶有斗八藻井，以8根大圆木柱支撑，由120条木质

图3-1-33 灵光寺大殿

龙头组成，龙尾向上集结为螺旋形圆弯顶，状如菠萝，工艺独特，结构严谨巧妙，俗称"菠萝顶"（图3-1-34）。藻井下有两层内转斗栱承托在"井"字梁架上，每朵五铺作，双杪重昂。菠萝顶起着通风排烟的作用，大殿历代香火旺盛，但殿内香烟并不会熏人，殿内香烟集中到殿顶，再从斗栱间空隙排放出去。

图3-1-34 灵光寺大殿内八角形藻井

灵光寺为明代洪武年间建的木结构建筑，不仅结构奇特，而且木雕装饰艺术也独树一帜。大殿的梁、枋、驼峰、斗栱、雀替、挂落、门的裙板等，都装饰着精美的木雕。雕刻题材丰富多样，有龙、凤、狮、麒麟、仙鹤、龟、鹿、蝙蝠、象等吉祥动物的图案，有荷、菊、梅、牡丹等花卉图案，还有寿星图、狮子耍绣球、昭君出塞等题材，造型生动，线条流畅，刻工精细，为明代木雕艺术的精品。殿内的隔架科斗栱和上檐斗栱将前后出的平昂做成龙和凤的形状，龙、凤形态生动，上檐斗栱共8朵平身科，4朵角科，共12朵，向殿内出12个龙头，殿外出8个龙头，共20个龙头。殿身前檐下方檐廊的挑檐枋的头部刻成龙头状，共4个龙头。大殿正中四根重檐金柱间有隔架科12朵，向殿中间出龙头12个，在另一端左右侧出云头6个，前、后面无龙凤头。明间前后檐金柱间各有3朵隔架科斗栱，每朵向内侧出龙头1个，共6个。山面中柱与相邻山柱之间的隔架科各向内出1个凤头，共4个。这样，斗栱上和枋头上共有木雕龙头42个，凤头4个，如加上大殿上檐四角挂凤铎的角梁头也是龙形，以及殿内梁枋、柁墩上刻的龙，龙饰就更多了，体现了"龙凤呈祥"的主题。

七、新兴国恩寺

国恩寺位于云浮市新兴县六祖镇的龙山山麓，始建于唐高宗弘道元年（公元683年），时任南华寺住持的六祖惠能"为报佛恩、父母恩、国恩和众生恩"，派门人在故乡建报恩寺，后又建报恩塔。国恩寺背枕龙山，寺建在"龙首"，故国恩寺又名"龙山寺"。唐中宗神龙二年（公元706年）下诏赐名为"国恩寺"，后武则天亲书"敕赐国恩寺"匾额。明隆庆元年（1567年）重建，历代修葺扩建。

惠能于公元638年二月初八在新兴县诞生，以一偈云"菩提本无树，明镜亦非台，本来无一物，何处惹尘埃"获五祖弘忍密授教法及衣钵，成为中国禅宗第六代祖。公元713年八月初三惠能在国恩寺圆寂。惠能主张"佛在我心，净心自悟，见性成佛"，独创了中国特色的佛教宗派。

国恩寺主体格局为三进院落，坐东北向西南，依山而筑，内院空间依山形分级成台，建筑面积9200多平方米。寺前有珠亭、镜池、"第一地"山门牌坊。寺内以天王殿、大雄宝殿、六祖殿为主轴，左、右两侧为地藏王殿、达摩殿、文殊普贤殿、大势至殿、四配殿及钟楼、鼓楼、方丈室、客堂、斋堂、沐身池、禅房等。寺左侧为报恩塔、六祖手植荔枝树、观音殿、功德堂；寺右侧为六祖父母坟、抱翠亭、思乡亭等。主体建筑建于明清时期，布局和结构仍保留明代建筑风格。

山门"第一地"牌坊，建于明万历年间，坊上镶嵌着明末石湾陶塑"龙虎汇"，长1.2米，宽0.5米，工艺精致（图3-1-35）。前殿天王殿为重檐硬山顶，宽14米，深7.7米，木构梁架，前、后檐廊用石柱石梁，"敕赐国恩寺"的大牌高悬在大门之上（图3-1-36～图3-1-38）。中殿大雄宝殿，宽14米，深12米。殿前设月台，檐廊石柱石础，大殿屋架均为木构梁架，雕刻龙、凤、鸟、鹿和卷云图案（图3-1-39）。后殿六祖殿宽14米，深12米，内供

图3-1-35　新兴国恩寺"第一地"山门牌坊

图3-1-36　新兴国恩寺天王殿

图3-1-37　新兴国恩寺天王殿后庭院

图3-1-38　新兴国恩寺天王殿庭院内的客堂

图3-1-39　新兴国恩寺大雄宝殿

奉惠能金身袈裟坐像，建筑结构及雕刻装饰与大雄宝殿相近。

报恩塔始建于公元712年。现报恩塔是1990年重建。在原报恩塔下无意中发现了七颗佛舍利，轰动了佛教界。寺院绿树成荫，古木参天。后山花园有一棵数人环抱而不可及的千年古荔枝树，相传此树是六祖惠能带领门徒回故居时亲手种植的，所以花园名为"佛荔园"。园内有一水井，相传为当年六祖所掘。

第二节　道教宫观

道教创立于中国东汉末年，传入广东始于魏晋时期。西晋东海（今山东郯城县北）人鲍靓，任南海郡守时在广州建越岗院，作为其修道之所，址在越秀山南麓，为今三元宫之前身，这是岭南有记载的最早的道观[②]。西晋光熙元年（公元306年），江苏道教徒葛洪（283—363）因避战乱到广州炼丹弘道，在此拜鲍靓为师。鲍靓对他很是器重，还将女儿鲍姑许配与他。东晋咸和二年（公元327年），葛洪转往罗浮山炼丹著述，创建了岭南道教正一派，罗浮山也因此成为道教的十大洞天之一。他在罗浮山经常活动的东、西、南、北四处择地建庵：南庵都虚观，后改"冲虚观"，为岭南道教祖庭，西庵为今黄龙观，北庵为今酥醪观，东庵为今白鹤观。但此时的罗浮山尚未开发，人烟稀少，葛洪建庵只为修炼之便，应只是一些简陋的茅寮。

唐宋时期，由于统治阶级的推崇，道教开始大行其道。省内惠州的罗浮山、清远的飞霞山、连州的福山因为在民间的重大影响而名列道教七十二福地之中。北宋末年，罗浮山的葛洪祠因被宋哲宗赐名"冲虚观"而名声大振，逐渐成为华南道教宫观之首。

早期的道教建筑乃是修道者栖身的洞穴或茅棚，相当简陋，汉、晋间称为"治"。以后为了祀神、斋醮、传道，需要许多不同性质的场所，而逐渐出现了楼、馆、堂、坛、室、舍等建筑名称，建筑的规模和数量也越来越大。广东道教宫观建筑大致有三种类型。一是利用佛寺建筑。唐武宗灭佛，一度将广州的乾明法性寺（今光孝寺）改为西云道宫。宋代大中祥符年间，曾将广州开元寺易名天庆观（元、清分别改名玄妙观、元妙观）。宣和元年（1119年），天宁万寿禅寺（今光孝寺）再次改为道观。二是利用民宅为道观，承接法事又兼具商业性质。三是专门营建的道观。广东境内道教宫观集中分布在广州、粤东的惠州和潮梅汕地区，粤北、粤西地区有部分分布，主要有广州市三元宫、纯阳观，佛山南海云泉仙馆，博罗县冲虚古观、黄龙古观、酥醪观、九天观，惠州市元妙观，南雄市洞真古观，梅州市赞化宫，揭阳市娘宫观，汕头潮阳海棠古观、玉龙宫，陆丰市玉清宫、紫竹观等。

一、广州五仙观

五仙观位于广州市越秀区惠福西路坡山。广州别名羊城、穗城，均来源于五仙骑五羊降临广州的神话传说。晋裴渊《广州记》载："战国时广州属楚，高固为楚相，五羊含谷至其庭，以为瑞，因以五羊名其地。"北宋乐史《太平寰宇记》："周时南海有五仙人，衣五色衣，骑五色羊，来集楚庭，各以谷穗一茎六出，留与州人且祝曰'愿此阛阓，永无饥荒。'言毕，腾空而去，羊化为石。"五仙观正是人们为祭祀五位仙人而建的神庙，也把他们视为谷神、城市守护神，五仙观是反映广州市历史起源的重要历史文化古迹。

五仙观是供奉五仙的道观，它和一般的道观又是有明显区别的，殿堂和广州其他道观建筑相比，如供奉民间信仰的老君吕祖等各路道家神仙的三元宫、纯阳观等，从五仙观现存的后殿来看，采用官式做法，明显等级较高。

五仙观始建年代不详，其观址曾多次变迁、多次重建。北宋时址在十贤坊（今广州北京路财厅前一带），南宋后期及元代迁至药洲，明洪武元年（1368年）旧观被烧毁，洪武十年（1377年）迁至今址。明成化十年（1474年）及清雍正元年（1723年）都对五仙观进行过重修。原观颇具规模，至民国12年（1923年）占地面积仍有4600多平方米。现存山门、后殿、禁钟楼、东西斋等建筑。历史上的五仙观建筑群还包括：三元殿、玉皇阁、穗石洞等建筑和景观。五仙观山门之前还建有牌楼，牌楼两侧有廊庑围合。观内东侧有"仙人拇迹"，为原生红砂岩上的一个脚印状的凹穴，为古代珠江水冲蚀而成，是晋代坡山古渡的遗迹。明清两代曾先后以"穗石洞天"和"五仙霞洞"列入羊城八景。

殿前现存仪门为清代广府门式建筑。五仙观山门面阔三间，进深二间，绿琉璃瓦硬山顶，青砖石脚。石刻"五仙古观"匾额为清同治十年（1871年）两广总督瑞麟所题。山门后是中殿遗址及后殿。

后殿面阔三间12.4米，进深三间10米，高8米余。大殿保存较好的明代木构架，内檐为8架椽，施6铺作3杪斗栱，外檐施乳栿出两跳插栱承托挑檐桁。斗栱使用了柱头科、平身科、角科以及隔架襻间斗栱、插栱等，斗栱用材略细，材高18厘米、厚8厘米。平梁、4椽栿及乳栿做成月梁，驼峰斗栱承接梁架，用叉手、托脚。正桁有"时大明嘉靖拾陆年龙集丁酉拾壹月贰拾壹日丙申吉旦建"字样，即建于明嘉靖十六年（1537年）。屋面举折呈柔和曲面，坡度下缓上陡，檐口曲线平顺柔和。屋面无收山，柱无生起，翼角之生起依靠生木头的使用和仔角梁前端的上弯。内部檩枋两端置有生木头，使屋面在横向上略略弧曲，即屋面为空间双曲面。屋架结构转角由于面阔次间与进深次间尺寸不等，面阔次间较进深大三尺（一步架），导致老角柱与角柱之连线非45°线。而屋角结构必须沿45°方向布置，为解决转角开间尺寸不等的问题，后殿在侧面檐柱与老檐柱间做一道顺梁，于其上立一童柱，侧面及转角之双步梁都插入其中，在童柱上承转角斗栱。室内空间高敞通透，利于纳凉排湿，适合岭南高温湿热的天气。立面外观绿琉璃瓦重檐歇山顶，正脊平直，由两端卷草灰塑和11件琉璃件拼装，内容分别是鳌鱼、几何龙形博古、花篮和二龙争珠，外檐四壁原为方格门窗，灵巧通透，色泽造型均大方精美。五仙观后殿反映了明代官式建筑的一些特征，而"明承宋制"，也有一些方面体现了宋代风格。整座后殿具有浓厚的广府地方特色，也是广州现存最完整的明代建筑（图3-2-1~图3-2-4）。

禁钟楼位于后殿之后，始建于明洪武七年（1374年），比广州镇海楼还要早七年建造。被清人屈大均称为"岭南第一楼"。其上部木构建筑曾毁于火患，现存者为清乾隆年间重建，其下部基座仍为明洪武年间原物。该楼坐北朝南，宛如城楼，分

图3-2-1　广州五仙观后殿

图3-2-2　五仙观后殿室内

图3-2-3　五仙观后殿之后庭

为上、下2层。下层以红砂岩砌筑而成，宽14米，深12米，高7米，中间为拱券洞门，前后贯通。上层为木结构，呈长方形，宽11.8米，深9.7米，重檐歇山顶，桁梁刻有"乾隆五十三年重建"字样。

楼上悬挂一口高3.04米、宽2.1米、厚3寸、重5吨的铜钟，为洪武十一年（1378年）所铸，钟体铸篆文："大明国洪武十一年岁次戊午孟春十八日辛卯广东等处承宣布政使司铸造"，钟口之下是该楼中心的方形大井口，能产生共鸣。每逢敲钟，声音很响，"扣之声闻十里"，钟声会传至十里之远。此钟只有遇到火警等灾难时才撞击鸣钟，平时禁止撞钟，故称之为"禁钟"，所以该楼又称为"禁钟楼"（图3-2-5～图3-2-7）。禁钟楼不是五仙观内的配置，而是广州古城的配置，即古代城市的钟楼，于坡山现址，是先有钟楼，而后再创五仙观。

二、南海云泉仙馆

云泉仙馆在佛山市南海西礁镇西樵山白云峰西北麓，四周林木交荫。最初由清乾隆四十二年（1777年）南海石岗乡人李攻玉创建，命名"攻玉楼"，原作书院用。道光二十八年（1848年）扩建为云泉仙馆，因馆内有"小云泉"，故称"云泉仙馆"。光绪三十四年（1908年）因免书生应试而导致此地荒芜，遂在此供奉吕祖，由道士住持。

云泉仙馆坐东南向西北，依山就势，雕梁画栋，清雅别致，宛若仙宫，为二进歇山顶建筑。主

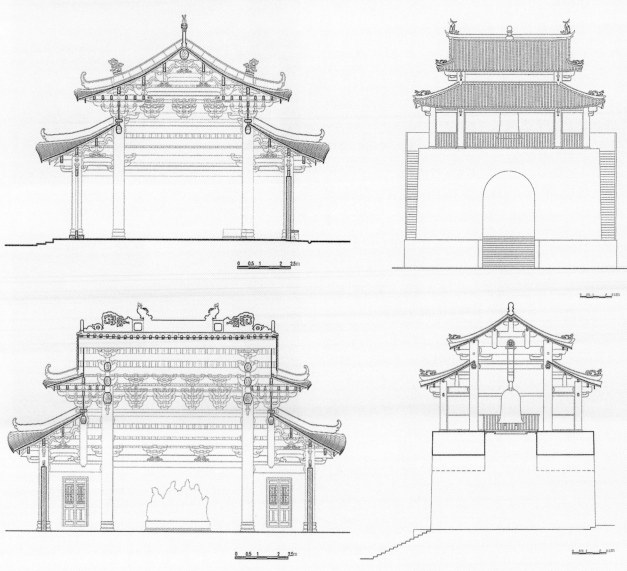

图3-2-4　五仙观后殿纵、横剖面图（引自程建军《梓人绳墨》）　　　　图3-2-5　禁钟楼正立面、剖面图（引自程建军《梓人绳墨》）

图3-2-6 禁钟楼——岭南第一楼

图3-2-7 禁钟楼上悬挂的铜钟

要有前殿、大殿，右有祖堂、墨庄，左有自在楼、倚虹阁、小桃源等。馆前有上、下两平台，石砌步级，设护栏。二层平台殿前置有两根石华表，石狮一对，其两侧墙壁上饰狮子、凤、鱼等浮雕和六骏图、百鸟朝凤壁画。前殿面宽15米，进深3米，入口设有石柱檐廊，中门两侧为钟鼓台。前殿与大殿之间的内庭为水池，中有石桥跨越。大殿为赞化宫，奉祀吕洞宾，面宽15米，进深14米，抬梁木构架，由四根圆形花岗石柱支撑，地面铺砌大方砖，殿堂外四周有回廊，正脊为陶塑二龙争珠和鳌鱼图案，檐角脊饰陶瓷狮子和灰雕狮子（图3-2-8～图3-2-10）。

云泉仙馆旁的墨庄，以藏有南宋抗金名将岳飞手书"墨庄"二字匾刻而命名，内珍藏有历代名人

图3-2-8 云泉仙馆前殿

图3-2-9 云泉仙馆大殿"赞化宫"

图3-2-10 云泉仙馆前殿各类雕饰

书画。云泉仙馆左旁还建有邯郸别邸,面临西礁山的鉴湖,原址是筑于明代的流丹台,清代曾改建,光绪时易名邯郸别邸,因所筑山楼似船状,故称为"云海天船"。

三、广州三元宫

三元宫位于广州市应元路11号,坐落于越秀山南麓,是广州最大的道观。相传其前身是为祭祀南越王赵佗而兴建的南越王庙,俗称北庙。南越国灭亡后,北庙渐废。到了东晋大兴二年（公元319年）,身为道教徒的南海太守鲍靓在原北庙旧址建造了越岗院,作为修炼和传播道家学说的场所。鲍靓的女儿名潜光,世称鲍姑,生性聪慧,自幼随父学道学医,她在越岗院悬壶济世,以治疗赘疣和赘瘤闻名于世。越岗院建成后,在很长一段时间内一直是广州唯一的道观,但到了唐代,佛教发展迅猛,越岗院被改为供佛的悟性寺。然而几百年之后,佛寺又变成了道观,促成这一事件的,是明朝的钦天监。据学者屈大均记载：明崇祯十六年（1643年）,明钦天监来穗巡视时提出建议,天上三台列宿,应运照临穗垣,正照越岗院,应在越岗院中央加建一座三元殿,以应上天祥瑞之吉兆,极利五羊城。于是纷纷募捐扩建越岗院,改祀"三元大帝",改名"三元宫",三元宫内多种教派并存,反映了明朝以后中国三教合流的趋势。

三元宫依越秀山南麓而建,山门为清乾隆五十一年（1786年）所建,前有40余级石阶,显得壮观,面阔、进深均三间,封火山墙。主体建筑三元殿正对山门，为清同治年间重建，面阔五间20.27米，进深五间16.85米，歇山灰顶绿色琉璃瓦剪边。殿前拜廊卷棚顶，与两端两层的钟鼓楼相连，大殿布局与造型为广州古建筑所仅见（图3-2-11～图3-2-16）。三元殿后为老君殿，东侧为客堂、斋堂、旧祖堂、吕祖殿，西侧为钵堂、新祖堂、鲍姑殿。其中吕祖殿为前后两进，硬山顶，前、后座间加盖卷棚顶拜廊，为清同治元年（1862年）重修。宫内有鲍姑井和"人体穴位图"碑刻。

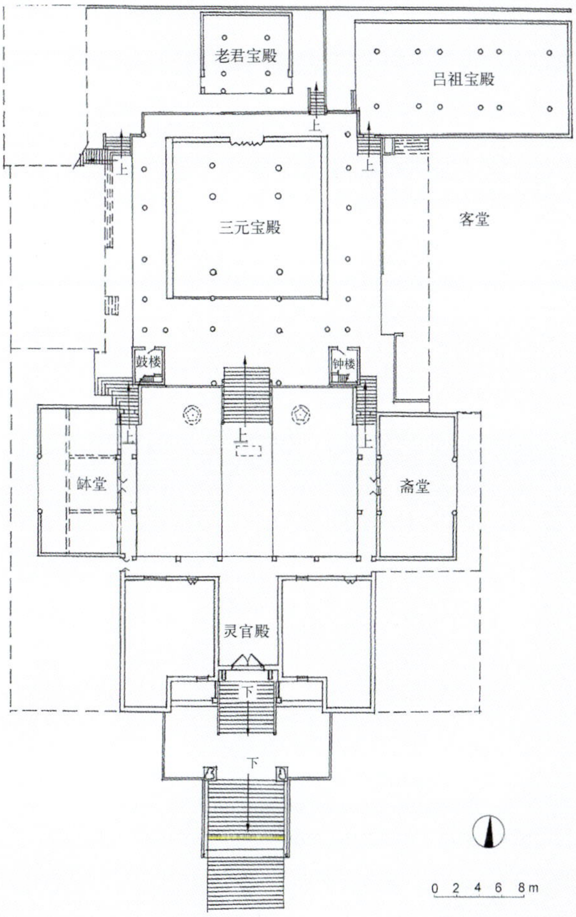

四、博罗冲虚古观、酥醪观

博罗冲虚古观位于惠州市博罗县长宁镇罗山之阳，麻姑峰下，东晋咸和年间（公元327～334年）葛洪创建修道炼丹处。葛洪，字稚川，号抱朴子，丹阳句容（今江苏境内）人，东晋道士，著名的道教理论家、医学家、炼丹术家。古观始称南庵、都虚，后改冲虚观，晋义熙初始为祠，唐大宝年间扩建为观，北宋元祐二年（1087年），哲宗赐"冲虚观"匾额。清代多次重修，现古观为1985年后修葺。冲虚古观是全国道教圣地，也是《道藏》所谓的"第七洞天"、"第三十一福地"。

冲虚古观南临白莲湖，建筑包括山门、三清宝殿、葛仙祠、黄大仙祠、吕祖祠、斋堂、库房等，有房百余间，建筑面积4400余平方米。山门

图3-2-13 广州三元宫大门

图3-2-11 三元宫总平面图（引自汤国华《岭南历史建筑测绘图集选》）

图3-2-12 三元宫纵剖面图（引自汤国华《岭南历史建筑测绘图集选》）

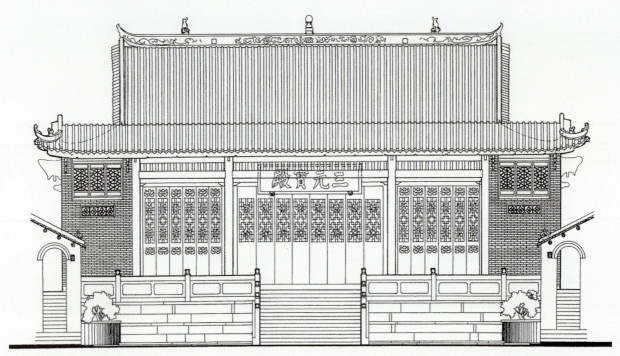

图3-2-14　三元宫三元宝殿立面图（引自汤国华《岭南历史建筑测绘图集选》）

图3-2-15　三元宫三元宝殿

图3-2-16　三元宫三元宝殿拜廊

前有10级青石阶梯，门为三间屋宇式，硬山顶，屋脊有石湾名陶工吴奇玉所塑双龙戏珠及花木楼阁大型彩色陶塑，大门上有"冲虚古观"石牌匾（图3-2-17）。山门两侧围墙上下布满彩绘、灰塑，色彩鲜明。主殿三清宝殿面阔五间，琉璃瓦顶，正脊、垂脊皆饰有彩色陶塑，大殿檐下装有隔扇和槛窗，殿内金柱为坤甸圆木柱（图3-2-18）。三清宝殿重建于清光绪二十六年（1900年），供奉道教玉清元始天尊、上清灵宝天尊、太清道德天尊三位

图3-2-17　广东博罗罗浮山冲虚古观山门（高海峰摄）

图3-2-18 广东博罗罗浮山冲虚古观山门（高海峰摄）

酥醪观在博罗长宁镇酥醪村，浮山之阳，前临荷塘。由葛洪创建于东晋咸和年间，称北庵。传说秦代方士安期生成仙后在罗浮山与神女对坐饮酒，共谈玄机，"酣玄碧之香酒，醉后呼吸水露，皆成酥醪，各乘飚车而去，味散于诸天，因而易名酥醚观。"宋以后屡兴屡废，清康熙年间重建，民国18年（1929年）重修。

酥醪观平面为三进四合院布局，纵深75米，总阔36米，占地2700平方米。观内建筑有山门、正殿、配殿、蓬莱阁以及道士宿舍、库房、膳堂等。山门前9级台阶，为三间屋宇式门楼（图3-2-19）。正殿为琉璃瓦硬山顶，殿内两壁嵌有重修酥醪观的数块碑文，屋脊饰有山水、花卉、人物陶塑、灰塑图案。大殿面向天井处有一令台伸出，为道观训示徒众、打醮传经之处。台座为花岗石砌筑，台上建亭覆以琉璃瓦，高7.4米，长5.45米，宽4.75米（图3-2-20）。天井两旁配殿均绘有宗教色彩壁画。

始祖，殿内还供奉张道陵、葛玄、许旌阳、萨守坚四位真君。大殿东边有葛仙祠，供奉葛洪与葛妻鲍姑，其侧为吕祖祠，供奉祖师吕洞宾；西边为赤松黄大仙祠，供奉黄大仙。观内还有青石砌长生井一口，相传为葛洪炼丹取水之用，井水四季不枯，水质甘冽甜美，有"长生井"之称。

图3-2-19 博罗酥醪观山门（黄博聪摄）

图3-2-20 博罗酥醪观拜亭（黄博聪摄）

第三节 伊斯兰教建筑

按目前史学界、宗教界较为一致的说法，唐永徽二年（公元651年）大食（阿拉伯帝国）遣使至唐[3]，伊斯兰教于此时始传入中国。唐宋时期西亚的大食商人、传教士经由两条路线来华：陆路自波斯经由我国新疆到达长安、洛阳等地的"丝绸之路"；海路从波斯湾绕马来半岛至中国东南沿海的商业城市，如广州、泉州、扬州等地，称为"香料之路"。广东是我国最先传入伊斯兰教的地区之一。阿拉伯旅行家、商人苏烈曼（Suleyman）在唐宣宗大中五年（公元851年）写的《印度中国闻见录》中记述：中国商埠为阿拉伯人麇集者，曰康府（即广州）。该处有伊斯兰掌教一人、教堂一所……"。这是中国最早记载的伊斯兰教建筑。苏烈曼记述的教堂，很可能是延续至今的广州怀圣寺。

广东伊斯兰教建筑主要包括穆斯林进行宗教仪式的清真寺和陵墓等。元代之前在平面布局、外观造型上尚保留有阿拉伯风格，如广州怀圣寺光塔。南宋岳珂《桯史》记有可以登临的西域螺旋磴道式塔："后有堵坡，高入云表，式度不比它塔，环以甓为大址，累而增之，外圜而加灰饰，望之如银笔。下有一门，拾级以上，由其中而圜焉如旋螺，外不复见，其梯蹬每数十级一窾。……绝顶有金鸡甚巨，以代相轮。"后逐渐借鉴中国传统建筑布局，采用纵轴式院落形制，许多单体建筑也采用木构架体系，形成中国特有的伊斯兰教建筑特色。广州怀圣寺、壕畔街清真寺、南胜寺等清真寺大殿围绕天井采用围廊，以适应南方炎热多雨的气候特点。反映了伊斯兰教建筑与中国传统建筑的融合并趋于地域化。

广东现有伊斯兰教建筑，主要分布在广州、肇庆等地。广州有怀圣、南胜、壕畔、东营清真寺以及桂花岗宛葛素墓；肇庆有城西、城东清真寺。城西清真寺创建于清乾隆三十二年（1767年），1983年重建；城东清真寺相传创于唐宋，今仅存礼拜殿。

一、广州怀圣寺

怀圣寺位于广州市越秀区光塔路56号，寺名为怀念伊斯兰教创始人穆罕默德。《南海百泳续编》载："回教之祖，名贵圣穆罕默德，寺号怀圣，怀念贵圣也。""是我国现存最古伊斯兰教清真寺之一，寺中的光塔，迄今所知为国内孤例。……该寺为研究我国海外交通史、建筑史与伊斯兰宗教史的重要实例。"[4]

寺创建于唐贞观元年（公元627年），相传为阿拉伯传教士阿布·宛葛素与侨居广州的阿拉伯人捐资修建。元至正三年（1343年）寺毁于火，至正十年重建。明成化年间及以后又多次重修，现存格局为清康熙三十四年（1695年）重建后的规制。大殿梁下题字："唐贞观元年岁次丁亥鼎建，民国廿四年岁次乙亥三月廿一日辛未第三次重建。""大明成化三年岁次丁亥秋九月二十日戊午重建"。"大清康熙三十四年岁次乙亥腊月十七日乙巳再重建。"

寺院坐北向南，占地面积为2966平方米，整体采用中国传统的对称布局，主轴线上依次为：大门、二道门、三道门、看月楼、礼拜堂和藏经堂（图3-3-1）。二道门上方汉文书写的"怀圣寺"三字，是同治年间重修后所写。三道门的门匾上写有"教崇西域"四字，为光绪年间所书，表明伊斯兰教是从遥远的西方传播而来。

看月楼是伊斯兰教望月以确定封斋和开斋时辰之用，为清康熙二十四年（1695年）重建，门额上有为看月楼所题阿拉伯文赞词。面阔三间宽5.98米，进深4.88米，重檐歇山顶，下部以红砂岩筑墙，厚0.77米，四面各开一拱券门（图3-3-2）。斗栱角科用插栱，下檐平身科用两攒，出4跳无后尾。正檐斗栱出3跳，上施天花，饰有《古兰经》文。看月楼两旁有廊庑相接，廊庑里镶有关于寺院的历代碑文。

礼拜殿坐西朝东，礼拜时面向圣地麦加，1935年重建，其基座平台的石栏杆是明代遗物，上有葫芦、扇子、伞盖、花卉等雕刻精美的图案。庭院左有龙眼树，右为凤眼果树（即萍婆树），故怀圣寺又有"龙凤寺"之称。礼拜殿前两侧建有方亭一对，殿后建有供教徒做礼拜前沐浴的水房。礼拜殿

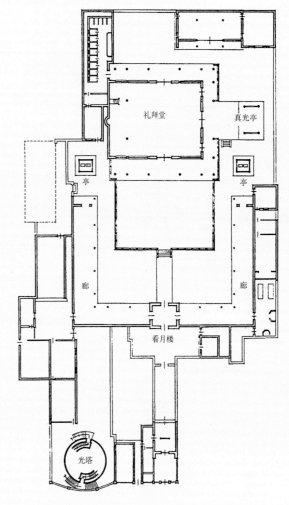

图3-3-1　广州怀圣寺平面（引自汤国华《岭南历史建筑测绘图集选》）

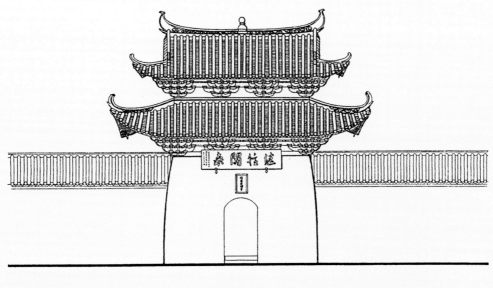

图3-3-2　怀圣寺看月楼立面图（引自汤国华《岭南历史建筑测绘图集选》）

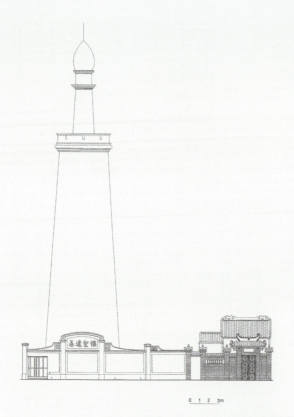

图3-3-3 怀圣寺光塔南向立面（引自汤国华《岭南历史建筑测绘图集选》）　　图3-3-4 怀圣寺光塔（韦然摄）

左侧碑亭内有元至正十年（1350年）"重建怀圣寺之碑记"，是怀圣寺最古老的一方碑，碑中字体为篆书，环以龙云雕刻图案，碑额下方为阿拉伯文。

怀圣寺光塔是唯一尚存的唐代建筑，建于唐朝贞观年间，位于寺的西南角（图3-3-3、图3-3-4）。光塔又叫怀圣塔、"邦克楼"、宣礼楼或唤醒楼，建筑具有阿拉伯风格。塔身为圆筒形，外观光滑，向上收分逐渐缩小，砖石砌筑，主要砖墙、表层涂抹灰砂，塔底直径7.5米，塔高36.3米。塔有前、后二门，各有一磴道，两楼道相对盘旋而上，绕塔心直通塔顶，从塔角的洞门到塔顶，两梯道各为154级砖阶，这种砖双蹬道的建造技术，对我国砖塔类建筑工程技术产生过明显影响。塔身上开有长方形小孔用来采光，每上数阶，便有窗孔。当年塔内悬灯，晚上为阿拉伯船舶指引航向。顶部用砖牙叠砌出线脚，塔顶原有金鸡立在上面，可随风旋转以示风向，明初为飓风所坠，修复后于康熙八年（1669年）又被飓风吹落，遂改为葫芦宝顶，后改为橄榄形，现顶部为1934年重修。

二、广州清真先贤古墓

先贤古墓在广州市解放北路兰圃西侧，又称"回回坟"、"响坟"。相传唐代伊斯兰教传教士阿布·宛葛素来华传教，逝世于广州，教徒为其营葬于此。

古墓始建于唐贞观三年（公元629年），现建筑为清代重建。古墓为陵园式建筑，高墙环绕，分内、外两重。墓园大门为屋宇式，入口采用广州民居建筑所用的"趟栊门"。外陵中央有宽敞的方亭和莲池、花圃，东、西分别建有礼拜殿、大客堂、水房、茶舍等。北端有四柱三间三楼砖砌牌坊，上刻"高风仰止"（图3-3-5～图3-3-7）。由此进入内陵，有石板基道通向宛葛素慕室。墓道与圣墓中轴线不一致，为外陵与内陵建设年代不同所致。墓道两旁布列着40多位历代中外穆斯林名人坟墓。

内陵面积要比外园大一倍，圣墓居中央位置。建筑形式为一平面方形的阿拉伯式圆拱顶砖砌建

图3-3-5 广州清真先贤古墓大门（方兴摄）

图3-3-6 广州清真先贤古墓外陵中央的方亭（方兴摄）

图3-3-7 广州清真先贤古墓通往内陵的牌坊（方兴摄）

图3-3-8 宛葛素墓墓室（广东省文物局提供）

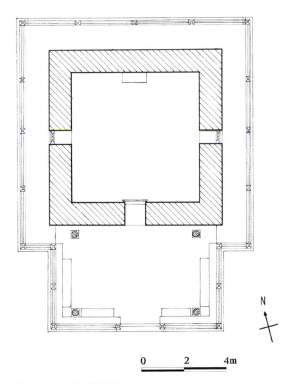
图3-3-9 宛葛素墓平面图

筑，入口门廊采用中国传统建筑的卷棚顶。墓外部四面砖墙砌菱角牙子，墙头砖砌三角形垛子，为伊斯兰教建筑风格，而墙上小窗为中国式样。墓内、外均以灰垩饰表。墓室为砖砌无梁殿，穹隆顶。墓室中央为阿拉伯式长方形石墓，此即宛葛索墓。墓室空间上圆下方，状似大钟，诵经室内，回响长久，故有"响坟"之称（图3-3-8、图3-3-9）。

注释

① 吴庆洲. 岭南最古的木构建筑——肇庆梅庵大雄宝殿. 广东建筑装饰[J]，1996-12-15.
② 陈泽泓. 岭南建筑志. 广州：广东人民出版社，1999：152.
③ 唐会要·卷100·大食国. 丛书集成本⑧P.1789-1790.
④ 陈从周，路秉杰. 广州怀圣寺. 社会科学战线，1980-03-01.

广东古建筑

第四章 坛庙宗祠

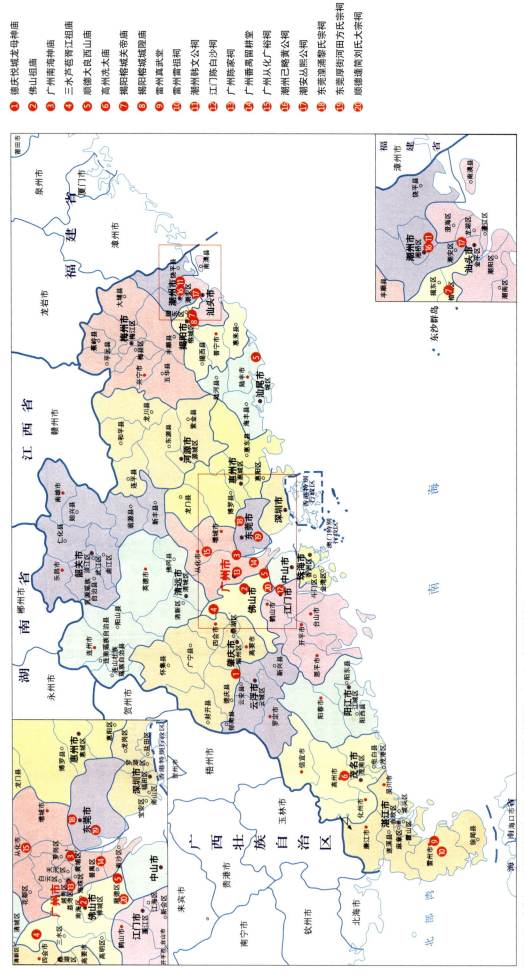

第一节 坛庙

广东坛庙多属民间信仰崇拜，通常离不开生活习俗、前途财运、凶吉祸福、安康无恙等，算多神信仰。其中最突出的是对水的崇拜，一般建庙以祀拜祝家人出海平安，无水患保丰年为主；其次是求功名、求财运，如祀文昌、关帝和行业祖师爷；还有就是对历代名人的纪念，缅怀先人之丰功伟绩。

广东坛庙建筑种类众多。大致可分为下面几类。祭祀江河海的建筑，如南海神庙、龙母庙、天后庙等。祭祀真武帝的建筑，真武又称上帝或者北帝，如佛山祖庙、三水芦苞胥江祖庙、广州仁威庙等。祭祀文昌神的建筑，广东民间文昌庙不少，所祭祀的文昌神来历众说纷纭，现今所保存的文昌庙与文昌塔不下百处，其中有代表性的有惠东平山文昌宫、惠阳淡水文昌庙、中山三乡文昌阁等。祭祀关公的建筑，民间相传的《三国演义》，对其中的汉寿亭侯关羽关云长之忠义素有敬仰，几乎家家祭拜，皆称关帝，相信其能够保佑平安，财源广进，各地设庙行春秋两祭，庙大小不等，与其他庙宇建筑平面基本相同，所祭祀的神，除了关羽，还有关平和周仓等。祭祀历代名人圣贤的建筑，广东对于开发当地有功绩的人或者明贤贵官，常立祠庙纪念，如潮州韩文公祠，高州冼夫人庙等。祭祀城隍土地的建筑，城隍庙是供奉守护城池神祇的庙宇，明洪武初，朝廷诏封天下神，规定各府、州、县建城隍庙，而后广东各城镇多建城隍庙。此外，还有祭祀山岳土地以及掌管生灵的雷、雨等各路诸神的建筑等。

一、德庆悦城龙母神庙

龙母祖庙位于德庆县悦城镇，是供奉龙母娘娘的庙宇。古称博泉庙、五龙庙，又称孝通庙。据庙志记载始创于秦，但无证可考。现存的建筑为清光绪年间所建，1983年后重修。

传说龙母姓温，战国时楚国人。自小能预知祸福，且乐善好助，人称神女。一日，温氏在西江边濯洗时偶拾得一大卵，孵出五壁虎状动物，性善喜水，能在江中捕鱼。数年后变成"头角峥嵘，身皆鳞甲，文分五色"的五条真龙。温氏让他们施云播雨，保境安民，人们称温氏为龙母。后来龙母仙逝，五龙悲痛欲绝，化作五秀才，将龙母葬于北岸的珠山下。后人感于五龙的孝心，就此建庙，名曰"孝通庙"，后改为"龙母祖庙"。历代皇帝对龙母均有封赐，汉高祖封之为程溪夫人，唐封之为永安夫人，宋太宗封之为永济夫人，明太祖封之为龙母崇福圣妃，又封之为护国通天惠济显德龙母娘娘等。

龙母祖庙选址位于悦城河与西江汇交处，后有五龙山环抱，五道山梁蜿蜒而下，呈"五龙护珠"之势，前瞰大江，左右黄旗、青旗两山夹峙，山色葱茏，天然屏障，大江东去，气势磅礴。龙母祖庙坐西北向东南，由码头、牌楼、广场、山门、香亭、大殿、寝宫、东裕堂、客厅、碑亭、龙母坟、程溪书院等组成，占地面积4.8万平方米。该庙以"神、绝、巧、灵"著称于世，庙内景色迷人，富丽堂皇，石雕、砖雕、木雕、陶塑、灰塑等技艺精湛，与广州陈家祠、佛山祖庙并称为我国岭南古建筑的三大瑰宝。

登上西江的码头，石牌楼耸立在广场中心。石牌楼三间四柱五楼，为门楼式庑殿顶，建于清光绪三十三年（1907年）。牌楼总面阔9.52米，明间阔4.38米，柱高5.23米，次间阔2.57米，边柱高3.4米，屋顶平缓、稳重，不用斗栱，叠涩挑出棱角牙子式的一排排石块，上承屋盖，脊高18厘米，脊兽高51厘米。正面明间檐下中嵌竖匾，上刻"圣旨"两字，额枋及雀替均有镂刻浮雕。明间抱鼓石高1.96米，次间抱鼓石高1.83米，抱鼓石雕刻有图案。石牌楼两侧各设一石券洞门，以高约2米的直棂石栏杆连接，总宽35米多。牌坊全部采用花岗石料仿木构榫卯嵌接（图4-1-1、图4-1-2）。

山门于清光绪三十二年（1906年）重建，面宽五间，深三间，通面阔为19.28米，上覆绿琉璃瓦，镬耳式山墙。为砖石木混合结构，采用抬梁式，其

图4-1-1 德庆龙母庙面对西江的石牌坊

图4-1-2 德庆龙母庙石牌坊与后面的山门

进深第一间（檐廊）石梁栿上运用了石柁墩、斗栱及石制云形托脚。明间较宽，柱间无额枋，次、梢间均施石雕弓形额枋（俗称虾弓梁），这种弓形弯枋是从木质月梁演化而来的，广东清代建筑中运用甚多。大门石门框、石过梁，镶石匾"龙母祖庙"，石联"百粤洞天开水府；五灵初地起神龙"。在两侧梢间有墩台，高64厘米，置于墩台上的两根透雕龙柱，龙口中的宝珠可滚动，体现高超的石雕技艺。墀头有砖雕装饰，脊饰双面为"刘备过江招亲"的佛山石湾陶塑，山门的石雕、砖雕、木雕都很精美。

香亭（拜亭）重建于清光绪三十一年（1905年），平面呈正方形，面宽、进深均三间，空间开敞，重檐歇山顶，上盖绿色琉璃瓦。立有8柱，4根檐柱均为透雕蟠龙柱，中心4根木柱下为石础，高约1米，石础与木柱之间有木櫍。这种减柱做法在现存古建筑中，极为少见。梁柱木雕雀替多种，另有木雕云栱、驼峰、花板、花墩、额枋，莫不精雕细刻（图4-1-3）。

大殿又称龙母殿，也是重建于清光绪三十一年。面阔五间19.3米，进深五间14.8米，平面呈正方形，重檐歇山顶，绿琉璃瓦，脊上置有精美的佛山石湾陶塑（图4-1-4～图4-1-6）。大殿保留了早期建筑特点：屋面坡度极平缓；前后重檐金柱与前后金柱间分别施用乳栿、驼峰、斗栱、搭牵、托脚；重檐金柱间施用阑额一圈，在柱头和阑额上施铺作，柱头铺作出横栱二层，前出三跳平昂，后出三跳华栱，均为偷心造；各柱施高花瓶形石础等。

后座为龙母寝宫，俗称妆楼，建于清咸丰二年（1852年），2层楼阁，面阔五间，进深三间，绿琉璃瓦，镬耳硬山墙顶，脊饰人物陶塑，楼上前廊用轩。梁架为抬梁式结构，九架梁，架梁施童柱承托。

碑亭在山门东北，为清以前遗构。平面为八边形，重檐攒尖盔顶，黄琉璃瓦盖顶，绿琉璃瓦镶边。上檐垂脊置两条琉璃金龙，下檐垂脊各置一条金龙。宝顶为仰莲座托金葫芦。上、下檐斗栱比例雄大，具宋代风格，斗栱分柱头铺作和补间铺作两种，柱头铺作即转角铺作。补间铺作每间一朵，与宋制相符。柱子有明显侧脚。碑亭上檐只用阑额，未用普柏枋，在广东宋、元、明时期使用斗栱的古建中较为罕见。下檐柱间使用了阑额和普柏枋，但两者间隔以雕花柁墩，这在广东也较少见。亭内有明朝洪武九年的石碑一座，碑上记载了明朝开国皇帝朱元璋敕封龙母的这道"圣旨"的全部内容，故碑亭又名"恩荫亭"。

龙母祖庙具有良好的防洪、防火、防虫、防雷性能，以及设计巧妙的完整地下排洪渠道，排水通畅快捷，即使遭洪水侵浸，庙宇内外清洁如故，绝无淤泥，也是南方多水低洼地区古建筑的典范。

二、佛山祖庙

佛山祖庙位于广东省佛山市禅城区祖庙路，始建于北宋元丰年间（1078～1085年），元代末年毁于兵燹，明洪武五年（1372年）重建，后多次重修建、扩建，清光绪二十五年（1899年）大修后形成今日之格局。祖庙又名北帝庙、灵应祠。据地方志记载，该庙"历元至明，皆称祖堂，又称祖庙，历岁久远，且为（佛山）诸庙首"。在佛山历史上曾集神权、族权、政权于一体，正如庙门一对联云：

图4-1-3　德庆龙母庙大殿前面的香亭

图4-1-4 德庆龙母庙琉璃瓦屋顶

图4-1-5 德庆龙母庙屋顶陶塑装饰

图4-1-6 德庆龙母庙水式山墙屋顶

"廿七铺奉此为祖；亿万年唯我独尊"，可见其显赫一时的重要地位。该庙殿阁巍峨、气魄宏大。

佛山祖庙主体建筑沿南北纵轴线排列，由南至北依次为：万福台、灵应牌楼、锦香池、钟鼓楼、三门、前殿、正殿和庆真楼。主要入口设在以锦香池为前导空间的庭院两侧，不同于一般的祠庙祭祀建筑布局，两旁入口后以锦香池为中心，池南为牌楼、戏台建筑，池北为祭祀殿堂建筑。整体平面布局紧凑而错落有致，建筑面积3600平方米。

万福台为戏台，最初称华封台，是广东省内仅存完好的古戏台之一，始建于清顺治十五年（1658年），歇山卷棚顶。台高2.1米，面阔三间12.7米，进深11.8米，分前台与后台，前台演戏，后台化妆，中间以金漆木雕大屏风分隔，雕刻内容为八仙故事、三星拱照、降龙伏虎、大宴铜雀台等。前台三面敞开，演戏在明间，奏乐在次间。观戏场院

图4-1-7 佛山祖庙万福台

东、西两侧是两层的回廊，卷棚顶，为观众雅座。禅城是粤剧的发祥地，如今世界各地粤剧团体都将万福台视为粤剧之源（图4-1-7）。

灵应牌楼建于明景泰二年（1451年），十二柱三间三楼石木结构，通高11.4米，面阔9.2米。明间为阙道，庑殿重檐，斗栱出挑，为七铺无下昂偷心造，正面顶层正中有竖书"圣旨"匾额，下层横额上书"灵应"，背面顶层正中有竖书"谕祭"匾额，下层横额上书"圣域"，"灵应"、"圣域"金字均为明代景泰皇帝所赐。两次间有高石台基，檐柱横梁上置斗栱，单层歇山顶，整座牌楼显得辉煌夺目（图4-1-8）。

图4-1-8　佛山祖庙灵应牌楼

锦香池位于灵应牌坊前，于明正德八年（1513年）开凿，初为土池，清雍正年间改建为石池。池东西长20多米，南北宽11米，池中有象征北帝的石雕龟蛇像。

三门是崇正社学、灵应祠、忠义流芳祠三座建筑的正门连建在一起的称谓（图4-1-9、图4-1-10）。崇正社学是祖庙东面的附属建筑，又称文昌宫，建于明洪武八年（1375年）。忠义流芳祠是祖庙西面的附属建筑，建于明正德八年（1513年）。三门建于明景泰初年，面阔九间31.7米，硬山顶。建筑立在石砌台基上，高1.2米，台阶5级，通宽15米。内外檐廊均为石柱，大门入口是中间红色砂岩墙上设置的三个进深为1米的圆拱门洞。屋脊高1.5米，有佛山石湾制造的陶塑人物，脊中置高大的一对铜质鳌鱼争珠。檐下梁架有贴金木雕，门扇也有圆雕高浮雕。东、西两端庑廊有门连接东、西出入口及钟、鼓楼。整个建筑壮丽威严（图4-1-11）。

前殿建于明宣德四年（1429年），面阔三间13.3米，进深三间15.9米。歇山顶，抬梁式木结构，瓜柱用斗栱和驼峰代替，柱子为木、石柱混合，外檐用石柱，檐下用如意斗栱，屋顶在清光绪年间重修时增加了陶塑人物瓦脊装饰。地面以尺寸不一的长方形花岗石铺砌，接缝密实。前殿与三门间用四柱歇山顶的拜亭相接，可避免日晒雨淋（图4-1-12、图4-1-13）。

正殿重建于明洪武五年（1372年），为庙中最早、最重要的建筑，外观雄伟稳健，内供奉着主神

图4-1-9　佛山祖庙三门与锦香池

图4-1-10　佛山祖庙三门

图4-1-11　佛山祖庙钟、鼓楼

图4-1-12　佛山祖庙前殿拜亭空间

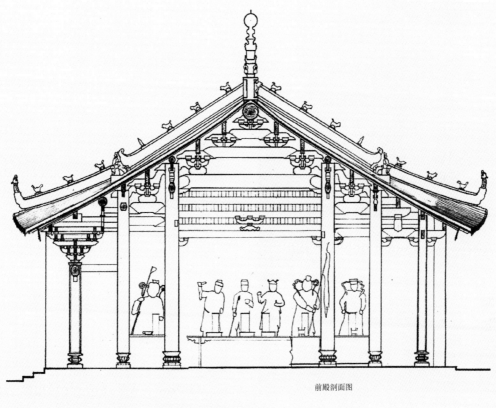

前殿剖面图

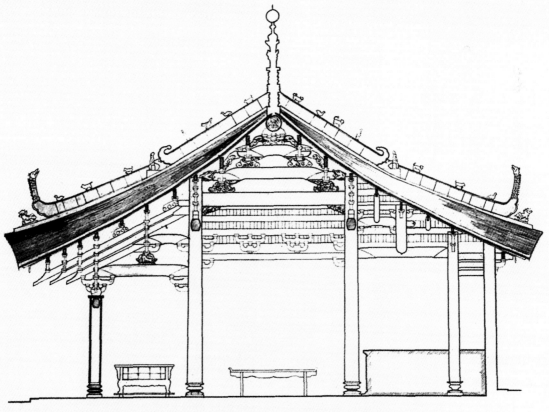

正殿剖面图

图4-1-13 佛山祖庙前殿、正殿剖面图（引自程建军《梓人绳墨》）

图4-1-14 佛山祖庙正殿拜亭空间

题材的雕塑，雕塑人物的面部、手部均露胎，不施釉，目的是为了更生动地表现人物的神态表情和手部造型。釉色以绿、蓝、酱黄、白色为主，色彩高贵华丽，古朴典雅。设于祖庙各处的陶塑瓦塑历经百年风雨，其釉色仍光亮如新，可见其精良的制造工艺。

灰塑又叫灰批，是岭南具有悠久历史的民间艺术之一。灰塑主要用在门额窗框、山墙顶端、屋檐瓦脊、亭台牌坊等处。其题材有人物、动物、山水、花鸟以及书画等。祖庙两旁门额灰塑有："唐明皇游月宫"、"桃园结义"，东廊"郭子仪祝寿"，西廊"哪吒闹海"，还有"八仙"、"三英战吕布"、"刘伶醉酒"以及琴棋诗画等题材的作品。这些灰塑造型生动，色彩绚丽。

祖庙三门两侧，端肃门上有砖雕"海瑞大红袍"，崇敬门上有"牛皋守房州"，这些砖雕刻法细腻，层次丰富，主体感强，多用圆雕、透雕、浮雕等工艺技法。

三、广州南海神庙

南海神庙在广州黄埔区庙头村，古属扶胥镇。韩愈在他撰写的《南海神广利王庙碑》中描述这座庙的位置是"在今广州市之东南，海道八十里，扶胥之口，黄木之湾。"古代庙旁黄木湾为广州外港，并以此处的扶胥镇为集市，商船、渔船出海向南海神祭拜，祈求平安，此处是海上丝绸之路的起点。

神庙中有波罗树，所临的珠江段名波罗江，故又称"波罗庙"。因处在广州之东，宋代又称东庙。庙始建于隋文帝于开皇十四年（公元594年），下诏祭"南海于南海镇南，并近海立祠。"唐代扩建，宋至明、清均有重修、扩建。唐玄宗时册尊南海神为广利王，宋、元两代屡有加封，合称南海广利洪圣昭顺威显灵孚王，配以明顺夫人。历朝每年都派官员代表皇帝举行祭典。该庙是我国古代海神庙中唯一遗存下来的最完整、规模最大的建筑群。

北帝即玄天真武大帝。正殿之前设有拜亭，四柱歇山顶（图4-1-14）。殿面宽三间14.3米，进深三间15.8米。歇山顶，清光绪重修殿脊灰塑和陶塑，脊中宝珠高耸，凤凰、鳌龟双双对立。屋面梁架举折平缓，前檐斗栱保留着宋代特点，采用双杪三下昂八铺作斗栱，七架梁结构用驼峰斗栱承托檩条，前檐出挑深远。正殿三面围墙不设窗，使殿内显得阴暗神秘。殿中还保存着铸于明代的2.5吨重的北帝铜像和大型的铜铁铸件文物。

庆真楼建于清嘉庆元年（1796年），两层镬耳硬山顶楼阁，面阔、进深均为三间。1975年维修，将木楼面改为钢筋混凝土结构。

祖庙建筑装饰大量采用了陶塑、灰塑、砖雕、石雕、木雕等。其中在建筑中应用的陶塑瓦脊共有六条，分别装置在三门、前殿、正殿、前殿两廊和庆真楼等建筑的屋顶脊上。规模最大的三门瓦脊，全长32米，正、反两面均以戏曲故事为主要南海神庙坐北朝南，前堂后寝，主体建筑深五进，中轴线上由南至北分别为：石牌坊、头门、仪门、礼亭、大殿和后殿，两旁有廊庑、碑亭等。

牌坊为三间四柱冲天式，花岗石建造，正面石额阴刻"海不扬波"四字。面阔9.4米，明间两石柱高约5米，顶部设小石狮做装饰，两边石柱高约4.4米，顶部为桃状的石雕（图4-1-15）。

海不扬波石牌坊后，是建于清代的头门，面阔三间15.4米，进深两间9.4米共十三架，建筑面积144.3平方米。分心墙用两柱，前、后两侧均设垫台，梁架雕刻图案纹饰。屋顶硬山墙，绿色琉璃瓦面，陶塑瓦脊上有二龙争珠、鳌鱼等纹饰。

头门的庭院两侧各有一对青石华表和一对明代红砂岩石狮子，烘托出古庙的威严。黑漆大门上方挂着"南海神庙"的匾额，左右对联写道："白浪起时浪花拍天山骨折呼吸雷风；黑云去后云芽拂渚海怀开吞吐星月。"生动地描绘了南海神施展法力时的威撼。在大门两侧的垫台上，分别立着"千里眼"和"顺风耳"的彩绘雕像，日夜守护着神庙（图4-1-16）。

南海神庙的第二进为仪门，面阔三间13.3米，进深四间12.1米共十五架，建筑面积160.9平方米。仪门开有三门，中门匾额上书"圣德咸沾"，两侧楹联"镇海神庥永，司南庙貌崇"。中门两侧的大石鼓原为清代千顷书院的遗物，鼓脚石刻了鸟雀、梅花鹿、蜜蜂和猴子四种动物，寓意"爵禄封侯"。仪门无山墙，两侧与复廊相通，复廊均面阔六间23.6米、进深四间12.1米共十三架，廊中陈列了许多历代的诗碑和石刻（图4-1-17、图4-1-18）。

第三进为礼亭，1990年仿明代风格重建，绿色

图4-1-15　南海神庙海不扬波石牌坊

图4-1-16　南海神庙山门门厅

图4-1-17　南海神庙仪门

图4-1-18　南海神庙仪门外檐廊

图4-1-19 南海神庙礼亭与大殿

琉璃瓦,单檐歇山顶,面阔与进深各三间13米,建筑面积169平方米(图4-1-19)。

第四进是礼亭背后的南海神庙大殿,原为明代建筑,毁于1967年,仅存台基,1989年按原貌重建,仿明代木结构建筑。面阔五间23.5米,深三间16.2米共十五架,高约13米,建筑面积380.7平方米。单檐歇山顶,绿色琉璃瓦面,博古瓦脊上有二龙戏珠、鳌鱼等装饰。

第五进为后殿,也叫昭灵宫,是南海神夫人的寝宫。面阔五间22米,深四间12米共十五架,建筑面积264平方米。

四、三水芦苞胥江祖庙

胥江祖庙位于佛山市三水区芦苞镇北郊,又称芦苞祖庙或武当行宫,因庙前北江段古时称胥江,所以起名叫胥江祖庙。该庙始建于南宋咸淳四年(1268年),历经元、明、清各代多次修葺,使其瑰丽多姿,成为一座艺术之宫(图4-1-20)。

胥江祖庙与悦城龙母庙、佛山祖庙并列为广东省最有影响力的三大古庙。庙内有北帝庙、观音庙、文昌庙等,供奉儒、释、道三教尊神,是省内唯一的三教合一庙宇。还被冠以"南武当"的美名。祖庙艺术装饰繁多,尤其是屋脊上的陶塑装饰,以多种古典戏曲和古老传说内容为题材,颜色鲜明、形象生动、千姿百态、五彩缤纷,使古庙显得典雅华丽、气势磅礴。

祖庙面临北江,后倚小华山(龙坡山),山水相接,树木茂盛,古朴自然,幽雅宜人。庙前立有的"禹门"古牌坊,为三间四柱石筑牌坊,原在北江祖庙的专用码头"武当码头"的入口,后因修北江大堤而迁移到此(图4-1-21)。

祖庙由三座庙宇并列而成,北帝庙(也称武当

图4-1-20 三水芦苞祖庙建筑群

图4-1-21 三水芦苞祖庙前"禹门"牌坊

庙）作为主体庙居中，右为观音庙（也称普陀庙），左为文昌庙（也称文昌阁），三庙分别供奉着北方真武玄天上帝、观世音菩萨、文昌帝君的神像（图4-1-22）。三庙的建筑均为二进院落式布局，各庙之间有横门相通，通道相隔一巷，左巷题"奎光"，右巷题"斗曜"。祖庙各山门和大殿均为硬山墙屋顶，山门面宽三间，大殿面宽、进深皆三间，抬梁与穿斗混合式木构梁架结构。三庙天井皆为花岗石

图4-1-22 三水芦苞祖庙并立的三大庙

铺砌，天井庭栏及上大殿石级护栏上有"三羊启泰"、"麟吐玉书"、"双凤朝阳"等祥瑞画面的石浮雕，其雕刻玲珑工巧、刀法古雅。

祖庙三大殿皆庄严肃穆，但其建筑却各有特色。

武当行宫（北帝庙）通面阔11.6米，通进深26.5米，总建筑面积约为307.9平方米。三组建筑中，武当行宫面阔最大，建筑面积也最大，居中布置，凸显其主庙主神的重要地位（图4-1-23~图4-1-25）。山门为三开间的前后双槽平面的门堂式建筑，入口大门用中墙划分内外空间，前檐空间开敞，作为外部广场向庙宇内部入口的过渡空间，山门前石檐柱刻有一副对联："五马环回玉境水通圣井水；三峰鼎峙龙坡山接武当山"。次间石雕"虾弓梁"（额枋）上各置一小石狮。檐柱梁架木雕有"瓦岗寨"、"薛仁贵西"等，人物神态各异，雕工极其精细。两根后檐硬木圆形金柱分列左右，形成山门内部空间。门额上悬有楠木镂花竖匾，上镌"武当行宫"四个隶书贴金大字，字体端庄浑厚。门两旁有一副转录苏东坡作品的木刻对联："逞披发仗剑威风仙佛焉耳；有降龙伏虎手段龟蛇云乎"。

 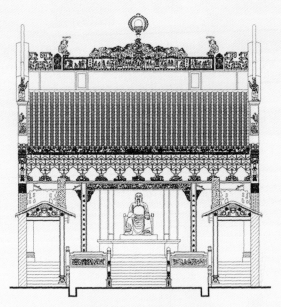

武当行宫山门正立面图　　　　武当行宫大殿正立面图

图4-1-23　三水芦苞祖庙武当行宫山门与大殿正立面图（引自程建军《梓人绳墨》）

图4-1-24　三水芦苞祖庙武当行宫剖面图（引自程建军《梓人绳墨》）

图4-1-25 三水芦苞祖庙武当行宫山门装饰

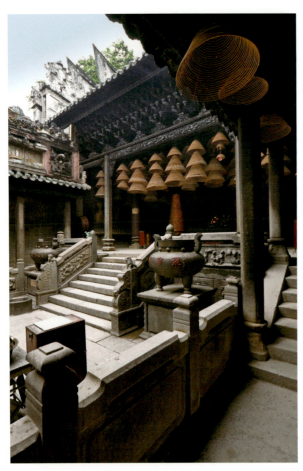

图4-1-26 三水芦苞祖庙武当行宫大殿

图4-1-27 三水芦苞祖庙武当行宫院落连廊屋顶陶塑与灰塑人物装饰

入门后香客游人可以左右沿回廊往大殿祭拜，也可以径直沿中路轴线前行至大殿参拜（图4-1-26）。屋脊上还保留部分清咸丰三年（1853年）塑造的石湾陶瓷装饰，为现存建筑上最早的石湾陶塑。天井靠近大殿石级左下方有水井一口，石井栏上刻有"金沙圣井"四字。天井院落两旁檐廊屋顶上塑有惟妙惟肖的人物陶塑、灰雕（图4-1-27）。如左上方是陶塑"聚义梁山泊"，下面是灰雕"郭子仪祝寿"；右上方为"三英战吕布"，下边是"韩熙载夜宴图"。在北帝庙正殿前檐上是承托整个屋顶的如意斗栱梁架，该斗栱木架亦称为"燕子托"或"莲花托"，因从下上望，它既似燕子尾又像莲花座，斗栱梁架通过榫卯接嵌而成。

观音庙（普陀行宫）位于武当行宫的右侧，供奉观世音菩萨。由天王殿和主殿组成，通面阔10.3米，通进深26.2米，建筑面积约为270.2平方米。大门面阔、进深各三间，檐廊结构、木雕与武当行宫略同。门上置"普陀行宫"木匾，前石檐柱联为："法宇配龙坡仿佛普陀气象；莲台朝玉镜依稀西竺规模"，为清咸丰二年（1852年）的遗构。正殿前檐柱楹联曰"坡岭势嶙峋仙石数卷幻作普陀岩里地；云桥波浩渺慈航一叶渡来水月镜中天"。主殿开敞，面向天井的前檐石柱联曰："画栋增辉金莲座换金沙井；慈云远布玉腋脂流玉镜台"。前檐廊梁枋上独具匠心地设置一长2.3米、高0.98米、宽0.16米的大型柁橔，梁枋及柁橔通体镂刻各式的祥瑞画面，是全庙现存最大的一块木雕，上面无论是花、松、鸟兽，还是仙、人等，其雕工之精巧，结构之紧凑，造型之优美，实属木雕中的精品，堪称岭南一绝。

文昌宫位于武当行宫的左侧，建筑年代稍晚于前两者，该庙在"文化大革命"时遭到很大的破坏，现此庙是在1984年据原貌重修。文昌宫通面阔10.2米，通进深25.9米，总建筑面积约为265.2平方米。与其他两座建筑群相比，文昌宫显得简洁朴素。山门形制与武当行宫相同，雕饰工艺则不及前者。宫中供奉主神为文昌君，属儒教。此殿文昌本星名，乃为多数人所知的文曲星，或称文星。古时候认为文曲星是主持文运、功名的星宿，其成为民间和儒教所信奉的文昌帝君，属掌管仕途功名禄位之神，以前仕子进京考试必先拜文昌。而过去的民间习俗中，每当子女上学开笔时必定到文昌庙拜祭，以祈求子女学习勤奋、读书聪明。时至今日，每年来为子女行开笔礼的家长多不胜数。此外，由于文昌亦是掌管功名之星宿，所以自古以来许多为官者亦前来参拜文昌，寓意其官运亨通。

五、顺德大良西山庙

西山庙在佛山市顺德区大良镇县西路，原名关帝庙，始建于明嘉靖二十年（1541年），历经重修扩建，布局日趋完整，现为清代院落式建筑，总面积约6000平方米。《五山志林》载：在顺德设县筑城时，计划在西山开西城门。在凿山开路时挖出一把大刀，上写"青龙偃月"。青龙偃月刀是关羽的名刀，所以风水先生认为，不利于西，可创关帝庙镇之，于是建起了关帝庙。因庙在西山山麓，故俗称"西山庙"。

全庙面向东北，依山构筑，主体建筑沿纵轴线排列为山门、前殿、正殿三进，殿宇典雅雄浑，古朴庄严。前座为大门与前殿连体，正面成阙门式样，三门并列，高大轩敞。阙门两侧为左右衢门，原有磴道通后山。后座为正殿，矗立在数十级宽阔的石阶之上。庙里庙外多砖雕、灰塑、壁画及彩陶塑像。

山门面阔五间19.53米，进深一间3.05米，砖墙上搁五檩。临衢矗立，庄严雄浑，气势宏大（图4-1-28）。正面门额悬竖匾"西山庙"，门旁悬金

图4-1-28　顺德西山庙山门

图4-1-29　顺德西山庙前殿台阶　　图4-1-30　顺德西山庙前殿

漆木雕对联："愿天常生好人，愿人常行好事"。脊顶通饰佛山石湾陶塑，双面组画，均为三国的故事题材，人物古朴传神。头门砖雕选用质地细腻的青砖，纤细秀丽，具有南方砖雕风格。门额上为一组连景砖雕，由麟凤朝阳、渭水求贤、太狮少狮三个题材组成，把砖雕的圆高浮雕减地与镂空等技法有机结合，将砖雕艺术的魅力展现得淋漓尽致。左右阙门上的砖雕采用深刻技法，雕出人物、荷莲、鹿鹤等图案，组成鹤鹿同春、永保平安的寓意。两个边门门额分别书"凤岭朝晖"、"鹿径榕荫"（均为清代"顺德八景"名），并有长对联。山门前置两石狮和一块团龙石。山门前的墙上，有四幅西山庙最具代表性的灰塑："福禄图"、"迎春图"、"大寿图"、"鸟鸣春"。表达了人们希望多福多寿、多子多福、寿居耄耋、生活美满的美好愿望。

前殿顺山势筑起台阶与平台，建筑面阔三间13.34米，进深一间七架4.43米，前后檐柱出一插栱挑承檐檩。硬山顶，陶塑博古脊，绿琉璃瓦当、滴水剪边，檐下悬蓝底金字"乾坤正气"木匾，门联"积德为福；作善降祥"。殿内挂"万世人极"篆书牌匾，石柱刻有"光绪岁次乙未仲秋吉旦"（图4-1-29、图4-1-30）。

左右偏殿供奉观音和十八罗汉。诸像神态各异，工艺精湛。偏殿墙也有"桃园结义"、"老子出关"等陶塑和"晚霞西照"等灰塑。

后座为正殿，矗立在宽阔的石阶之上，面阔三间14.34米，进深三间8.5米，硬山式顶，绿琉璃瓦，抬梁与穿斗混合式梁架结构。前设三步廊，后三檩搁砖墙，中七架梁。顶盖檐板饰花草人物木雕等，附有龙形饰转角斗栱。内供奉关羽神像，两旁有关平、周仓，神龛飞罩，金碧辉煌。约2米高的关羽铜像，为清代早期作品，神龛前有三副对联。其中之一为"地脉控三城赖有圣神长坐镇；帝心昭万古相从祎辅亦传名"。上联暗示顺德只设东、南、北三门，下联暗指关平、周仓也留名后世。另两联为"秉烛岂避嫌此夜一心只有汉；华容非报德当时两目已无曹"，以及"忠孝仁勇照环宇；义礼廉节贯乾坤"。正殿两面墙上挂有潮州金漆木雕。殿前正中有过亭，过亭为六架卷棚顶，两边各一小天井。

西山庙的陶塑瓦脊、墙头灰塑、墙檐壁画、石雕、木雕等是一大特色。

陶塑瓦脊讲究艺术造型，脊饰比例较高，脊饰广罗戏剧故事题材，博览地方风物。西山庙山门花脊，采用此为门额上的装饰，其"日月双神"、"独占鳌头"、"双凤朝阳"、"百年好合"等陶塑对称分布，还有"三顾茅庐"、"夜读春秋"、"仿水镜"、"收关平"、"卧牛山"五组三国故事，连景穿插建筑其间，从而使花脊错落有序，产生丰富的韵律美。西山庙的陶塑瓦脊原由康熙年间顺德籍陶艺家文如璧开创、文逸安堂制造。文逸安堂主要以生产精巧绝伦的园林建筑陶器、陶塑瓦脊闻名遐迩。

西山庙的灰塑，从左右引墙开始，遍布每一个角落。主要有"早占春魁"、"福禄图"、"迎春图"、"大寿图"、"鸟鸣图"、"东方红日"、"晚霞西照"等主题雕塑。

六、高州冼太庙

冼太庙位于高州市人民路，明嘉靖十四年（1535年）始建，嘉靖四十三年（1564年）和清同治年间先后重修，是高州地区规模最大的冼太庙。冼太夫人是公元6世纪时的岭南百越族女首领，一生致力于祖国统一和民族团结，功绩卓著，被周恩来总理称为"中国巾帼英雄第一人"，更被民间尊称为"岭南圣母"，在广东、海南、东南亚等地有广泛影响。

冼太庙主体建筑共三进，通面阔13.2米，通进深66米，建筑面积882.39平方米，分前殿、中殿、正殿，均为砖木结构，红墙绿瓦，斗栱飞檐，建筑富有浓郁的地方风格（图4-1-31、图4-1-32）。

建筑头门为单檐歇山顶。正殿为抬梁式木结构，殿内由两排8条圆形木柱支撑主体，花岗石柱础。以墙体分隔梢间，正间有冼夫人木雕像，次间

图4-1-31　高州冼太庙头门（陈朝晖摄，茂名市博物馆提供）

图4-1-32　高州冼太庙正殿与拜亭（陈周跃摄）

有落地罩木雕图案装饰。大厅与前檐之间以9副吉祥图案雕花屏风相隔。从明间前延伸出拜亭一座，拜亭转角四柱均为石质通花龙柱，其周边连续镶嵌有十二生肖石雕图案的栏杆。屋顶为重檐歇山顶结构，铺设绿色琉璃瓦，脊饰双龙戏珠等灰雕图案。

中殿次间左右两边的墙壁上，各镶嵌有大小不等的石碑一行，碑文阴刻1万多字，内容是与冼夫人有关的传记、记事、捐题、告示等。

冼太庙背后是冯公庙。冯公庙是单进建筑，其天井两边走廊与冼太庙正殿两边的次间拱门相通。冯公庙是为纪念冼夫人的丈夫——唐代高凉太守冯宝而建，为冼太庙的后进建筑，统称为冼太庙。

彩绘主要是壁画。以民间故事为题材，每幅内容表现一个主题，连续彩绘于各殿墙檐的顶边。在中殿墙檐壁画中，明清两代交迭绘制，形成特殊的多层绘画形式，具有较高的历史和艺术价值。灰塑主要是脊饰。前、中、正及后殿均有脊饰，其内容有双龙戏珠、双鲤跃龙门、冼夫人故事等主题造型。雕刻主要有石雕、木雕两大类。石雕有十二生肖栏杆、立体龙柱、大门抱鼓、雌雄坐狮等。木雕有吉祥屏风、百花落地罩等。

冼太庙正殿明间内，中间端坐于龙椅的是冼夫人雕像，在冼夫人座像两旁站立的是冼夫人两个贴身侍卫：一个叫木兰，替夫人执撑宝剑；另一个叫曹娥，为夫人保管帅印。她们二人时刻跟随左右，分别站立于左右两旁。冼夫人坐像前有一小像（行宫像），即在出巡时，可抬着游行。

七、揭阳榕城关帝庙

关帝庙在揭阳市榕城区天福路西街，也称"武庙"。据《揭阳县志》载：明万历二十九年（1601年）通判署县事何景忠建；清乾隆四十二年（1777年）扩建，"知县刘业勤因前地基狭隘，捐买附近铺屋，广而深之"，清光绪元年（1875年）绅士郭升裕募捐重修。

该庙为二进院落合院布局，坐北向南。有山门、大殿、东西配殿等，均为砖木结构建筑。

山门中部石门框上嵌有金字匾额，上书"古榕武庙"四字，山门顶部设有八卦形藻井，但藻井形状并不完全对称，建筑左右梁架雕饰风格也不相同（图4-1-33~图4-1-35）。在粤东潮州地区，以及闽南、台湾，都存在一种"对场"的营建方式，两队工匠将一座待建的建筑分作两部分，通常以中线为界，按左右分"龙畔"、"虎畔"各半，也有按不同的建筑单体分开的，双方在同一个工程项目里同场竞技，按各自的工法分做一部分，最后对接组合起来，使建筑成为一个完整的整体，构件交接不差毫厘。两队工匠既是合作又是竞争，完工之日进行评比，对较为优胜的一方给予一定的经济奖励。所以在一座建筑内包含了风格意趣不一，甚至是大相径庭的建筑手法，泾渭分明，珠联璧合。揭阳榕城关帝庙清代构架的山门，左右两侧做法各有不同，但做工雕刻都非常精彩，图案繁缛，雕刻精细，为

图4-1-33 揭阳关帝庙山门

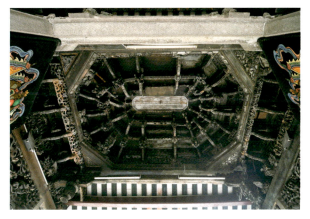
图4-1-34 揭阳关帝庙山门藻井

图4-1-35 揭阳关帝庙山门梁架木雕装饰

图4-1-36 揭阳关帝庙院落两廊

图4-1-37 揭阳关帝庙大殿拜亭梁架装饰

粤东所罕见。

院落天井空间较大，东、西走廊各有一组人物瓷屏，东为二十四孝，西为十八地狱。东廊壁上还嵌有清代福建巡抚、广东揭阳人丁日昌奉请清慈禧、光绪为该庙颁赐碑记，现保存完好（图4-1-36）。

大殿为三进五开间，高10米，屋脊配以脊兽及人物、花鸟灰塑、嵌瓷等，正脊饰有二龙戏珠，山墙正上方有精美石雕，大殿前设有拜亭，重檐歇山顶，装饰华丽（图4-1-37）。殿内明间梁上挂"威宣南海"一匾，中祀关羽，东边祀福德老爷，西边祀花公花妈。关羽塑像居中高2米，左有周仓，右有关平。墙上有描绘关公故事的重彩壁画，雕刻有"桃园三结义"等题材的人物画。庙内两副楹联"师卧龙友子龙龙师龙友；弟翼德兄玄德德弟德兄"，"秉烛岂避嫌斯夜一心在汉室；华容非报德此时两眼已无曹"，两联一巧用与关羽有关人物入对，一摘取关羽生平最引人注目的两件事，艺术手法巧妙。

清乾隆四十二年（1777年），揭阳县令刘业勤扩建关帝庙时，在庙前建一戏台。该戏台呈"凸"字形，面积70平方米，土木结构。

八、揭阳榕城城隍庙

揭阳城隍庙是广东省内现存最大规模的同类古建筑。位于榕城区城隍路，建于南宋绍兴十

图4-1-38 揭阳城隍庙山门

年（1140年），明洪武二年（1369年）重建，万历三十一年（1603年）增扩建拜亭、山门、钟、鼓楼等，清乾隆四十三年（1778年）重修。现存建筑物有山门、大门、两庑、大殿、养生池、石拱桥、夫人厅等。建筑融合了明清建筑风格和潮汕地方传统工艺特色。

宋代时城隍神被正式列入祀典，成为国家规定祭祀的神灵；元代设京都城隍；进入明代后，由于朱元璋的大力推举，城隍信仰达到极盛，城隍庙建筑遍及全国。洪武二年，朱元璋大封城隍神。各府、州、县城隍分别为监察司民城隍"威灵公"、"灵佑侯"、"显佑伯"，分别相当于朝廷正二品、正三品、正四品。又诏告天下府、州、县重建城隍庙，规格结构与当地官署正衙相同，甚至连几案都一样。这样，各地政府就有了"阴"、"阳"两个衙门。

据《揭阳县志·坛祠》载：城隍庙在城东解元坊，深二十六丈，广八丈。以大殿为中心，南北一中轴线，左右两廊、两厢为对称建筑，三进院落。主要建筑有牌楼、大门、大殿、钟、鼓楼、后殿（夫人厅），总面积有2000多平方米。大殿供奉城隍主神及财粮、三关水府等三十余尊配祀诸神，夫人厅供奉城隍夫人。

图4-1-39 揭阳城隍庙大殿室内

大门是穿斗式的木构架，面宽三间，进深二间。正门匾额阴刻"城隍庙"三个大字，两侧有楹联"风调雨顺；国泰民安"（图4-1-38）。

大殿为它的主体建筑，是供祀伯府大人的殿堂，面阔三间20米，进深四间16米，共有22根花岗石柱，金柱直径0.5米，高5米，上部为抬梁、穿斗混合式梁架结构，即石、木承载结构，其力学结构甚为严谨（图4-1-39、图4-1-40）。梁架中部为抬梁式，东西端是穿斗式排架，因而形成内柔外刚、边刚中柔，大殿四壁仅作防护作用，不承受屋顶的压力，结构性能好，具有抗地震和防台风的功能。大殿前置拜亭，檐柱有城隍庙著名对联一副："为

图4-1-40 揭阳城隍庙大殿室内梁架

图4-1-41 揭阳城隍庙后院"夫人厅"

善不昌祖宗必有余殃，殃尽则昌；为恶不灭祖宗必有余德，德尽则灭"。

后厅则奉祀城隍夫人，俗称"夫人厅"。厅前有养生池，池水有通道与溪河相通，随潮汐涨退，池周以石板为栏，中有石拱桥，池左、右两边各植一棵水松，相传是宋代建庙时栽种，有850年树龄（图4-1-41、图4-1-42）。夫人厅梁架结构与大殿类同。但其明间梁架的楣枋均有藻草，莲花通雕，刀法明快古朴、流畅大方，均为明代所刻。

图4-1-42 揭阳城隍庙后院环廊

九、雷州真武堂

真武堂位于雷州城南亭街口。始建于宋天圣元年（1023年），现建筑为明万历三十二年（1604年）重修。三进四合院布局，占地面积837平方米。

北宋政治家寇准被贬雷州时，居于雷州城内桂华坊。传说天圣元年八月下旬的一夜，一颗"陨星"坠落寓前塘，次日寇准命人戽干塘水，获一块晶莹夺目的黑色陨石，根据陨石色黑形如龟，即命人在陨石坠落的地方建起"玄武堂"。"玄武"是北方七宿的总称，包括斗、牛、女、虚、危、室、壁，因形如龟而名。玄武，说是龟蛇，位在北方故曰玄，身有鳞甲故曰武。它是中国古代神话中的北方之神，后为道教所奉。宋朝因避祖先赵玄朗讳，改"玄"为"真"，故"玄武堂"改为"真武堂"。

真武堂前为牌楼，石砖木结构，额刻"南合武当"四字，四柱三间三楼，穿斗式木托架，庑殿

图4-1-43 雷州真武堂牌楼

顶，工艺独特，具有明代建筑风格和浓厚的地方色彩（图4-1-43）。大门的两侧有一副楹联："寇先贤，罗陨石，建起斯堂导民习武；苏学士，访名山，居邻此庙怀国修文"。楹联阐述了真武堂的来龙去脉，赞颂了寇准与苏东坡昆仲。

图4-1-44 雷州真武堂大殿

中为楼阁。拾级而上，二层"观音阁"内挂有清康熙进士、福建巡抚、岭南三大廉吏之一的陈瑸撰的联："圣神天纵，忠义天生，曰孔夫子、曰关夫子；到治用文，勘乱用武，山东一人、山西一人"。观音阁除供奉十六只手的观音菩萨外，还有孔子、文昌帝君、关圣帝，为三教合于一堂。站在堂前，回首眺望，只见它居高临下，左抱夏河里，右拥苏楼巷，俯瞰南亭街，遥望南渡河，气势雄伟。

后为大殿。大殿面宽、进深各三间，抬梁与穿斗混合式梁架结构（图4-1-44）。

步入西庑即"寇准二贤馆"，有联："寇相遗踪，古郡留千秋正气；苏楼故地，斯民仰一代高贤"，颂扬寇准与苏轼。穿过此馆，进入堂后园中便看见一座假山。假山盘着一条五彩缤纷的金龙。金龙昂首，目光炯炯。假山旁有一"放生地"，养着许多"神龟"。假山山麓下有一石洞，名曰"原始洞"。据说此洞过去藏有"千年龟"与黑蛇，今已不知去向。过假山便是一轮"月门"，上面书着"贤踪"二字。出后门则是苏楼巷。后门上书"苏楼书院"，两侧楹联："道启雷阳三千学子；恩敷海邑一代师儒"，其意是赞颂宋代大文豪苏东坡及其弟苏辙。

真武堂从建堂至今将近一千年，几经变迁修葺。宋高宗建炎年间（1127～1130年），雷州知军事以真武堂靠近市井不当为理由，把真武堂迁往天庆观。天庆观位于雷城内钟楼北面的城隍庙。宋绍兴十一年（1141年），雷州知军事胡宗道把它迁回原地。到了明朝代宗景泰年间（1450～1456年），堂庙倾圮。明万历元年（1573年），乡民黄仆率众重修。万历三十二年（1604年），生员陈瑾等集资重修。后陈瑾又与举人何起龙在门前建牌坊一座，上刻"南合武当"。"南合"是雷州之古称。"南合武当"，即雷州之武当山。

十、雷州雷祖祠

雷祖祠，又称雷祖庙，位于广东省湛江市雷州城镇西南2.5公里英榜山。祠庙依山傍水，风景

图4-1-45 雷州雷祖祠

秀丽，又称"雷岗耸异"，为雷阳八景之一（图4-1-45）。始建于唐贞观十六年（公元642年），原址在县城东北英灵村，后梁乾化二年（公元912年）迁建于今址，是唐代雷州首任刺史陈文玉（公元570～638年）的纪念祠。自唐以后，该祠屡修屡拓，规模渐大。现保留的建筑主要是明清时期的遗构。祠经千余年修葺扩建，成为一组规模宏大的建筑群。明代庄元贞《雷祖志》载："南汉大有十三年（公元940年）重建庙宇，增东西廊、两庑、两门楼。"宋绍兴年间（1131～1162年）造房屋90多间。明成化十八年（1482年）重修，建"上肃所"、"英山胜境石坊"；明弘治八年（1495年）扩地基，建垣墙以绕之；明万历三十二年（1605年）修葺前后殿，木料俱以铁力木，增置"海北灵祠"两门楼、拜亭及钟鼓楼。清代继续一再修建，乾隆御书"茂时育物"匾悬于殿内。

雷祖陈文玉的神奇传说：嘉庆《雷州府志》载："海康县人。世传陈太建中，其家出猎得巨卵，携之归置诸庭，雷震卵拆，得一男子，即陈文玉也。少而明敏，长涉猎书传。唐贞观时辟茂才，任本州刺史。精察吏治，巡访境内，甦民疾苦，怀集峒落，诸酋相继输款。厥后，乡人立庙塑像以祀之。"由于陈文玉"受职父母邦，德政彰明"，唐太宗贞观十六年（公元642年）下诏建庙祀之，封

图4-1-46 雷州雷祖祠山门

"雷震王"。雷州人则感其恩德，尊为"雷祖"。

该祠依山而建，占地一万多平方米，为硬山顶式桁架结构。坐北向南，居高临下，气势雄伟，是岭南地区最大的祠堂之一，被称为"英山胜景"。主体建筑包括头进门楼，二进三殿（正殿及左右配殿），三进后殿，以及东西廊、两庑、拜亭、钟鼓楼、石坊等。建筑方式独特，举架平缓，前檐出廊十余步。

第一进为山门，硬山顶，两侧置钟楼、鼓楼。山门前有副对联，"霹雳开天南一祖，声名为海北同尊"。山门左右各有一尊石狮，守护着古祠（图4-1-46）。

拾级而上，为第二进的拜亭与"雷祠三殿"接

连（图4-1-47、图4-1-48）。正殿祀奉雷祖陈文玉，面阔、进深各三间，硬山顶，穿斗式梁架，举架平缓，前廊深达十一步架之多，形制结构独特，具有显著的地方特色。正殿两边翘起的飞檐上有飞龙灰塑装饰，正脊上也有灰塑的动物和植物图案，极富岭南特色。正殿前有精雕细刻的大木屏风，用来遮挡视线。左右配殿有前檐廊相通，分别祀英山"石神"和西汉飞将军李广。

其后为第三进，即太祖阁，祀奉陈文玉之父陈鉷（图4-1-49）。三进院落两侧有门洞通向花园。花园内有连廊、碑廊，以及假山、水池、花圃。

雷祖祠运用大量雕刻精美的木雕对建筑进行装饰，特别是供奉雷祖的神龛上的木雕罩，运用繁复的雕刻手法，把人物、花草、鸟兽等都栩栩如生地雕刻在上面，富丽堂皇。

图4-1-47　雷州雷祖祠大殿拜亭

图4-1-48　雷州雷祖祠大殿

图4-1-49　雷州雷祖祠太祖阁

十一、潮州韩文公祠

韩愈，唐代文学家。唐宪宗元和十四年（公元819年），刑部侍郎韩愈因谏迎佛骨，被贬为潮州刺史，8个月任内，询民疾苦，驱除鳄害，关心农桑，兴修堤防，捐俸倡学，对潮州历史文化影响深远，故万民称颂，建祠永祀。

韩文公祠是中国现存纪念唐代文学家韩愈历史最悠久、保存最完整的祠庙。位于潮州市城区东面的韩江东岸、笔架山中峰"双施石"下。原祠建于宋咸平二年（公元999年），由潮州通判陈尧佐于城北金山麓夫子庙正室东厢辟建"韩吏部祠"。宋元祐五年（1090年），知州王涤认为庙在刺史公堂后，民以出入为艰，所以将其迁至城南七里，改称"昌黎伯庙"，并请苏轼作记。苏轼欣然命笔，写下了脍炙人口的《潮州昌黎伯韩文公庙碑》。宋淳熙十六年（1189年）潮州太守丁允元因考虑到韩愈"爱溪东山水之胜，公退之暇，时一游憩，亭下之木，所亲植也"（韩愈手植之橡木）。故"不忍虚其胜，蔽茀甘棠"，又将"昌黎伯庙"迁至今址，并以赵德、陈尧佐配祀。自此800余年终无他徙。

韩文公祠背依青山，建在韩山的半山腰，倚山而临韩江，气势挺拔雄伟，环境雅致清幽。丁允元建祠时，江上已有湘子桥，交通十分方便，出城便望到祠庙。韩文公祠建筑总面积624.27平方米，古朴典雅，肃穆端庄。主体置于高大的台基上，分前后二进，左右两边各有庑廊。韩祠通过建筑空间组织，形成陡然迭起的高潮，借以高度上的气势，强制性地让谒祠者感受到韩文公之"学者仰之如泰山北斗"[①]（图4-1-50）。

头进门厅，青瓦屋面硬山顶，潮州地区特有的水式封火山墙，面阔五间18.7米。正面用水磨青砖砌墙，明净素雅。祠门外部为单间凹斗门，上有石匾古隶书"韩文公之祠"。内部面对天井为三间开

图4-1-50 潮州韩文公祠

敞的厅堂，左右庑廊呈二级阶梯状与主体殿堂连接（图4-1-51、图4-1-52）。

后进是五开间殿堂，通进深五间共31.8米，歇山屋顶。抬梁式木构架，斗栱上有各式木雕装饰，最为突出的是支撑梁架的石柱接触点部位，都有一个木雕的龙作为装饰，衔接紧密，图案形象生动，增强了祠堂建筑的艺术性。屋脊上是灰塑的竹梅图案，寓意韩愈清正廉洁。祠内用花岗石石柱作为支撑柱，防水防潮，坚固耐用。中央塑有韩愈坐像（图4-1-53、图4-1-54）。

韩文公祠从宋代就被列入潮州的祀典，潮州历朝方志，记载不断。然而韩祠毕竟是地方性的祠祀，所以建筑并不像庙学那样，有着严格的等级限制，建祠者有更多的自由发挥余地。韩文公祠平面布局简单，建筑古朴典雅，由于巧妙地利用祠址的地势和空间组织，获得了较好的视觉效果。曾楚楠先生在《韩愈在潮州》一书中对韩文公祠的建筑艺术和布局有非常好的论述："其一，（韩祠）获得了

图4-1-51 潮州韩文公祠门厅水式山墙

图4-1-52 潮州韩文公祠内院

图4-1-53 潮州韩文公祠正殿

图4-1-54 潮州韩文公祠正殿檐廊

水色山光护古祠的良好景观；其二，主体建筑正处于笔架山主峰的中轴线上，盖建时又让主座后退紧靠山峰，使左右的象山、狮山显得前突，成拱卫环抱之势，从而增添了祠宇肃穆幽深的环境气氛；其三，是把高度定在海拔四十米左右，恰到好处地构成了令瞻仰者肃然起敬的仰视角度"。

十二、江门陈白沙祠

陈白沙祠位于江门市郊白沙村，是朝廷为纪念明代著名理学家陈献章而下旨兴建的，于明万历十二年（1584年）而建，历代均有重修，现保存完好。

陈白沙（1428—1500），名献章，字公甫，号石斋，别号碧玉老人、玉台居士、江门渔父、南海樵夫、黄云老人等，世称白沙先生，是新会城北圭峰山下都会村人，少年时随祖父迁居白沙乡（今属江门市蓬江区）的小庐山下，故后人尊称其为白沙先生，是明代著名的理学家、教育家、诗人、书法家。现留存在世的有《白沙子集》，并有"岭南第一人"、"岭学儒宗"之美誉。

陈白沙21岁考中副榜进士后入国子监读书，27岁曾到抚州临川郡拜精通宋明理学的著名学者吴康斋先生为师学习一年，回江门白沙村建"春阳台"书舍，钻研理学。明成化元年（1465年），陈白沙再次参加科考并考中副榜，在翰林院当庶吉士，修撰皇帝的实录，后又到吏部任司吏。重返回江门后开馆讲学，弟子有很多成为朝廷要员，其中以身兼礼、吏、兵三部尚书的湛若水、文华阁大学士梁储最为有名，"江门学派"也就此形成了。明弘治十三年（1500年），陈白沙病逝，享年72岁，谥号"文恭"。明万历年间，朝廷下诏建陈白沙家祠，并赐"崇正堂"匾额和"道传孔孟三千载，学绍程朱第一支"对联。

陈白沙祠坐西北向东南，占地面积980平方米，平面为四进院落式布局，主体建筑沿轴线排列为贞节牌楼、春阳堂、贞节堂、崇正堂、碧玉楼。三堂面阔、进深均为三间，抬梁与穿斗相结合木构架，硬山顶，绿琉璃剪边。各进天井左右两侧均设过廊。中间两座建筑正脊饰有仰莲座承托火焰形宝珠的陶塑，两端有鳌鱼陶塑。碧玉楼两层，面阔三间，进深四间。贞节牌楼和崇正堂保留明代的建筑风格，其余均为清代的建筑。

贞节牌楼，是为表彰陈献章母亲林氏的贞节事迹而兴建于明万历三十九年（1611年），上面高挂"圣旨"匾额，下面挂"贞节"匾额，背面挂"母节子贤"匾额。牌楼为四柱三间三楼式，木石结构，牌楼檐下有玲珑密布的斗栱，栱上置枋椽及精美的瓦面雕饰。明楼为庑殿顶，屋脊有二龙戏珠灰塑。次楼为歇山顶，飞檐上也有两条灰塑小龙相衬。牌坊为绿琉璃瓦剪边，枋额均置有四跳九踩重翘如意斗栱。整座牌楼用花岗石石柱，坚固耐用，严谨雄伟，为广东保存较完整的明代牌坊之一（图4-1-55、图4-1-56）。

图4-1-55　江门陈白沙祠贞节牌楼

图4-1-56　江门陈白沙祠贞节牌楼如意斗栱

春阳堂为纪念陈献章生前读书和讲学的处所"春阳台"而建造的。左右有厢房，设有屏风式中门，堂宽约15米，深约7米，建筑面积112平方米。大门宽约4米，高3米，共四扇平板门，门上有"圣代真儒"匾额。屋梁上刻有人物、花果、龙凤等多种图案。

贞节堂为纪念陈献章母亲的贞节而命名的，是祭祀陈献章父母之所。堂面宽约14米，进深约9米，建筑面积约128平方米，为四柱抬梁与穿斗混合式梁架结构（图4-1-57）。屋正脊饰有火焰形宝珠的陶塑，两端饰有陶塑鳌鱼。该堂次间后有两侧卷顶门：左门为"主静"，右门为"致虚"。明间后有六扇木雕门。贞节堂的柱础、金柱保存明代的造型，其余架构为清代维修时的建筑装饰风格。"贞节堂"木匾为陈白沙的老师吴康斋所书。

崇正堂为祭祀陈献章之所（图4-1-58）。面宽、进深各三间，也是四柱抬梁与穿斗混合式梁架结构。所有支撑柱均为木质，梁架为双步梁结构。堂内放置有木雕神龛，其须弥座为砖石结构，龛内置有陈献章泥塑坐像，像高1.5米，像前置灵牌，上书"明徵授翰林院检讨理学名臣从祀文庙讳献章谥文恭石斋陈公位"。坐像两旁各有一灵牌，皆刻阳文，左灵牌为"明儒文恭公元配张氏夫人位"，

图4-1-57　江门陈白沙祠贞节堂

图4-1-58　江门陈白沙祠崇正堂

梯原为木结构，1983年维修时改为混凝土结构。楼的结构除二层的金柱柱础保留明代的特征外，其余为清代维修后的建筑装饰风格。"碧玉楼"牌匾据传为陈白沙弟子湛若水所书（图4-1-59）。

第二节 宗祠

宗祠作为一种祭祀建筑，与祭祀的制度密切相关，也是各姓氏宗族在祭祀祖先的一种体现，宗祠家庙的出现与发展，也是宗族礼制的发展史。明代及以前祠堂尚处于发展阶段，清朝以后才渐渐成熟。尤其是资本主义萌芽之后，大家族开始逐渐解体，小家族之间的联络就更为依赖宗族制度，祠堂则成为小家族联络的突出纽带。在这种背景下，祠堂得以大量兴建。人们修建宗祠的原因主要有两点：一是报恩，即把出仕、宗族兴旺看成是祖先荫庇的结果，为报祖德而建祠堂祭祖；二是合族，在祭祖的同时也用血缘纽带联结族人，加强凝聚力。广东的宗族制度在明清时极其兴盛，这种宗祠盛多的现象，屈大均《广东新语·宫语》中也有述说："岭南之著姓右族，于广州为盛，广之世，于乡为盛，其土沃而人繁，或一乡一姓，或一乡二三姓。自唐宋以来，蝉联而居，安其土，乐其谣俗。鲜有迁徙他邦者，其大小宗祖祢皆有祠，代为堂构，以壮丽相高。每千人之族，祠数十所，小姓单家，族人不满百者，亦有祠数所。其曰大宗祠者，始祖之庙也。"[②]宗祠的核心作用，不仅表现在地域上，而且也表现在习俗方面，凡祭祖、诉讼、喜庆等族中大事均在宗祠里面举行。

祠堂建筑可分为家祠、宗祠、大宗祠和合族祠。家祠、宗祠、大宗祠的级别、规模、形制以大宗祠为最。合族祠由不同的宗亲合建，布局与其他祠堂相近，但规模大小和形制简繁差别很大。

广东宗祠的共同特点是构图规整对称，层层深入和步步升高的空间层次，严肃的大门和广场，华丽的装饰装修。祠堂建筑平面格局通常采用中轴对称布局，形制程式化，主要的平面类型为一路三进

图4-1-59 江门陈白沙祠碧玉楼

右灵牌为"明儒文恭公继配罗氏夫人位"。堂的正门悬挂由礼部尚书何维柏手书的"崇正堂"匾额。堂内有木刻对联："道传孔孟二千载，学绍程朱第一支"，均为明万历二年（1574年）朝廷所赐。

碧玉楼原为陈献章的故居，因当年重获祖传碧玉而建楼收藏，同时作为奉养母亲之所。堂内悬挂对联"碧玉久忘今复见，白云朝出暮还来"。陈献章逝世后，碧玉楼因年久失修，于明万历十二年（1584年）重修扩建，并在楼前建陈白沙祠与之成为一体。它是四柱抬梁与穿斗混合式梁架结构的二层楼阁。其通面宽约14米，进深约12米，占地面积约176平方米，建筑面积约350平方米。楼阁的支撑柱及柱础均为花岗石。明间置有神龛，龛内置有陈献章的祖先及其长兄的灵牌。二层楼面、檐廊和楼

三开间或一路两进三开间,三进的空间序列为:前门—中堂—后寝。在此基础上,演变出一路三进五开间、三路三进三开间、三路三进五开间、五路三进三开间等大型祠堂形制。在主体建筑前,还会增加牌坊、牌楼、戏台等建筑元素,主体两边可增设衬祠、钟鼓楼、廊庑和碑亭等作为陪衬。祠堂梁架大多为抬梁、穿斗混合结构,等级较高,最为精美的一种是驼峰斗栱式,梁上立驼峰,驼峰上再用斗栱承托梁和檩条。驼峰、斗栱、檩条间的连系构件均做花草纹饰雕刻。除此之外,较为常见的形式是瓜柱式和博古式梁架。瓜柱式外观质朴柔和,而博古式的装饰性更强。广府地区祠堂外观最常见的屋顶形式是硬山顶,屋脊主要有龙船脊和博古脊两种,山墙有镬耳山墙、水形山墙、人字山墙等。

一、广州陈家祠

陈家祠为广东最大的宗祠建筑之一,位于广州市荔湾区中山七路,是广东72县陈姓宗亲合资兴建的合族祠堂。祠堂建成之后,一直作为各县陈氏子弟赴考在省城的落脚之地,故又称陈氏书院。祠堂于清光绪十四年(1888年)动工,光绪十九年(1893年)落成。

祠堂建筑总平面近似正方形,通面宽为81.5米,通进深为79米,占地面积6508平方米,建筑面积3986平方米,采用"三路三进九堂两厢抄"的院落式格局,建筑布局分三路,每路各为三进,共九个厅堂,两边各有厢房,总计六院八廊十九栋单体建筑,平面犹如九宫格。祠坐北朝南,采用中轴对称手法,主次分明,以厅堂为主体,用青云巷与两侧偏厅相隔,每进建筑以庭院相间、连廊相接,两旁以东、西斋和厢房围合,组成规模宏大、古朴轩昂的建筑群体(图4-2-1~图4-2-3)。

陈家祠前有开阔的前院(俗称"地堂"),两侧立有高耸的旗杆。建筑群除大门(头门)出入外,外墙每边还设有四个便门通向外院,便门上方分别刻有不同题名的花岗石石匾。中轴线上中路有第一进头门、第二进聚贤堂和第三进祖堂。

头门面阔五间27米,进深三间12米,柁墩抬梁式结构,共十七架。硬山顶,人字形山墙,碌灰筒瓦面。明间与次间梁架较高,梢间梁架稍矮,形成中间高两旁低的两级屋面。头门建筑外立面青砖石脚、石檐柱,两边梢间有石砌墪台,正中开有宽约

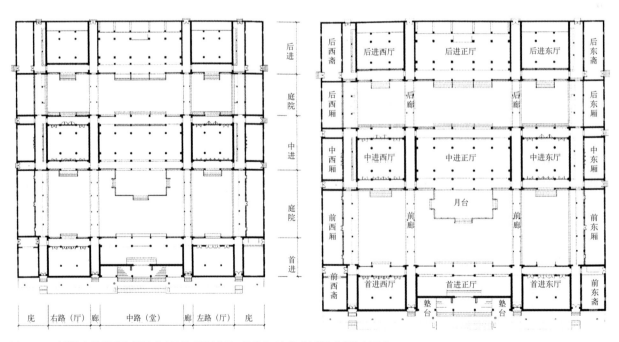

图4-2-1 广州陈家祠平面图(引自广东民间工艺博物馆,华南理工大学《广州陈氏书院实录》)

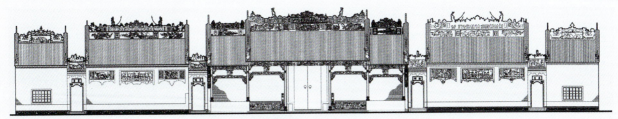

图4-2-2 广州陈家祠正立面图（引自广东民间工艺博物馆，华南理工大学《广州陈氏书院实录》）

图4-2-3 陈家祠外立面

图4-2-4 陈家祠聚贤堂

图4-2-5 陈家祠从聚贤堂月台看头门

4米、高5.6米的大门，两扇门上彩绘4米高的巨幅门神，大门前两侧分立一对高达2.55米的大石鼓，门上方悬"陈氏书院"横匾。头门除明间外各间均用一根弓形石额枋（俗称虾弓梁）连接檐柱，虾弓梁中央各有一只象征吉祥如意的石雕麒麟或石雕狮子顶托檐檩。前廊木作梁架、驼峰、斗栱、雀替等均雕刻有花卉、瓜果、人物等装饰。室内明间的四扇柚木门面也有精美的镂雕装饰。

聚贤堂为全祠中心，是陈氏族人祭祀、议事聚会的地方。面阔五间27米，进深五间16.7米。硬山屋顶，屋脊装饰华丽，下为灰塑基座，上为陶塑艺术组件。抬梁式构架施斗栱，二十一架梁前后六柱，出前后廊，空间宏阔。后金柱正中之间装有12扇双面镂雕屏门，两侧梢间设花罩。聚贤堂前有花岗石月台，宽16.7米，深8米，高0.58米，三面设台阶，绕以石雕栏杆和望柱，望柱以岭南佳果为饰，柱头石雕小狮子，栏板镶嵌铁铸通花（图4-2-4、图4-2-5）。

图4-2-6 陈家祠屋顶装饰

祖堂是供奉陈氏祖宗牌位和拜祭的场所。面阔五间27米，进深三间16.6米。硬山屋顶，抬梁式结构，用瓜柱抬梁，二十一架前后五柱加后墙承重。前檐廊做成卷棚式样。厅后檐柱间装有五个高达7米多的木镂雕神龛花罩，内设21级木阶级放牌位。透雕的木龛罩刻有制作年款、工场店号与地址的铭记，花罩雕刻之精美为清代广州木雕之最。

东、西二路布局、做法对称相同。头进东、西厅为倒座，均面阔三间13.8米，进深三间12米十七架，采用带瓜柱的抬梁式木构架，前设轩廊，形制比头门稍次。中进东、西厅均面阔三间13.8米，进深五间16.7米二十一架，采用柁墩抬梁式构架施斗栱，出前后廊。后进东、西厅面阔三间13.8米，进深五间16.6米二十一架，采用带瓜柱的抬梁式木构架，檐廊设有14扇通花隔扇，并各有13个木雕龛罩。

东、西斋和厢房为读书用房，用花楣、隔扇和落地罩组合装饰。斋前有小天井。

陈家祠的建筑以装饰精巧、堂皇富丽而著称于世。除中轴线主体建筑外，其他厅堂、庑廊、斋室、厢房等建筑中广泛采用木雕、石雕、砖雕、陶塑、灰塑、铁铸雕体等不同工艺装饰，琳琅满目，集岭南装饰艺术之大成（图4-2-6）。

陈家祠中的木雕，数量最多，内容丰富，造型生动，玲珑剔透。木雕多以樟木、花梨、龙眼、柚木等为材，雕镂梁架、雀替、隔扇、屏门、屏风、花罩、神龛、檐板等处。头门的四扇屏门，在屏心部分运用双层镂空技法，雕刻有"金殿赏赐"、"金殿比武"、"荣归故里"、"孟浩然踏雪寻梅"、"渔舟晚唱"、"渔樵耕读"等寓意深刻内容的装饰。聚贤堂的木雕屏门有"太白退番书"、"郭子仪祝寿"、"六国大封相"、"渭水访贤"、"携琴访友"、"龙王八仙朝玉帝"、"夜宴桃李园"、"荣归故里"、"黄飞虎反五关"、"韩信点兵"、"薛仁贵大战盖苏文"、"岳飞破金兵"等故事。还有中进东厅屏门的《水浒传》故事"拳打镇关西"、"血溅鸳鸯楼"、"三打祝家庄"、"枯井救柴进"，中进西厅屏门的《三国演义》故事"三英战吕布"、"三顾茅庐"、"赤壁之战"、"长坂坡救阿斗",等等。梁架木雕华藻繁缛,采用高浮雕的手法,题材多样,特别是戏曲历史故事,如"程咬金祝寿"、"蟠桃会"、"薛丁山受封"等场面较大的内容,其中较为突出的是《三国演义》中"曹操大宴铜雀台"一组,描绘曹操坐在铜雀台上观看校场各员大将比武的场面,突出刻画了徐晃与许褚在比武后为争夺锦袍而难解难分的情景。

石雕以花岗石为材,用于门券、月梁、檐柱、雀替、柱础、墙裙、台基、栏杆、台阶垂带等,有突雕、圆雕、透雕、减地平钑等多种技法。聚贤堂前的月台石雕栏杆,是书院石雕装饰工艺的典型,它融合了圆雕、高浮雕、减地浮雕、镂雕和阴刻等多种技法,以各种花鸟、果品为题材,用连续缠枝图案的表现形式进行雕饰。还有大门前的一对石狮,雕琢圆润,形态活泼,神情祥和,为广东地区石狮瑞兽造型的代表。

砖雕主要装饰在檐墙、门楣、墀头以及花窗等处。陈家祠首进东、西厅的外檐水磨青砖墙上,共有六幅大型砖雕,最大的两幅宽3.6米,高1.75米,其余四幅宽3.4米,高1.65米,现存广东地区规模最大的砖雕作品之一。东面三幅砖雕,中为"刘庆伏狼狗",取材于北宋勇将刘庆制伏西夏烈马"狼狗"的古代戏曲故事,场面宏大,人物有40多位,构图巧妙,雕刻细腻,两旁有"百鸟图"和"五伦全图"砖雕。西面三幅砖雕,中为"梁山聚义",刻画了《水浒传》中晁盖、林冲等众多英雄好汉汇集在聚义厅,造型各异,栩栩如生,左右两侧有"梧桐柳杏凤凰群"和"松雀"砖雕。墀头上有26幅砖雕,既有"姜子牙拜相"、"群英会"等历史故事,又有"喜鹊登梅"、"龙凤呈祥"、"狮子戏球"等吉祥图案。

陶塑工艺集中在厅堂屋顶上的瓦脊,五彩缤纷,琳琅满目。祠堂共有11条陶塑脊饰,均为佛山石湾陶塑商号烧制。首进五条陶塑脊饰,其中山门三条于清光绪十七年(1891年)所造,东、西厅为光绪十九年(1893年)所造;聚贤堂脊饰为光绪十七年(1891年)所造,于光绪三十四年(1908年)遭飓风毁坏,清宣统三年(1911年)再造,1975年再次被台风吹毁,1981年由佛山建筑陶瓷厂重新仿造;中进东、西厅的两条脊饰于光绪二十年(1894年)所造,后进东、西厅的两条脊饰于光绪十八年(1892年)所造;后进祖堂的脊饰则完成于光绪十六年(1890年)。11条脊饰中以聚贤堂的规模最大,其总长27米,高2.9米,连灰塑基座总高达4.3米。陶塑屋脊题材多样,包括"武王伐纣"、"管仲拜相"、"刘备招亲"、"智收姜维"等人物故事,以及龙凤、花鸟、瑞兽、山水等吉祥装饰。

灰塑主要集中在屋脊基座、山墙垂脊、廊门屋顶、庭院连廊、东西斋和厢房的屋脊上,灰塑的题材与陶塑相近,主要是人物、花鸟、亭台楼阁、山水美景等,均具有浓郁的岭南特色。

聚贤堂月台石栏杆中嵌有铸铁栏板,即佛山铁画。其正面六幅为麒麟玉书凤凰图,台阶两边是"双龙戏珠"、"三阳开泰"等,这些铁铸由佛山生铁铸造、打制而成。东、西厢房还绘有多幅壁画,主要题材有"滕王阁图"、"夜宴桃李",人物有王勃、李白等。

二、广州番禺留耕堂

留耕堂又称何氏大宗祠,是广东民间乡村祠堂的典型代表,位于广州市番禺区沙湾镇,为沙湾大家族何姓的宗祠。因牌坊上原有"阴德远从宗祖种,心田留与子孙耕"对联,故又称留耕堂。该祠始建于元至元十二年(1275年),古祠元末毁于战乱,现存祠堂为清康熙年间重建。

祠堂坐北向南,地势北高南低,采用中轴对称布局,前后五进,左右三路,占地面积约3300平方米。主要建筑有头门、仪门(牌楼)、拜厅、象贤堂、留耕堂,两侧建有庑廊。左右路为衬祠和钟、鼓楼。祠门前是一个长方形的风水塘,风水塘与祠堂间为红砂岩铺砌的小广场,广场左右分别竖有旗杆夹石。

头门为硬山顶,面阔五间23.25米,进深两间

图4-2-7 广州番禺留耕堂头门

9.73米，前后设垫台。前廊设六根八角形砂岩石柱和六根圆木柱，柱础全部为花岗石。前檐平板枋上置有35个大型驼墩，上承五层如意斗栱顶托出檐。大木构架为抬梁与穿斗混合式，上有浮雕连枝花纹。头门左右与山墙相连有钟、鼓楼。明间设两扇大门，门扇上均彩绘有身穿盔甲的门神，两侧施抱鼓石，门上方悬"何氏大宗祠"横匾（图4-2-7）。

仪门为三间四柱三楼的砖木石牌楼，歇山顶，宽11.10米，深3.90米。由八条石柱分出三个门口，柱以粗面岩石制作，红砂岩作额枋，上刻精美花鸟瑞兽图案，明间以七朵五跳如意斗栱挑檐，次间则施四朵四跳的如意斗栱。屋顶主脊为灰塑装饰的头东尾西回龙一条。明间正面额刻儒学大师陈白沙手书的"诗书世泽"石刻，左右两边各有一个灰塑狮子。背面刻"三凤流芳"，寓意何氏三兄弟同登进士榜的故事（图4-2-8）。

进仪门为中院落，由红砖铺成。迎面为红砂岩砌筑的须弥座式月台，宽24.78米，深18.3米，高1.13米，是何氏族人祭祀或进行其他活动的地方，四周没有围栏，上下阶梯设在两侧，正面束腰由镶

图4-2-8 广州番禺留耕堂仪门牌坊

图4-2-9 留耕堂内的象贤堂

图4-2-10 象贤堂大厅

有15幅精美浮雕的基石构成,为元、明年间的古石雕,石上刻有"老龙教子"、"双凤牡丹"、"双狮戏珠"、"犀牛望月"、"苍松文理"及松、梅、竹、菊、牡丹等寓意吉祥的图案,刀法浑朴自然、玲珑剔透。月台左右有虎廊,是祭祀时供宾客休息的地方。

相连月台的是拜厅,拜厅面阔五间24.78米,进深三间,卷棚顶,基座左右各镶明代遗留的红砂石石雕。明、次间装隔扇门,梢间前檐置砖墙,上有砖雕透花窗。拜厅后为中厅享殿,又名"象贤堂",拜厅与象贤堂以勾连搭的方式紧紧相连,拜厅后檐柱即象贤堂前檐柱。象贤堂建于清康熙四十一年(1702年),面积达400多平方米,面宽五间,进深三间,达17米多,硬山抬梁式屋顶,由四条石柱和24条大木柱支撑。正脊灰塑龙船瓦脊。九架用四柱,牡蛎壳山墙承重。厅内梁架、额枋都雕饰卷草缠枝花,云朵等花纹。正中一前一后悬"大宗伯"、"象贤堂"两块红漆金字木匾。"大宗伯"木匾,由广东行省中参知政事郑允成手书,是用来纪念明洪武年间礼部尚书何起龙的,"象贤堂"是纪念沙湾何氏宗祖何德明(号象贤)的。置身宽敞高挺的象贤堂内,巨大的柱林使人更觉得厅堂肃穆庄严(图4-2-9、图4-2-10)。

后寝为留耕堂,硬山顶,屋脊两端塑金鳌、银鳌、珊瑚海藻。面阔五间24.78米,进深三间14.6米,分为三个房间,中间的最大。十三架前出六架轩廊。该堂明间正中设金漆木雕神龛,呈长方形,里面用来放置何氏的祖宗牌位。正中檐下悬陈白沙手书的"留耕堂"牌匾,两边一副木刻对联"阴德

图4-2-11　广州从化广裕祠

图4-2-12　广州从化广裕祠中座大厅

远从宗祖种；心田留与子孙耕"。

天井左右两廊为四架梁卷棚顶，八角石檐柱的柱础用红砂岩石雕成，保留了明代红砂岩仰覆莲花瓣须弥座式柱础。祠堂风格独特，工艺精湛，为当时番禺四大名祠之首。

三、广州从化广裕祠

广裕祠位于广东省广州市从化区太平镇钱岗村，为南宋宰相陆秀夫后裔所建，是钱岗村陆姓的宗祠，距今已有六百年的历史。因其有七处历史文字的印记，所以弥足珍贵。该祠坐北向南，砖木结构，悬山顶。依中轴线分布为照壁、头门、中座和后座，通进深44.2米，占地面积约992平方米，建筑面积816平方米。建筑两旁山墙承重，屋面素瓦，灰塑屋脊，是珠三角地区祠堂中有明显北方风格的建筑，对于研究北民南迁的历史以及南北建筑风格的融合具有重要的意义。

广裕祠高大雄伟，第一进前有广场。广场上祠对面有一座用青砖砌成的八字形照壁，总宽13.22米，上盖碌筒瓦。照壁与入口大门两侧的翼墙相对而立，这种做法常见于北方，用来阻挡风沙，在岭南则极为罕见。入口大门门槛有半米多高，当年陆秀夫官至左丞相，所以门槛的高度充分体现了主人的身份和地位。门上方横额书"陆氏广裕宗祠"，两边镌刻"诗书开越；忠孝传家"的对联（图4-2-11）。

头门面宽三间13.79米，进深三间8.89米，悬山顶，抬梁式结构。前面山墙两侧连有八字翼墙，正脊为灰塑龙船脊，大门两侧坎墙用花岗石石筑，雕艺龙、福寿、平安等纹样图案。梁架次间向两侧升起，正檩底雕阳文"时大清嘉庆十二年岁次丁卯季春谷旦重建"（即1807年）。这是广裕祠最早的重修记录。斗栱、梁底部分别雕刻有明代风格的纹饰。头门内部用圆木桩支撑，柱础为红砂岩，并雕刻如意花纹。而两边的走廊用的是六棱形的花岗石支撑柱，这样可以防止雨水腐蚀柱子，利于长久使用。

中座面宽三间13.1米，进深三间9.6米，梁架次间向两侧生起，屋顶平缓，正脊为灰塑龙船形脊，前后檐柱为木檐柱，柱础已改为花岗石。七架梁前后出两跳斗栱承托檐桁，斗栱驼峰雕刻如意纹饰，风格粗放古拙，体现了明代风格。正檩底部雕刻阳文"时大明嘉靖叁拾贰年岁次癸丑仲冬谷旦重修"等字（即1553年）。前后封檐板式样不一，后者保留明代的原物，前者是清代重修时更换的。后两金柱间有六门屏风，上挂明万历六年（1578年）从化知县桂林侯邦治赠送的牌匾"广裕名宗"（图4-2-12）。

广裕祠最后一进是祖堂，供奉着陆氏的三个祖先，分别是："南宋左丞相陆工秀夫之神位"、"五世祖复兴神位"和"十一世祖广裕神位"。左右两边有一副对联："掉三寸舌能胜百万兵戈开越说佗归汉室；挺一孤身独操完全风节溺江负主仰崖门"。把陆氏两位主要先辈的在粤事迹充分地进行了表述，同时表明为陆贾、陆秀夫的后代。祖堂面宽三间12.9米，进深三间9.6米，立六根木柱，下承石质柱础，以木柱和后部墙体承重。与第一、二进精雕细琢抬梁式梁架不同，这一进采用穿斗式梁架，十三架，前带卷棚为廊。梁架是瓜柱叠形，正檩底部雕刻阳文"大清康熙陆年岁次丁未季夏庚子吉旦众孙捐金重建"等字（即1667年），后堂当中的横枋底部阴刻"民国四年岁次乙卯吉日柱重为修后座更房立志"等字（即1915年）。这一进两次间后墙头画丹青工笔花鸟画，明间绘博古纹饰，山墙墙头绘卷草纹饰。

另在中座与后面廊间后墙东侧上嵌有端石刻的《重修广裕祠堂碑记》一方。砚石质碑文阴刻，记述重修祠堂的原委及捐款者名录，碑文称"张家之祠，实创于宣庙时"表明始建于明宣德年间（1426～1435年）。碑落款为"大明崇祯拾贰年岁次已卯季夏吉旦重修"（即1639年）。

广裕祠最有价值的是刻在脊檩下及墙体碑文上的六次最明确的维修记录。这在广东省现存的祠庙建筑中尚属首次，是非常宝贵的建筑标本。这样确凿的时间记录，为祠堂不同时期的建筑风格作了明确的断代，可作为省内明清建筑的一根年代标尺。

四、潮州己略黄公祠

己略黄公祠在粤东古城潮州市区义安路铁巷2号，建于清光绪十三年（1887年），是一座二进院，通面阔18.54米，通进深25.7米，现有建筑面积550平方米。前厅与后厅之间是天井，两侧有廊轩，后厅有抱厦，形成四厅相向的格局，极具潮汕传统建筑特色（图4-2-13、图4-2-14）。

祠堂正面正中为凹斗门楼，门额刻"己略黄公祠"，背镌"孝思维则"。门楼门面有嘉应人氏温仲和的"己略黄公祠颂"书法和两幅图画。门楼外檐屋架上有"封神演义"等题材的石雕装饰，运用浮雕、圆雕、镂空等技法，造型生动、结构严谨、过渡自然、雕刻精美，其主支撑重力的梁柱采用浮

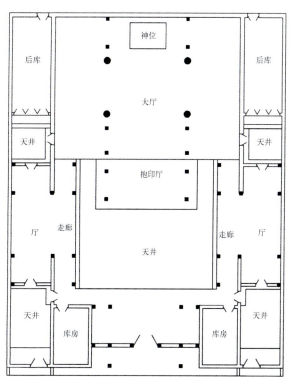

图4-2-13 潮州己略黄公祠平面图

图4-2-14 潮州己略黄公祠天井院落

雕，不影响结构受力，其他都采用通雕，组合在一起既安全实用，又美观大方，是祠中石雕艺术的集中体现。

走过门楼，进入前厅，可见到祠堂中央的天井。如遇下雨，雨水就会聚集在天井中的水槽中，寓意四方来财。天井墙边摆放有花盆、莲缸，营造出一种优雅、清静的环境。

在主座大厅前有一拜亭，即抱厦，是祠堂内唯一的歇山屋顶建筑，与其他建筑的屋顶有所区别，

图4-2-15 潮州己略黄公祠拜亭1

图4-2-16 潮州己略黄公祠拜亭2

图4-2-17 潮州己略黄公祠大殿梁架

图4-2-18 潮州己略黄公祠拜亭梁架木雕装饰1

使整个祠堂的屋顶看上去富有变化（图4-2-15、图4-2-16）。其前檐和内部的梁架上都用潮汕地区的金漆木雕精心装饰，内容主要以民间历史故事为主，如"水漫金山"里白娘子与法海争斗的场面，曹操"大宴铜雀台"、"张羽煮海"等精彩的历史故事场景。拜亭上还雕刻有十八只木雕凤凰紧顶着上方的梁架，起到了连接和承重的作用。

拜亭与祠堂大厅连在一起，大厅前门上有潮州金漆画"郭子仪拜寿"，画面描述了唐朝文武官员到汾阳府向郭子仪拜寿的情景，画中场面宏大，人物众多，表情丰富，突出表现了潮州金漆画精湛的技艺特征。大厅内悬挂着"衍庆堂"木匾额。大厅中槽屋架是"三五木瓜十八块坯"的典型木结构，为五木瓜抬梁式，梁架上五个造型别致的木瓜柱上下连接横梁，使横梁之间牢固结实。同时整个梁架上还有很多用于装饰的木雕，也用金漆描绘，显得金碧辉煌，古朴庄严（图4-2-17）。

己略黄公祠也是一座名副其实的潮州木雕艺术殿堂，屋内的雕梁画栋上皆是典型的潮州木雕极品，可谓集潮州木雕之大全。梁枋两端饰以形象各异的龙、凤、狮等祥瑞动物，梁、桁、柱间的各种穿、插构件也无不成为雕刻师傅们施展技艺的好地方。戏曲故事、民间传奇，则是木雕创作的主要题材，一些地方题材也在这里得到体现，如"韩江景丽"等。拜亭上展翅的木雕鸾凤，寓意鸾凤齐飞，琴瑟合鸣；狮子身上的毛发由"读书人、举子、士大夫"组成，寓意"名师高徒"；蹲着的狮子则寓意"尊师"。这些木雕装饰，在技法上采取了圆雕、沉雕、浮雕、镂空雕等不同手法，在外形色彩上则充分运用了黑漆装金、五彩装金、本色素雕等三大类表现手法，使整座建筑物主次有别，层次分明，因而被誉为"潮州木雕一绝"（图4-2-18、图4-2-19）。

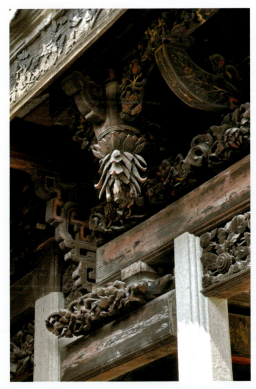
图4-2-19 潮州己略黄公祠拜亭梁架木雕装饰2

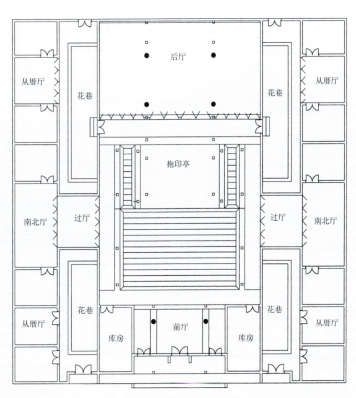
图4-2-20 广东潮安从熙公祠平面图

己略黄公祠是祭祀潮州市区望族黄己略的私人祠堂，一百多年前，黄姓族人为了修建这座宗祠，不惜工本，请来了当年潮州城里最好的木雕艺人。用当时最时兴的装饰来表达对祖先的尊崇，也以此炫耀宗族的势力和繁盛。

五、潮安从熙公祠

从熙公祠位于潮州市潮安县彩塘镇金砂管理区斜角头，是一座府第式祠堂。为旅居马来西亚柔佛洲的侨领陈旭年所建。清同治九年（1870年）奠基，清光绪九年（1883年）建成，历时14年，耗资26万银元。该祠迄今未做过较大维修。整座建筑为潮汕特色的"驷马拖车"民居建筑，总建筑面积1319平方米。配有南北龙虎门，石门匾镌刻"资政第"。正中座为从熙公祠。

陈旭年（1827—1902）是彩塘镇金砂乡人，早年旅居马来西亚柔佛洲，不久成为柔佛的最大港主。清同治九年（1870年）前后，被当地苏丹封为柔佛州境内"甲必丹"（华侨领袖），授予"资政"头衔。由于他对柔佛州行政颇多贡献，在新山区遂以一街命名"陈旭年街"。随着事业的发达，陈旭年移居新加坡哥里门街，并按家乡建筑风格盖建了一座"资政第"。1984年，"资政第"的相片被新加坡政府制作为邮票发行全国。

从熙公祠坐东向西，通面阔31.22米，通进深42.25米，为二进院落式布局，前厅与后厅之间是天井，两侧有廊轩，后厅有抱厦拜亭，形成四厅相向的格局。后厅面阔三间，进深三间，抬梁式木结构（图4-2-20）。

祠堂建筑装饰琳琅满目，富丽堂皇，首进门厅前埕分置精致石狮一对：雌狮抚子，通体灵性，亲切可爱；雄狮威严，造型新颖，生气勃勃。门厅前屋架为双面镂空石雕装饰。祠内的潮州木雕也精美绝伦，首进的屋架，后座的抱厦和中槽屋架

图4-2-21　广东潮安从熙公祠

所有的梁枋、桁、柱间诸穿、插件都饰以玲珑剔透的潮州金漆木雕，显示出金碧辉煌的艺术效果（图4-2-21、图4-2-22）。

潮汕传统建筑的门厅多用石结构，因为潮汕地处沿海，海风的酸性、碱性严重腐蚀着木结构，且常常有台风的侵袭，石结构具有防潮、防风、防腐蚀等作用。丛熙公祠门厅为石结构建筑，运用潮汕传统的建筑形式，莲花覆盆式石柱础，石柱身、石梁枋不做雕刻，而石瓜柱、石穿枋、石斗栱、石柁墩、石雀替等，层层石构架雕刻精致，把每个石构件都当成一件艺术品来雕刻，使门厅成为一座艺术宝库。门厅垂花柱的石雕花篮，可谓是潮汕石垂花柱的代表作，悬吊在梁枋上，精雕细刻，花篮里装满各式花朵，玲珑剔透、赏心悦目。最令人叹为观止的是镶嵌于门厅石壁上的四幅石雕，分别以士农工商、渔樵耕读、花鸟虫鱼为题材，每幅都很好地运用了"之"字形的构图，将不同时空的人、事、

图4-2-22　广东潮安从熙公祠梁架木雕装饰

物集中在同一画面，浓缩故事情节，表现富于戏剧性的瞬间。"士农工商"、"渔樵耕读"里分布的人物，或穿插于亭台楼阁之间，或出没于山林曲径之中，或抛网捕鱼，或牧牛而归，神态各异，栩栩如生。"花鸟虫鱼"则以自然取胜，源于生活而高于

图4-2-23 广东潮安从熙公祠大门梁架石雕

图4-2-24 广东潮安从熙公祠大门"渔樵耕读"石雕

生活，展翅的鸟，跳跃的鱼，肥硕的荷，怒放的花……无不惟妙惟肖（图4-2-23、图4-2-24）。

石雕上彩是潮汕地区传统建筑的特色，色彩以石绿为主色，配以赭石、三青、黑色为辅色，以重彩绘染，显得沉着而有生气。石雕艺人在雕刻的同时，十分注意色彩的搭配、对比与呼应，在总体上和谐统一，于华丽中透着典雅，形成色彩与石雕技艺的融合。

六、东莞潢涌黎氏宗祠

黎氏宗祠在广东东莞市中堂镇潢涌村，始建于南宋乾道九年（1173年），最初是为了纪念当时黎氏家族中出的一位至孝之人，他因母病深重，于是割股和药，治好母病，传为佳话，并由县里申报朝廷，奉旨荣门，以建宗祠。祠堂布局取形于龟，建筑为三进院落式布局，前有包台，两侧为厢房，东西共有房15间，总面积达一千多平方米，是东莞现存最大的宗祠之一，也是广东省最古老而保存又最完好的宗祠之一（图4-2-25、图4-2-26）。

黎氏大宗祠于南宋德佑二年（1276年）毁于兵火，元至元三十年（1293年）重修；元至正十五年（1355年）再次遭毁，明永乐十三年（1415年）重建；明天启三年（1623年）、清嘉庆十年（1805年）、清光绪二十一年（1895年）均有重修；1938年冬日寇入村烧毁宗祠中栋（第二进），1943年又重修。为了保护好黎氏大宗祠，潢涌黎氏子孙后裔慷慨捐资维修，于2003年11月18日动工修缮，至2004年12月19日竣工。黎氏大宗祠从始建至今共833年历史，期间虽经后人的七次维修，但基本保持了祠堂的原貌。

宗祠坐北向南，为三进院落，两侧有厢房，四合院式布局，中间和两侧共有四个天井。全祠占地面积1152平方米。主要建筑头进（头门）、二进（中堂）和后进（祭堂）均高大宽阔的硬山顶，陶塑龙船屋脊，抬梁与穿斗混合式梁架结构。屋项、梁架都装饰有精美的雕刻，具有浓厚的岭南广府建筑特色。

黎氏大宗祠地貌和建筑均取形于龟。宗祠建在一块龟形地上，周围环水，宗祠前正中弧状前凸，左、右各有一道伸向河道的石阶，象征龟头和两个前爪；后面两侧也各有一道石阶，是龟尾后爪。祠后有水塘，像是龟从塘里爬行过来，伸向潢水河饮水。祠堂主体建筑轮廓也似"龟"字形。作为龟身的三进院落

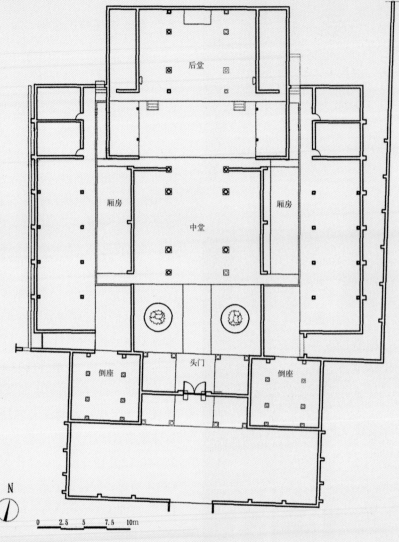

总平面图

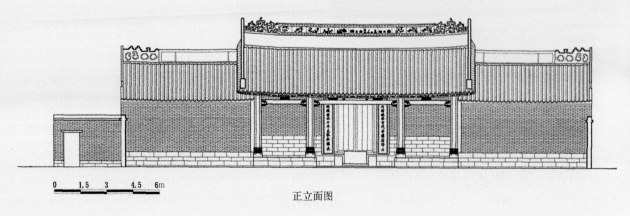

正立面图

图4-2-25 东莞潢涌村黎氏宗祠总平面图、正立面图（引自程建军《梓人绳墨》）

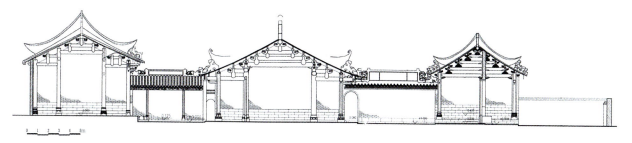

图4-2-26 东莞潢涌村黎氏宗祠剖面图（引自程建军《梓人绳墨》）

图4-2-27 东莞潢涌村黎氏宗祠（梁林摄）

图4-2-28 东莞潢涌村黎氏宗祠中堂（梁林摄）

图4-2-29 东莞潢涌村黎氏宗祠祭堂（梁林摄）

朝向并不一致，第一进朝正南，第二进偏东，第三进则偏西。大宗祠的排水系统也别具匠心，雨水除前、左、右的外檐水向祠外流走，祠内之水向后倒流通过祠后暗水道注入水塘中，似龟排尿。

头门三间，总面宽约27米，进深两间约7米，高约8米。前檐廊由四根八边形红砂岩石柱承重，柱础为莲花形图案，左右有红砂岩石墩台（图4-2-27）。横梁端部刻有蟠龙木雕，柱端两边梁托上雕刻有卷云飘带装饰。大门上挂着"黎氏大宗祠"牌匾，两旁楹联："门对旗峰百代孝慈高仰止；祠环潢水千年支派永流长"，此联为清乾隆三十七年（1772年）壬辰科进士、钦点翰林潢涌二十世祖黎益海所作。

二进中堂面宽约14米，进深约10米，内由圆木柱承重，柱础为红砂岩。门额上悬挂由明代探花及第、礼部尚书陈予壮手书的"忠孝堂"木匾。三进祭堂，正中摆放着一樽木雕贴金神龛，供奉着黎氏一、二世祖先神位（图4-2-28、图4-2-29）。

大宗祠左右两边各是一排对称的宽敞厢房，村人称为马房，传说为达官贵人或族人到此祭祖之时，用来拴马或休息所用。宗祠后围墙东边和西边分别有"迎日"和"抱月"二门，步出门口便可见祠后池塘，以及后添的长廊和轩榭等建筑物和园林景观。

七、东莞厚街河田方氏宗祠

方氏宗祠位于广东省东莞市厚街镇河田村，为缅怀福建莆田方氏第九世祖、宋朝进士、朝奉大夫邦荣方公迁粤东莞河田而建，是东莞市最大的宗祠之一。该祠堂始建于明建文元年（1399年），清咸丰五年（1855年）重建。祠堂坐南向北，总面积为1232平方米，为五进院落式、相连六廊四合院两偏间布局。厅堂建筑均为硬山顶，抬梁与穿斗混合式木梁架结构。因宗祠为五进，故当地人称之为"五幢祠堂"。第一进门厅、第二进牌楼、第三进正堂、第四后堂、第五进神堂。

宗祠第一进为大门，三开间，外檐石柱石梁，屋顶梁架木质，有雕刻装饰。墙体墙裙为红砂岩条石，上筑青砖。门框也是红砂岩砌筑，"方氏宗祠"正楷石刻花岗石匾额，镶嵌在大门上部，两边悬挂祠联："三阳世泽；六桂家声"，"三阳"指河南洛阳为方氏发源地，福建莆阳（现莆田）为方氏居住地，东莞河阳（现河田）为方氏发祥地，"六桂家声"指先祖廷范公七子六进士，称六桂之家。屋脊采用陶塑、灰塑装饰，檐下墙楣有灰塑彩绘。门外广场两侧耸立着一对石狮，包括台座部分约2.7米高，石狮昂首相视，雄狮左脚踏着绣球，雌狮右脚护着小狮，都口衔石珠，气势如虹（图4-2-30）。

第二进为四柱三间三楼的牌楼，琉璃瓦庑殿顶，檐下施如意斗栱，高8米。牌楼明间红砂岩石柱，六扇格门，门顶额板镶着一块木刻的大横匾，前面为"六桂流芳"，后面为"文武科甲"，共八个大字。次间两侧为拱门（图4-2-31）。

第三进是正堂，上方悬挂着一块木刻匾"六桂堂"，这也是宗祠的堂号（图4-2-32）。堂内还挂有明朝惠帝年间侍讲学士方孝孺草书木刻对联："过桥分野色；移石动云根"。孝孺草于宗祠1402年落成时，将亲笔对联交与使者，送往东莞府衙转交河阳方氏宗祠留念。

第四进后堂，第五进神堂曾改为学校。现四进后堂放满各地方氏宗亲、后人赠送的各种匾额楹联。第五进神堂正墙神龛安放着河田方氏始祖邦荣公的塑像，厅堂顶部悬挂着一块镏金大"福"字的木匾，传说"福"字是清朝慈禧太后的懿笔，时任广东水师提督方耀赠送。两旁挂有一副木刻楹联："三朝宗祐地（配享春秋之祭祀）；一本玉兰庭（永记宗祖之源流）"。宗祠后面有六桂园，里面种着六棵桂花树，与二进的"六桂流芳"相互呼应。

八、顺德逢简刘氏大宗祠

刘氏大宗祠位于佛山市顺德区杏坛镇逢简村。明永乐十三年（1415年），刘氏五世祖刘观成"始率族建祠"。明天启年间（1621～1627年）进行过修缮，扩建东西钟、鼓二楼及周边楼阁等。清嘉庆年间及2000年、2002年均有重修。

祠坐北向南，为三路三进的院落式布局，通面阔32.2米，通进深85.5米，占地面积2600多平方米，建筑面积1115平方米。均为人字形硬山顶，龙舟脊，青砖墙，内有乾、坤二门和钟、鼓二楼，是

图4-2-30　东莞河田方氏宗祠大门（梁嘉文摄）

图4-2-31　东莞河田方氏宗祠二进牌坊（方兴摄）

图4-2-32　东莞河田方氏宗祠（梁嘉文摄）

顺德年代较为久远、造型较为独特的宗族建筑。

中路面阔五间，前后三进。东路入口"阁道"，有钟楼等建筑，西路入口"台门"、有鼓楼等建筑。三进祠堂，沿轴线由外至里为门厅、享堂和寝堂，广东人常称前堂、中堂和后堂。

前座为入口门厅，面阔五间，明间置踏步，大门上挂"刘氏大宗祠"的横匾。门后庭院宽大，院里有两株有着五六十年树龄的鸡蛋花树，花开季节散发着清淡的芳香。

中座追远堂为主厅堂，起祭祀、议事作用。面阔五间，抬梁式木结构。正立面明、次间开敞通透，两端梢间立面有墙体，上开砖雕图案漏窗。檐柱为石柱，防风雨阳光，室内木柱，柱础上设有木櫍防潮，后墙正中置隔扇门，共有六扇。厅内悬挂"追远堂"牌匾，寓"慎终追远，孝思不匮"之意。追远堂前建有月台，当地人称之为墀池，高出院落四步台阶，三面围石制栏板（图4-2-33、图4-2-34）。

左右两路在中堂前的院落两侧建成两排厢房，卷棚顶，形成四合院格局（图4-2-35）。厢房功能是供休息、存放祭祀器物用品之用。厢房前檐设有走廊，与"阁道"、"台门"相通成青云巷。

后堂分隔成三间，外檐也是石柱，明间两端筑墙，中设有神龛，安放历代先祖牌位。中座与后堂有庑廊相连，庑廊卷棚顶，外檐有石栏板。

图4-2-33　顺德逢简刘氏大宗祠中座追远堂

图4-2-34　顺德逢简刘氏大宗祠中座追远堂后院

图4-2-35　顺德逢简刘氏大宗祠两旁厢房

注释

① 新唐书·韩愈传.
② 屈大均. 广东新语·卷17. 北京：中华书局，1985：464.

广东古建筑

第五章 学宫书院会馆

广东学宫书院会馆分布图

① 德庆学宫
② 番禺学宫
③ 罗定学宫
④ 揭阳孔庙
⑤ 新会学宫
⑥ 兴宁学宫
⑦ 龙川学宫
⑧ 五华长乐学宫
⑨ 海阳县鳄学宫
⑩ 高要学宫
⑪ 广州萝岗玉岩书院
⑫ 梅州东山书院
⑬ 肇庆嵩台书院
⑭ 广州锦纶会馆
⑮ 南雄广州会馆
⑯ 徐闻广府会馆
⑰ 兴宁两海会馆

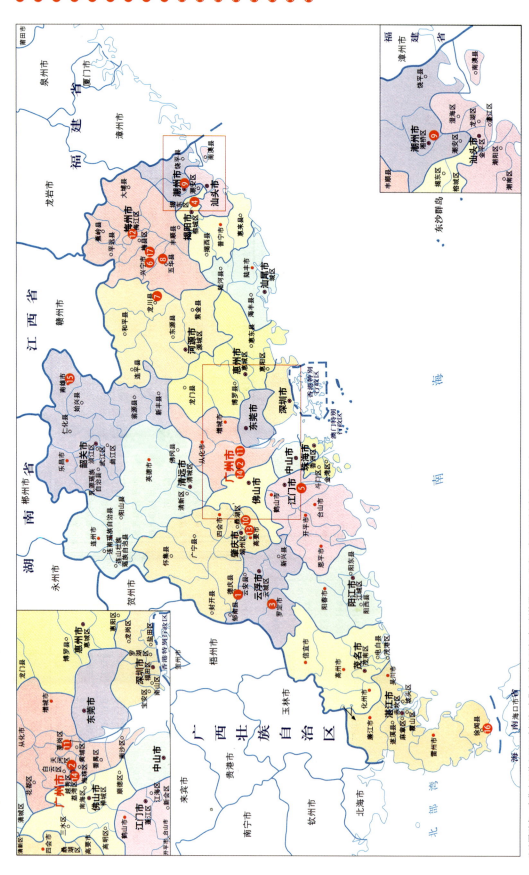

(地图引自：中华人民共和国民政部编.中华人民共和国行政区划简册2014.北京：中国地图出版社，2014.)

第一节　学宫

地方庙学是中国封建社会的地方官学，产生于唐代，贞观四年（公元630年）太宗诏各地学校中建孔子庙，因而产生了地方庙学建筑。至清光绪三十一年（1905年）皇帝宣布废除科举后，在全国推行新的教育制度，各地纷纷建起新式学堂，地方庙学才逐渐衰落。地方庙学分为府、州、县三级，一般位于其所相应的县、州、府官衙门所在的城中，其规模和标准也依次有所差别，通常府学孔庙比州学孔庙和县学孔庙的规模要大，建筑标准要高。府治所在的城中往往有府庙学和县庙学多座。

自汉代尊儒以来，历朝都有祭孔的活动。在宋代，广东主要城市开始兴建文庙，学宫是文庙在岭南的俗称。广东古代最早的庙学建筑要数肇庆市的德庆学宫，早在宋代就开始了建造。《德庆州志》第五卷，《营建志》中的第三"学宫"中提到："学宫，在州治东六十步，旧建于子城东五里紫极宫故址。宋大中祥符四年，诏置孔子庙。""州"是指当时的康州（今德庆），"宋"是指北宋，而"大中祥符四年"是1011年，由北宋宋真宗下诏，在德庆（康州）子城五里紫极宫故址上建孔子庙。①现德庆学宫保存着元代重建的风貌，其大成殿元大德元年（1297年）重建，为岭南现存最古老的庙学建筑。

庙学建筑包含尊师祭孔与授课讲学两大部分。孔庙的基本制度是：大成殿居中，前有月台，殿前左右设东、西庑，殿前为大成门，再前为棂星门和万仞宫墙照壁，泮池位于棂星门之后，崇圣祠位于大成殿的北部或东北。地方官学孔庙只有完全具备以上建筑，才能算是形制完备。②如广东化州孔庙就是按照这样的规制来进行布局的。地方学宫的基本制度是：明伦堂居中，前部左右设东、西厢房，堂后为尊经阁或藏书楼，堂前设儒学门和仪门两道。地方官学只有完全具备这些建筑，才能算是制度完备。除此之外，许多地方官学中都建有斋舍、儒学署、教谕廨、教授厅、敬一亭、洒扫公所、会馔堂、库房、射圃亭或观德亭等建筑，还有一些地方将文昌祠、忠义孝悌祠、节孝祠等建于学宫中。魁星阁虽然不是地方官学基本制度中的建筑，但由于受风水堪舆理论的影响，各地学宫东南普遍都建有魁星阁，而且它的高度和标准在庙学中非常高。③如广州市的番禺学宫就是类似的布局。广东庙学建筑常将孔庙、学宫的内容合为一体，共为地方官学的基本载体。

广东古代孔庙、学宫建筑属于古代建筑中级别较高的官式建筑。主体建筑大成殿、崇圣殿等往往是殿堂建筑，殿堂建筑在广东古代建筑形式中属于最高等级。这些殿堂多以重檐歇山、单檐歇山的大型官式屋顶造型出现，如肇庆的高要文庙、揭阳的揭阳学宫等都是重檐歇山的屋顶，而广州的番禺学宫则为单檐歇山屋顶。孔庙、学宫中的殿堂建筑面积较大，开间较多。广东古代民间祠庙建筑常以明三间为不逾的形制，而孔庙、学宫中的殿堂建筑皆以五开间为宽。如揭阳学宫三间殿身，加上副阶回廊呈现五开间，而广州的番禺学宫则没有回廊，殿身宽五间。

虽然广东古代不同州府的庙学建筑布局是有较统一的形制，但是建筑形式上，地区之间也有不少的差异与特色。粤东区域的庙学建筑造型飘逸，屋面曲线运用较多，揭阳学宫大成殿，屋脊上使用曲线，四向的屋角高高翘起，有如大鹏展翅；粤中和粤西西江区域的庙学建筑造型端庄，檐口升起较缓，斗栱硕大、出檐深远，德庆学宫大殿，五开间重檐歇山造型端庄稳重，下檐斗栱出跳四华栱而使得檐部深远，屋角处升起较少，不作过多的翘起，十分平缓与舒张；粤西南区域的庙学建筑接近祠庙建筑，其歇山造型以硬山屋面为基础，增加侧向的小披檐，如化州孔庙与信宜的镇隆学宫。

庙学建筑中的殿堂，在檐口下都有斗栱作为等级高的标志。然而，明清时代的斗栱渐渐成为装饰与点缀，其结构力学上的作用渐渐减弱，出现了很多斗栱的装饰形式与变异。例如，茂名市的化州孔庙，其大成殿的下层檐口使用了独特的如意斗栱，装饰性极强。

庙学主体建筑主要以斗栱抬梁的形式为大木结构，其中粤中及西江区域的殿堂大木梁架最为典型。粤中及西江区域的梁架上，驼峰、斗栱与月梁等构件形制古朴、规整。所有檩条通过斗栱驼峰传导压力到每一架梁上，转角与山面处的递角梁、丁栿等交接清晰；粤东区域的殿堂梁架有独具特色的"叠斗式"，在金柱上以层层垒叠的栌斗为主，多架梁穿插在层层垒叠的栌斗上，形如人的脊椎，如潮州的海阳县儒学宫；粤北地区的庙学殿堂梁架趋向于简洁的穿斗式，斗栱也以插栱的形式居多，抬梁的形制较粤中地区弱；粤西南地区的庙学殿堂梁架也是较为简约的，往往以瓜柱、柁橔、梁头混合承桁为主体建筑梁架形式，如化州孔庙。雷州的海康学宫，殿身两侧则以山墙承重。

一、德庆学宫

德庆学宫位于肇庆市德庆县德城镇朝阳西路北，始建于北宋大中祥符四年（1011年），旧址在子城东五里紫极宫故地，元丰四年（1081年）迁于今址。元至元元年（1264年）被洪水冲毁，大德元年（1297年）重建，是岭南现存最古老的孔庙。

原德庆学宫形制甚备，建筑群占地3900多平方米。在南北中轴线上，由南而北有石栏、棂星门、泮池、大成门、大成殿、东西庑、崇圣殿、尊经阁，还有明伦堂、名宦祠、乡贤祠和清光绪二十九年（1903年）所建的附属建筑尊圣义祠等。2000年后逐渐修复了泮池，重建棂星门、大成门等毁坏的建筑（图5-1-1～图5-1-3）。

大成殿是学宫的主要建筑，始建于北宋元丰四年（1081年），建后曾倒塌，元大德元年（1297年）重建，是广东省唯一现存的宋元两代砖木结构古建筑。殿迭经明万历三十二年（1604年）、清康熙五十六年（1717年）以至1973年大修，仍保留宋、元时期建筑风格。大成殿在防洪上采取了有效的建

图5-1-1　德庆学宫大成门与泮池

图5-1-2　德庆学宫大成门檐廊梁架

图5-1-3　德庆学宫崇圣殿

筑技术，加高了殿堂台基，设置了高35厘米的花岗石门槛，前檐用花岗石柱，左、右、后三面围以高墙，室内采用了花岗石高柱础，尤其是正中四根金柱，石础高达82厘米。大成殿对研究我国宋、元时期建筑史有重要意义，是岭南元代木构建筑的瑰宝。

大成殿面阔五间17.36米，明间宽6.22米，次间、梢间分别为3.2和2.37米。进深五间17.53米，由南而北，各间深分别为2.45、3.47、6.2、2.9和2.51米。建筑面积304平方米，通进深与通面阔之比为1∶0.99，平面几乎是正方形，为宋元古制。前檐为六根八角形花岗石柱，殿中减柱四根，只余正中四根木质大金柱。殿前为阔13.22米、深8.7米的月台，围以石砌栏杆。月台前正中及左、右有踏道，月台前为一砖石砌拜坛，阔6.15米，深4.73米。

大成殿高19.4米，重檐歇山灰瓦顶，坡度平缓，出檐深远（图5-1-4）。山面有山花板，各施悬鱼一条，造型简洁朴素。大成殿斗种类复杂，计有11种之多。下檐斗保持了宋代风格，柱头和补间铺作均为七铺作单杪三下昂，两根直昂昂尾均长二椽，甚为罕见，其出跳总长居全国现存唐宋同类斗（七铺作）之首位。上檐前后檐斗，是元代遗构，其昂形酷似象鼻子，为象鼻子昂的较早形态。大成殿外檐斗栱，柱头、补间铺作构造相同，下檐补间铺作明间为二朵，次、梢间各一朵；上檐补间铺作明间为二朵，次间一朵，布置疏朗。

大成殿的梁架结构，外围采用石柱砖墙，使结构更坚固耐久，下檐副阶用了六根断面呈正八边形的花岗石柱，左、右、后三面用砖墙围护，并砌出砖柱承重，这一做法增强了建筑抗风雨侵蚀、抗洪水冲击的能力，也有利于防火（图5-1-5、图5-1-6）。梁柱结构采用完全对称的设计方法，前、后檐柱，前、后重檐金柱，前后金柱，高度一一相等。前、后下檐斗栱，其铺作一一对应，构造相同，梁栱前、后副阶均用三椽栿，栿首置于柱头铺作上，栿尾插入重檐金柱柱身，三椽栿下边均用了穿插梁，重檐金柱和金柱间施以四椽栿，而额枋部分，前下檐柱头间施以阑额，上施普拍枋，后檐因用砖墙砖柱，故用砖砌出普拍枋，重檐金柱柱头间施以阑额与普拍枋。副阶用了穿插梁，加强了结构的稳定性。

大成殿殿身梁架采用了大丁栿结构，省去大殿两侧四根重檐金柱和二根八椽栿，使殿内空间完整开阔，为华南建筑孤例。殿内用了四根大丁栿，栿首置于下檐山面柱头铺作上，栿尾插入金柱柱身，下端以雀替承托。这样内部空间布局更为灵活，使殿内中央采用十二朵斗栱承托天花，艺术效果更为强烈，气势宏伟（图5-1-7）。

大殿重檐金柱共八根，木质圆形，直径为48厘

图5-1-4 德庆学宫大成殿

图5-1-5 德庆学宫大成殿檐廊梁架

图5-1-6 德庆学宫大成殿背面墙体

图5-1-7 德庆学宫大成殿室内

米，高达6.14米；中间四根木质圆柱，直径达62厘米，高达7.46米。加上用高台基、高柱础，高35厘米的花岗石门槛，前檐用花岗石柱，左、右、后三面围以高墙，在古代建筑防洪技术上有卓越的成就。全殿采光、通风良好，光线均匀，梁架从无白蚁。

大成殿的装修装饰有浓厚的岭南地方特色。殿门上部隔扇用宫式万字花纹，殿内重檐后金柱间置有花罩，花纹别致。大成殿上檐正脊中央为莲花宝珠及光环，下垫以夔纹饰块，正脊两端为夔脊饰，靠内侧两边各置一鱼龙。戗脊为游龙卷草，龙身绕脊出没，形体生动。下檐角脊上端为鱼龙吻，下端为卷草，稍靠上为一虎。正脊和垂脊两边满绘有"三狮会燕"、"金玉满堂"以及松鹤等彩画。灰瓦顶屋上檐边用红色陶质勾头滴水镶边，下檐用蓝绿色琉璃勾头滴水镶边。

二、番禺学宫

番禺学宫位于广州市越秀区中山四路42号，即毛泽东同志主办农民运动讲习所旧址。据清朝同治年间《番禺县志》记载，宋淳祐元年（1241年）在县东南5里创建，后来被毁。明洪武三年（1370年）由知县吴忠、训导李昕建于东城内，后被火焚毁。洪武十三年（1380年）重修于本址，为当时地区最高学府，建成后再次被火焚毁。现时格局形成于清乾隆十二年（1747年），道光十五年（1835年）重修。学宫在清代以前为番禺县县学和祭祀孔子的文庙，每年农历二月、八月在此举行祭祀典礼。1906年改为番禺中学堂的八桂中学，民国15年（1926年）将大部分租给毛泽东等主办的农民运动讲习所第六期设于此。1953年辟为广州农民运动讲习所旧址纪念馆。

原学宫阔三路，深五进，规模宏大，占地面积5425平方米。主要建筑在中路有照壁、棂星门、泮池拱桥、大成门、大成殿、崇圣殿和尊经阁；东路有儒学署、明伦堂、光霁堂、名宦祠；右路有节孝祠、训导署、忠义孝悌祠、乡贤祠、射圃等。清光绪三十三年（1907年）重修时，将大成殿、崇圣殿、碑廊等青色琉璃瓦顶改覆黄琉璃瓦。清末尊经阁、射圃已无存，开马路又拆去照壁。现存建筑，中路有棂星门、泮池拱桥、大成门、大成殿和崇圣殿，大成殿前两侧为东、西两庑，崇圣殿前两侧有东、西两廊；东路建筑存头门、八桂儒林门、明伦堂、光霁堂；西路仅存头门。

棂星门为六柱三门冲天石牌坊，望柱雕有云龙等饰纹，门侧翼为红砂岩高墙（图5-1-8）。

大成门面阔五间，进深两间，七架梁分心用三柱。檐下施单杪双下昂斗栱，黄琉璃瓦硬山顶，正脊饰灰塑，上为石湾文如壁造的二龙戏珠琉璃脊饰（图5-1-9）。

大成殿为单檐歇山顶木构架建筑，立在1米多高的石台基上，环绕以石栏杆（图5-1-10）。殿前月台宽14.88米，深14.22米。大殿面阔五间24.72米，进深三间14.22米，高12.62米，建筑面积351

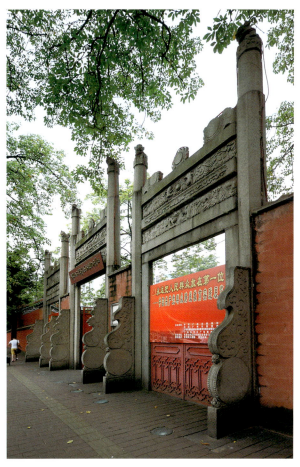

图5-1-8　广州番禺学宫棂星门

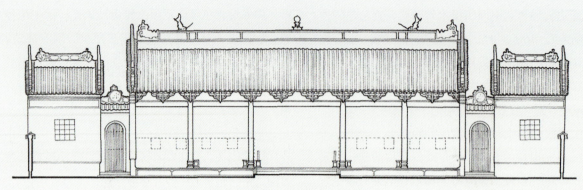

大成门立面图

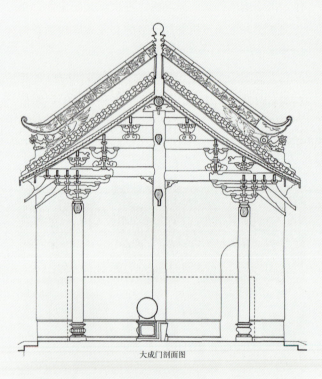

大成门剖面图

图5-1-9 广州番禺学宫大成门立面图、剖面图（程建军提供）

平方米。结构为抬梁式，十三架用三柱并后墙承重。柱网为满堂式，分内外槽，琉璃脊饰二龙戏珠，灰塑有福寿、花鸟纹样和"光绪戊申"即光绪三十四年（1908年）字样。檐下斗栱为单杪双下昂六铺作。额枋绘云龙图案。一些构件仍保留早期手法，如额枋上有普柏枋、檐柱侧脚等。

崇圣殿，面阔五间，进深三间，屋顶为歇山形式（图5-1-11）。十九架用三柱并后墙承重，檐下以隔架科斗栱承托，梁间以瓜柱承托，正檩绘彩画，柱侧脚、两山檐柱及东西两廊廊柱仍是较早的红砂岩柱子，正脊为二龙戏珠脊饰。

明伦堂、齐霁堂均为青砖石脚，硬山顶。

三、罗定学宫

罗定学宫位于罗定市罗城镇北关里，是清代罗定直隶州的学宫。始建于清顺治四年（1647年），经康熙至光绪年间多次扩建，形成占地8300多平方米

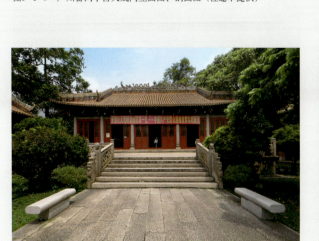

图5-1-10 广州番禺学宫大成殿

图5-1-11 广州番禺学宫崇圣殿

图5-1-12 罗定学宫棂星门

的规模,目前是广东西、南二江流域形制最完整、规模最大、保存古建筑物最多的学宫建筑群。在当时,逢每年春秋二祭,官府都在学宫内都会举行大型祭孔活动。

同其他州县的学宫文庙一样,罗定学宫的布局也遵从了"左庙右学"的形式:以左为尊,并按中轴对称的方式展开。其中,建筑主体从南至北依次为照壁、棂星门、泮池、大成门、大成殿,后为2层楼阁的崇圣祠,主体建筑两侧配两庑。其他建筑则相应排列于轴线两边,还有乡贤祠、名宦祠、奎星楼、德义祠、学署和明伦堂等建筑。罗定学宫的大成门也叫戟门,它与名宦祠、乡贤祠、明伦堂和忠节孝祠连在一起。大成门东侧是名宦祠,用以安放曾在罗定为官、政绩卓著、受民敬重的官宦牌位;大成门西侧是乡贤祠,用以安放罗定州中取得功名、受民敬重的乡贤牌位。名宦祠和乡贤祠的设立,是地方学宫与曲阜孔庙的不同之处。

罗定学宫的建筑具有朴素、轻巧、实用的特点,建筑的岭南地域风格十分鲜明。如大成门左侧的名宦祠和明伦堂、右侧的乡贤祠都是岭南硬山搁檩式建筑。学宫的砖木结构结合巧妙,简洁明了,善用当地材料,其中凹心砖的砌筑很独特。建筑的细部装修和装饰亦有创新,铺地、砖柱、斗栱等做法都很有特色。

棂星门为花岗石砌筑的四柱三间冲天式牌坊,高台阶,四柱高大,石鼓夹抱,石柱顶雕瑞兽以"避邪",其高度达7.64米,成为学宫的突出标志(图5-1-12)。据说:因为学宫在10公里之外的石牛山上建有一座文峰塔,将棂星门修得如此之高,是为了吸取文峰塔的灵气。如今,天晴日朗时,从大成殿前的露台朝南远远望去,透过棂星门上沿可隐约看到文峰古塔。大成门面宽三间12.7米,进深三间8.8米,为抬梁与穿斗混合式梁架结构(图5-1-13、图5-1-14)。

大成殿是学宫中最主要的建筑,也是祭祀孔子大成至圣先师的地方。现存大成殿为清道光二十一年(1841年)重建,面阔五间24米,进深五间15.5米,重檐歇山顶。抬梁与穿斗混合式梁架结构,室内砌上明造式,外檐柱头斗栱为六铺作单杪三下昂,里转四杪偷心造,补间斗栱也是六铺作单杪三下昂,

图5-1-13　罗定学宫大成门与泮池

图5-1-14　罗定学宫大成门与东西庑

图5-1-15　罗定学宫大成殿

图5-1-16　罗定学宫大成殿月台

里转四秒偷心造。殿身屋架为十三架桁架，前后三步梁用四柱，并施"S"形的托脚叉手。该殿是目前西江流域广东境内保存最好的清代殿堂式木构建筑，其屋架表现出上承宋、元木构的特点（图5-1-15～图5-1-17）。考虑到南方的天气原因，罗定学宫的大成殿与岭南地区大部分学宫一样，围护结构均是通透而非封闭的，这样有利于通风透气排湿。建筑的驼峰、雀替、檐口板均精雕细刻，殿前有月台，台阶前铺雕云龙纹石条，殿内原挂有清雍正皇帝题"生民未有"、乾隆皇帝题"与天地参"、嘉庆皇帝题"圣集大成"等几块匾额。大成殿外檐雕花檐口板上正中还雕有一帖书卷形额联。正中书"天开文运"四字，右边为"植钢常名教"，左边为"造械朴菁莪"。大殿重檐顶的正脊灰塑两条金龙相对，戏耍葫芦，因葫芦与福禄谐音，故此景叫"双龙捧福禄"。这种脊塑，也是岭南地区所特有的。

图5-1-17　罗定学宫大成殿室内

四、揭阳学宫

揭阳学宫位于粤东揭阳市老城区韩祠路口东侧，为揭阳古代的最高学府。学宫始建于南宋绍兴十年（1140年），后经元、明、清多次修建，清嘉庆七年（1802年）和清光绪二年（1876年），又进行了重修，是目前广东省保存较为完好的孔庙学宫之一。学宫又是革命活动旧址，1925年周恩来在第一、二次东征时，曾在此中办公；1927年秋天，南昌起义部队到达揭阳时，周恩来、贺龙、叶挺等领导人也曾在学宫明伦堂召开军事会议。

现存建筑系清光绪二年（1876年）改建时的格局。揭阳学宫采用中轴线布局，规模宏大，占地面积5526平方米，建筑均为高台基殿堂式结构（图5-1-18）。主要建筑物有照壁、棂星门、泮桥、泮池、大成门、大成殿、崇圣祠、东西庑、东西斋等，造型富丽堂皇，庄严肃穆。

学宫前有照壁相对，照壁分三间，外侧明间正中嵌花岗石刻横匾一方，刻有"太和元气"四个大字，内侧明间正面镶嵌瓷雕"鲤跃禹门图"，两旁次间左右图案各雕鹿鹤图，原照壁1969年被毁，现照壁为1984年按原图重新修复的。

棂星门为学宫中轴线的开端，是一座三间的牌楼，柱顶端为宝顶，两侧皆为云枋龙首。进入棂星门，即为泮池，池中有石拱桥横跨。

过泮池拾级而上，即为大成门。屋脊正中置一蓝色宝瓶，左右各塑一鳌鱼吻脊（图5-1-19、图5-1-20）。大成门两侧各有一厢房，东为"名宦祠"，祀历代来揭阳当官而有政绩人物；西为"乡贤祠"，祀历代揭阳籍有名声的宦官。两祠面阔各三间。其次左右又有库房各一间，形成倒座。

穿过大成门，可看到学宫的核心建筑——大成殿（图5-1-21）。为突出其空间序列的主体地位，四周循序渐进的门、廊、庑等，均以各种方式衬托大成殿的宏大肃穆。大成殿正前方设御道石。殿内悬挂有历代皇帝御书的匾额，分别为康熙的"万世师表"，雍正的"生民未有"，乾隆的"与天地参"，嘉庆的"圣集大成"，道光的"圣协时中"，同治的"圣神天纵"，咸丰

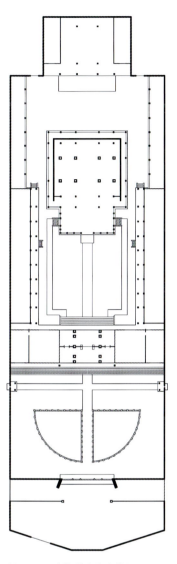

图5-1-18 揭阳学宫总平面图

图5-1-19 揭阳学宫大成门外观

图5-1-20 揭阳学宫大成门外檐入口

图5-1-21 揭阳学宫大成殿

的"德齐帱载"和光绪的"斯文在兹"等。

大成殿前的天井两侧分别是东西庑，也是高台基建筑，各九间，长近40米，东西庑原供祀历代继承孔子儒家学说较有成就的先儒牌位。紧接东西庑以北为东西斋，是东西庑的延伸建筑。

中轴线最后为崇圣祠，此祠原为家庙，以孔子之父叔梁纥被追封为启圣王而称启圣祠，清雍正元年（1723年）追封孔子五代祖为王，令各地孔庙改启圣祠为崇圣祠，祀孔子五代祖宗。崇圣祠的屋面也与大成殿一样，屋脊嵌雕鳌鱼吻脊、宝珠龙头等，与大成殿屋面既协调又互相呼应。

大成殿面宽五间，进深五间，副阶周匝，为满堂柱网，平面宽深比近于1∶1。大殿平面在东、西、北三面梢间中间加一墙体，墙外即副阶，墙内即殿内。这样既增加了室内空间又形成了副阶。墙体并无结构作用，仅起着划分室内外空间的作用。内金柱为圆柱，柱础较矮，为鼓形。外檐柱和副阶柱为方柱，檐柱无柱础，当地称这种做法为"落地柱"。大殿外观立面为重檐歇山顶，高11.9米，由于四周围廊檐柱高度自明间向两端大幅度升起，屋脊又呈弧线，收山较大，加上围廊的空间通透，造型显得较为轻盈（图5-1-22、图5-1-23）。

殿身构架为十五架桁，屋前后五架梁用四柱，殿身外用周围廊（十五檩重檐歇山周围廊）。明间主槽内两榀梁架为典型的"五脏内"梁架做法。"五脏内"梁架是清代潮汕地区一种常用的构架方式，即在进深明间构架中，用五个圆瓜柱和七架梁、五架梁、三架梁组成主体梁架。次间梁架所用形式与明间不同，较为简略。斗栱大部分为襻间斗栱和叠斗的形式，仅起连接和局部承托作用，但斗栱做法较统一。

五、新会学宫

新会学宫位于江门市新会区会城公园路东侧，

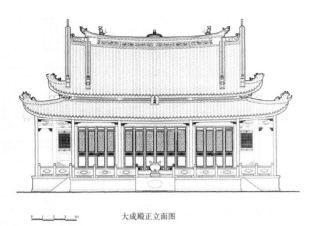
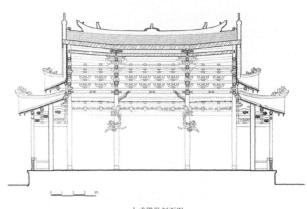

图5-1-22　揭阳学宫大成殿正立面图、侧立面图

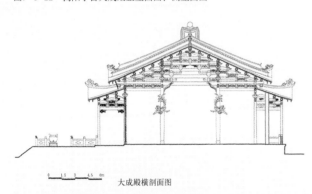
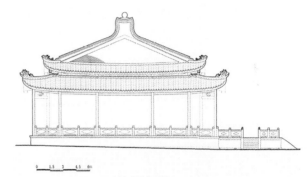

图5-1-23　揭阳学宫大成殿横剖面图、纵剖面图（引自程建军《梓人绳墨》）

始建于宋庆历四年（1044年）。元代被毁于兵火，明代重建，以后历代均有重修。民国24年（1935年）重修后，曾举行过一次"祭孔"活动。1939年沦陷后，学宫建筑遭日寇严重破坏，仅存化龙桥、棂星门、石牌坊、泮月池和大成殿。1956年，新会县政府又复建学宫，除重修遗存建筑外，并在原遗址上，重建戟门（大成门）、东西两庑、两庖、两廊和尊经阁、"蹈和"、"履中"两殿。

据县志记载，新会古学宫建筑群，在明嘉靖年间占地面积15264平方米。建筑群坐北向南，背靠城墙，东后侧依马山，宫门边有小河自西北角穿城墙而入，绕西南、正南于东南流出。据道光年间新会县志记载，学宫于清道光十九年（1839年）重建，二十年（1840年）落成。重建后，学宫各建筑的形制如下：中路正面开有仰圣门，两边围墙。进入仰圣门，绕东化龙桥过空地，正中是棂星门，门后为泮池，左右有碑亭，泮池向内正对戟门，戟门为五开间，东面连东宫厅，西、面连西宫厅，东、西宫厅各为三开间。过戟门面对大成殿，东、西两边为廊庑。大成殿五开间，四周设廊，前有露台。过大成殿，东、西两边为廊斋，正对面为五王殿，五开间，殿前有露台。东、西两边各有相连的三开间建筑物。中路所有房屋，大成殿居中，东、西两边建有义巷，义巷中有礼门与西路建筑相连。东路前座有名宦祠，为二进三开间，前座后部有忠孝祠，为一进三开间。后座的教谕署前有照壁，为三进三开间。西路，前面有乡贤祠，两进三开间，后面有三开间的明伦堂。过明伦堂后，建有尊经阁，三开间，两层高，四周有围廊。西路西侧建有训导署，训导署前有照壁，三进两开间，东侧有门与中路建筑相通。学宫整座建筑群，南北向由棂星门至五王殿后壁，总深度为三十六丈四尺。庙门东边墙至西边墙一丈三尺，自棂星门至围墙仰圣门之间有十一丈八尺深。

新会学宫现占地12189平方米，建筑面积3225平方米，范围只保留清朝时期中路的建筑范围，并把当时西路上的尊经阁移到已废的五王殿台基上重建。此外在清朝时期的戟门原址上，重建戟门，即大成门。现在主要建筑有：大成门、大成殿、尊经阁、东西廊庑及相连之东西廊斋，形成"日"字形围合格局。"日"形空间的核心处是清朝留下的大成殿。大成殿前后有"十"字花园，后花园正对重建的尊经阁。尊经阁坐落在已废五王殿的二层台基上，东、西两侧分别是保和殿及尊和殿。现存学宫的整体形态，前低后高，大成殿居于中心的二层台基上。尊经阁后，为学宫北面围墙。

新会学宫的布局方式沿袭了北宋曲阜孔庙的布局模式。在具体布局中，学宫显示了地方文庙的特征：其一，用地规模紧凑，明显少于曲阜孔庙，与本地广东德庆学宫相近。据记载，曲阜孔庙南北长600米，东西宽145米。德庆学宫南北长约144米。清道光年间的新会县志记载，明嘉靖二十二年（1543年）建的学宫用地宽约106米、深144米，与宋元时期的德庆学宫规模相当。其二，新会学宫属庙、学一体的建筑分布格局，地方学宫基本上由庙、学两大部分建筑组成，以大成殿为核心的文庙建筑群以及以明伦堂为核心的官学建筑群。新会学宫明显地由庙、学两部分构成。"庙"以大成殿为核心，"学"有明伦堂、尊经阁、教谕署等，显示出文庙居中、官学分布两侧的格局。其中的建筑设置也与德庆学宫的内容相近。

新会学宫大成殿面宽五间，进深三间，重檐歇山顶，平面布局是五间加副阶周匝，即五开间加两侧廊（图5-1-24～图5-1-26）。在结构上，该殿为清代大木大式建筑，下檐斗栱为外转六铺作单杪双下昂计心造，四周通廊置24根檐柱，内置12根金柱，正脊陶塑上印有"咸丰辛酉如璧店造"字样，上塑有双龙拥珠，中间为葫芦宝刹，重檐四角还挂有陶钟。

图5-1-24　新会学宫大成殿

图5-1-25　新会学宫大成殿外檐斗栱

图5-1-26　新会学宫大成殿室内

图5-1-27 兴宁学宫棂星门

图5-1-28 兴宁学宫大成门

图5-1-29 兴宁学宫大成门外檐入口

图5-1-30 兴宁学宫大成殿

六、兴宁学宫

兴宁学宫位于梅州兴宁市兴城镇司前街兴民中学内。学宫始建于南宋嘉定年间（1208～1224年），元末毁于战乱，明洪武四年（1371年）又建于县治东南，明成化十八年（1482年），学宫改建于旧岭东道地（今兴民中学校址），清同治十二年（1873年）重修，一直为当地最高学府。1903年，辛亥革命元老何子渊、萧惠长等先贤创办新学，学宫改建成兴民学堂（即兴民中学），著名爱国志士丘逢甲任首任校长，何子渊任学监（督学），1906年设兴宁一中于此。1925年，周恩来率领黄埔军校学生东征时，曾在学宫内设指挥部。

学宫坐北向南，主体建筑由前至后依次为棂星门、泮池、东西庑、大成殿、尊经阁等，占地面积6000多平方米。棂星门为石砌四柱三间冲天式牌坊建筑，高约6米，通面宽20米，坊额、柱头饰有雕刻精细的云纹图案（图5-1-27）。大成门为三开间硬山屋顶，外檐石柱上置形似花瓣的斗栱（图5-1-28、图5-1-29），两侧设祠，左为名宦祠，右为乡贤祠。

穿过大成门，即到达学宫的主体建筑——大成殿（图5-1-30）。大成殿为重檐歇山顶，面宽五间，进深四间，室内彻上明造，梁架结构为十三架桁，屋前后三步梁用四柱，外檐斗栱设置较有特点，无补间斗栱，柱头斗栱与插栱、如意形斗栱和斜栱三者结合，形似花瓣。大殿两侧有东、西两庑。大成殿以东为明伦堂及教谕导廨，西为墨池及文峰书院。汤显祖曾撰有《惠州府兴宁县尊经阁碑记》。

七、龙川学宫

龙川佗城学宫位于河源市龙川县佗城镇小东门，是历朝客家人祭孔的庙宇和管理儒学的机关。据《龙川县志》记载，龙川县于唐代始建学宫于城北，南宋时对学宫修葺过，元代至元十八年（1281年），龙川学宫遭到兵燹，明代前期，当地官员重建学宫，但到了清朝顺治年间，学宫又被攻城的贼寇毁坏。现存的龙川学宫建于清康熙七年（1668年），至今仍保存有大成殿、明伦堂、尊经阁等建筑。据学宫文化研究专著《学宫时代》称，在全国可查考的204座学宫和14处考棚中，只有河北定州和广东龙川两地目前还是学宫与考棚并存。

作为岭南地区最早设置的县份之一，赵佗催发岭南文明发祥萌芽后，龙川县就开始重视人文、教育的传承与延续。自唐代龙川创建学宫，宋代起多有本地及客寓龙川的饱学之士建立书院，明清时更是普设社学、义学。据初计，龙川自唐至清，计有进士28人，举人112人（含武举），贡生164人，秀才2000多人。

学宫坐北朝南，过去沿轴线有照壁、长廊、丹墀路、泮池、大门、棂星门，两侧为东、西庑廊，正中为大成殿、明伦堂、尊经阁、五王殿等，占地面积7287平方米，建筑规模极为宏伟。大成殿坐北朝南，面宽五间26.56米，进深四间24.40米，高18米，面积达440平方米，歇山重檐顶，抬梁与穿斗混合式屋架，檐下四周斗栱重叠出跳，梁柱上有凤、鸟、鱼、龙各式漆金雕刻，显得古朴大方（图5-1-31、图5-1-32）。清嘉庆元年（1796年）"御颁至圣先师大成殿"的金匾悬挂于正殿门上。正面有卷棚式通廊，从通廊石柱造型、梁架结构以及雕刻手法等各方面来看，显然是清代风格。殿周围的石柱上不设斗栱，直接顶托着檐枋，只在上檐下施有斗栱多组。

八、五华长乐学宫

长乐学宫位于梅州市五华县华城镇，始建于宋代，元代元贞年间，再建于长乐镇西门外，后毁于兵燹，明洪武年间重建。明成化五年（1469年），长乐学宫建于长乐镇（今华城）城内紫禁山下（今五华中学校园内），清同治六年（1867年）因洪水

图5-1-31 龙川学宫大成殿外观

图5-1-32 龙川学宫大成殿内檐木作装饰

图5-1-33　五华长乐学宫大成门

图5-1-34　五华长乐学宫大成殿

冲崩殿宇，又在原址上重建。

明清年间五华县学宫曾培育进士、举人数百人，过去每年农历二十七为祭孔日，县城县官必亲自带领在职官员以及文人学士，集中于学宫大成殿拜祭"至圣"先师，以示重知识、遵礼义之范举。1925年，周恩来率东征军第一团攻占华城后曾驻军于此。

长乐学宫是嘉应州（今梅州市）最大的文庙学府，总占地面积5460平方米，建筑面积2024平方米。建筑物按传统风格，依次排列在中轴线上，左右对称，规模宏大。曾有照壁、棂星门、泮池、戟门、东庑、西庑、大成殿、明伦堂、尊经阁等，结构严谨，规模宏伟。现学宫有照壁、棂星门、泮池、戟门、东庑、西庑、大成殿，其中棂星门为近年重建建筑，其余均为清同治六年（1867年）所建。大成殿后的明伦堂和崇圣殿已毁，不复存在。

重建的棂星门是六柱三间重檐冲天式牌坊，方形石柱上面立有石狮，石柱前后有抱鼓石抱夹。大成门为抬梁式木架构，硬山琉璃瓦顶，正脊置有鳌鱼吻兽，中立宝瓶，梁枋之间设有斗栱平身科负重承托檐檩（图5-1-33）。左、右两侧各设一拱门通向东、西庑，东、西庑系抬梁式架构，廊庑通面阔九间，进深4.45米。建筑群四周建有宫墙，成合抱之势，将各建筑单体包围其中形成院落。宫墙正墙外侧正中刻有"宫墙万仞"，内侧正中镶嵌有麒麟吐玉书浮雕石一块，两侧分设东仪门和西仪门。

大成殿是长乐学宫的主体建筑，殿前设月台，台基四周花岗石条石垒砌，台面四周设石作护栏。大成殿屋顶为重檐歇山顶，青砖墙体。大殿平面面阔五间24.4米，进深六间20米，殿高10米，总建筑面积达488平方米。梁架结构为抬梁与穿斗混合式结构，檐柱与檩之间设斗栱，枋与檩之间设有狮子、祥云、仙鹤等不同图案的木雕斗栱，上下檐柱设有柱头科，重叠出跳。殿内由24条八角梅花石柱擎撑梁架，柱础为八瓣形须弥座式，殿内金柱为八角石柱，高峻异于常制，柱础同为八瓣须弥座式，柱间无装修，彻上露明造。殿顶琉璃瓦，正脊置陶塑双龙戏珠脊饰。殿之正堂设有香案、神龛及孔子塑像，塑像正上方挂有"万世师表"、"与天地参"和"斯文在兹"三块牌匾，神龛两侧立有四配塑像及神龛，殿堂前方两侧立有十二圣贤牌位（图5-1-34～图5-1-136）。

九、海阳县儒学宫

海阳县儒学宫位于潮州市湘桥区昌黎路和文星路交界处。据清乾隆《潮州府志》载：县儒学宫"旧在府治西偏附郡学右"，南宋绍兴年间（1131～1162年）迁于今址复建，后毁于火。至明洪武二年（1369年）在旧址重建，永乐年间扩建大成殿、两庑、戟门以及棂星门。明正统元年（1436年）又扩大了学宫面积，并将棂星门外徙临街，并开凿泮池，此后历代多有维修。1991年对学宫进行全面修缮。

学宫现有面积仅存4000平方米，只占原来面积

图5-1-35 五华长乐学宫大成殿檐廊

图5-1-36 五华长乐学宫大成殿室内

的1/3。主要建筑物为照壁、棂星门、泮池、两庑厢房、大成门及大成殿。其主要建筑大成殿仍完整地保留了明初粤东地区殿堂建筑的风貌特点。

学宫的建筑群体组合遵照中国传统格局，中轴线上自南向北依次排列棂星门、泮池（图5-1-37）、大成门和大成殿。自棂星门起到大成殿后，东、西两侧建有庑房，临街的棂星门两旁有高墙与庑房连接，使庙学自成一个封闭的空间。在大成门两边，也有廊房连接两庑，于是院落又被分割为内、外庭，外庭的中心是泮池，泮池后面是大成门。

大成殿是学宫最主要的建筑，为学宫主空间序列的高潮，至今仍较好地保留了明代的建筑做法。大成殿重檐歇山顶，立在高台基之上，面宽七间，进深五间，高11.6m。檐口高达4.7m，颇为敞朗。全殿由48根大柱支托，金箱斗底槽柱网布置。金柱皆用圆柱，下为石质，上为木质。檐柱皆为方形石柱。正脊两端生起较大，生起线绵长而流畅，殿前

图5-1-37 海阳县儒学宫棂星门、泮池院落空间

有月台。整体造型既典重壮观，也给人以宏伟飘逸的感觉，颇有宋风（图5-1-38~图5-1-40）。

大殿殿身面宽五间，进深四间，副阶周匝，南槽中减去一排柱子，使前廊深达两间，建筑前部空间十分宽阔。殿身结构为十二架椽屋前后乳栿用四柱，因前部殿身和副阶结构连成一体，而将殿身檐

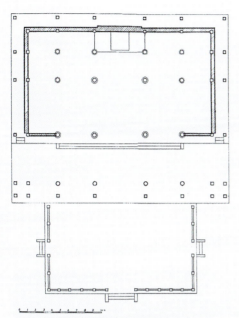

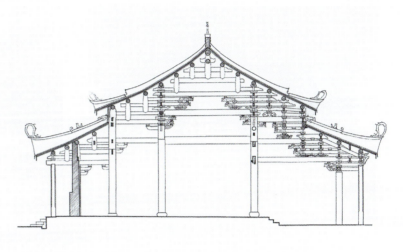

图5-1-39 海阳县儒学宫大成殿剖面图（引自程建军《梓人绳墨》）

图5-1-38 海阳县儒学宫大成殿平面图（引自程建军《梓人绳墨》）

图5-1-40 海阳县儒学宫大成殿外观

图5-1-41 海阳县儒学宫大成殿檐廊空间

图5-1-42 高要学宫大成殿

柱外推形成宽大的前廊空间（图5-1-41）。该空间四椽栿以上梁架主要是以叠斗和栱枋层叠而上构成。前、后金柱和后部则是以简单的瓜柱抬梁结构组成，主梁为六椽栿。柱头栌斗以上则以7~9层叠斗延长直至柱身下。叠斗的使用为该系建筑构架的特殊做法。两缝梁架之间于前金柱和后檐柱之间用多条枋、额襻间连接，加强了构架的整体稳定性。脊下又用子孙桁连接脊瓜柱，加强了上部梁架的稳定性。梁断面多为腰鼓形断面。

斗栱使用有自己的特点，前檐柱头仅用一斗三升和座斗加花栱的简单斗栱形式，而副阶老檐柱则使用较为规范的斗栱铺作，明间两朵，次间一朵，梢间和尽间无。明间铺作为两跳四铺作斗栱，华栱内雕为龙头，斗饰为莲花托，内外跳均为偷心造。

十、高要学宫

高要学宫，又称肇庆府学宫，位于肇庆市端州区正东路，地处西江中下游之北岸，始建于北宋崇宁年间，元末遭兵毁，明洪武二年（1369年）重建。后经多次重修，规模日臻完备。民国13年（1924年）开马路，将部分建筑拆除。抗日战争期间遭日机轰炸，建筑又遭到严重破坏。1959年和1986年，先后对大成殿台基和大殿进行加固维修。殿宇高大庄严，结构复杂，是广东保存较好的明代学宫建筑。

大成殿是学宫的主体建筑，面阔五间20.15米，

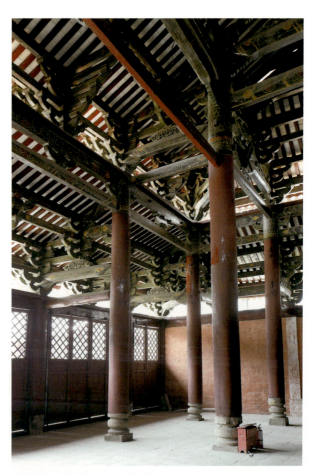

图5-1-43 高要学宫大成殿室内梁架

进深五间16.92米，建筑面积448平方米，高12.3米，重檐歇山顶。全殿竖36根大楠木柱，微侧脚，柱础为石质花篮形。上檐斗栱24组，下檐斗栱32组（图5-1-42~图5-1-44）。檐柱头铺作为前出六铺作三插昂（平昂），乳栿直接搁在铺作上，补间铺作明间两朵、

图5-1-44　高要学宫大成殿室内空间

次间一朵，梢间无补间铺作，补间铺作里转八铺作五杪偷心造。上檐梁架出檐部分与下檐相同。抬梁式构架，用四椽栿，下施顺栿串，明间左、右两缝举架的四椽栿中部有枋相连，这是较为特殊的做法。金柱间施阑额，下有屋内额。梁架节点处施重栱纵横出跳，下承深浮雕交叠如意纹的驼峰。有弯曲的叉手托脚，其上精雕细镂，这种形式在粤中地区明代中期及清代的大式建筑中常用。次间上檐山面梁架节点与当心间不同，施蜀柱和丁头栱，这种形式为广东清代中、后期许多殿堂所采用，而且更为简化。

殿中屋架彻上露明，大成殿各木构件选用优质硬木。除副阶檐柱、阑额、普拍枋、部分穿插枋、脊槫、檐柱和内柱的下段外，其余木构部分皆有华丽的彩绘。木构梁架斗栱上还保留有十分珍贵的以卷草纹为主要题材的彩画，但因年久失修，剥落、失色严重。该殿彩画与京式彩画、苏式彩画以及潮汕地区的彩画有明显的区别，如没有烦琐的箍头、旋子，亦未发现有沥金的画法，整个大殿檐下彩画以青绿为基调，直接描画在各式木件光素的木身上。

第二节　书院

书院，是指古代的一种有别于传统官学（国学、乡学、社学）和私人授徒（私塾）性质的教育机构和教育制度。"书院"一词最早出现在唐朝，本义是指藏书、修书及读书的地方。自唐宋盛行科举之后，无论城乡都对读书办学颇为重视，其目的就是培养子弟入仕途。书院是古代教育机制的重要组成部分，在办学目的、经费来源、教学对象、教学内容、教学机制等方面都有别于传统的官学、私学。书院充分发挥了讲学、课试、藏书、祭祀等功能，不但提供学习的基本条件，培养大量的人才，而且其作用也远远超出了教育的范畴，对当时的政治、经济、文化、学术等也具有深远的影响。两宋时期书院已经发展成为与官学、私学相提并重的一种教育机制。

广东书院起源于南宋，明清时期达到鼎盛，其类型可分为家族书院、乡村书院、县州府省书院等各级地方书院等。广东古书院的基本功能为三个方面，即讲学、藏书，以及祭祀。讲学是书院最主要的功能，特别是广东的家族书院和乡村书院，数量多分布广，承担着古代社会普及教育的任务，成为推广儒家文化意识和观念的主要渠道。藏书也是书院一项非常重要的职能，唐宋以来，藏书成为书院的一种事业追求，致使书院藏书得以和官府藏书、私人藏书、寺观藏书一起，称为古代藏书事业的四大支柱。书院祭祀源于古代学校的释奠典礼，祭奠先圣先师，培养对"先圣先儒先贤"德业的崇敬与景仰，以达思想教育的目的，但书院的祭祀对象不像官学那么严格，除了祭祀孔子、四圣之外，还可包括与该书院学术渊源有关的代表人物、与该书院有关的著名学者、与该书院有关的地方官员及书院所在地的乡土先贤，所以书院祭祀既是一种榜样的教育，又是一种乡土教育，是古代一种主要的德育方法。

广东古代书院大致经历了三个发展阶段。

第一阶段为宋元时期，书院发展起步稍晚，数量偏少，书院在纪念被贬谪到岭南地区的有贡献官员或学者的同时，培养自己的人才，用以讲学、传播文化。

第二阶段为明代，随着广东名儒陈献章、湛若水、薛侃等人的崛起，儒学在岭南获得新的诠释，形成鲜明的地域特色，广东的书院建设也因广东本土学术精英的竞相讲学而得以长足发展。书院出现官立的形式，政府官员在位时，多以创建书院作为良好政绩的表现，所以那时候的书院不分地方，无论在城市乡村都有建立。明代广东书院的总数仅次于江西、浙江，位居全国第三。

第三阶段为清代。清代统治者在建国之初，曾一度在全国禁止创建书院。但随着其统治的日渐巩固，书院在全国逐渐恢复并建立起来。由于书院的官学化和城市化，广东督抚热心创办中心书院，各府州县官府也因之仿效在官署治所之处创办书院，各家族或独立或联宗集中在官府治所之地创办书院，这就在客观上形成了一个书院的层级网络，在广东形成了一个能够辐射和凝聚城市周边区域文化教育发展的社会机制。其中官立的书院已改变了明代以前书院的义学性质，创办书院的目的，主要是为了应对科举考试。至于私立的书院，多数是集资创建，既有讲读的功能，也含有自治管理之意。明末至清代，广州城中就有众多的姓氏书院，这些书院实际上是各姓氏宗族分别在广州建立的合族祠，其性质介于书院与祠堂之间，是为了各地乡村的宗族子弟来广州应考科举、打官司、缴纳赋税时暂时居住的场所。合族祠虽然冠以书院之名，却没有书院之实；虽然设有祠堂，却不像其他宗祠那样进行大规模的祭祀活动。

书院的环境选址历来被视为"兴地脉"、"焕人文"的象征，一般由官绅、士人和风水先生共同推敲酌定，早期书院一般选择环境清幽、远离喧嚣的偏离城市之地，"择其地，立精舍，以修学业"，是书院治学传统，让人在安静又秀美的环境中静心读书、陶冶性情；同时，书院的建设也为地方增胜，它与周围的环境融为一体而形成著名的风景区。如广州萝岗玉岩书院，依据山势，高低错落，建筑与环境相融合，巧妙又富于变化。而西樵山云泉仙馆，也是依山而建，三面环山，左有溪水流长，飞水直下，右为奇峰叠石，四围密布参天古木，葱葱郁郁，整个书院有若仙境。

广东书院的组成及建筑布局根据有关历史文献的记载和实物，可以分成三个组成部分。讲堂与斋舍，这是书院的主体建筑及教学中心，古代书院采用"讲于堂，习于斋"的教育方法，讲堂是教师讲授答疑的场所，斋舍是学生攻读钻研的地方，讲堂一般置于书院重要位置，斋舍成为它的附属部分。二是藏书楼阁，为书院藏书教学部分，往往也是书院建筑群中少有的楼式建筑。祠宇，三是书院进行德育与祭祀的场所。

一、广州萝岗玉岩书院

玉岩书院（又名萝峰寺）初名萝坑精舍，位于黄埔区萝岗街萝峰山，为钟姓始祖钟遂和所建，始建于南宋孝宗三年（1163年），后由钟遂和四子进士钟启初将其发扬光大，为钟启初和后来官至宋右丞相的崔与之读书地。入元以后，钟家后人又加以扩建，因钟启初字玉岩，故更名为"玉岩书院"，并塑玉岩遗像于此处。书院延请名师，教书育人，兴盛乡里。至明代以后，书院不兴，逐渐衰落，进而成了佛寺——萝峰寺。伴随历代子孙的扩建和重修，玉岩书院终成为广州12间著名的古书院之一。

玉岩书院的创始人钟遂和出生于广州从化，年轻时经商有成，中年弃商从政，后辞官归隐，举家迁往萝峰山下的坑村定居，在村后的山上建了一所书斋，用以教书育人，命名为种德庵。在其教书生涯中有两个十分重要的学生：一个就是他的四子钟玉岩，曾考取进士，最终官至兼知政事朝议大夫；另一个就是后来官至右丞相的崔与之。

钟启初，字圣德，号玉岩，书院后来命名中的"玉岩"二字正是源于此。钟启初青少年期间曾与崔与之一起在书斋读书，后于开禧元年中进士，一生由学而仕，官居高职。告老还乡后精心扩建书斋，新建了余庆阁、漱玉台等建筑，并将书斋更名为萝坑精舍，效仿其父在此教书讲学，受其教育的子孙许多在朝为官，使萝坑精舍名声大振。当时崔与之亦辞官后居于广州增城，相隔不远，两人时相往来，并一起在萝坑精舍讲学。

南宋末年，钟玉岩之孙钟汝贤考取进士，扩建书院，新建了玉岩殿、观音殿、天尊殿、东厅、西斋等多处建筑。

元代期间，钟玉岩的曾孙钟子还弃官归里后，将书院更名为"玉岩书院"，并新塑了玉岩遗像，同时结合周边的地形和环境扩建了多处亭阁。钟子还在书院内成立了萝岗诗社，留下大量佳作诗集，均为木刻版。

至明代嘉靖壬辰年，书院不兴，钟氏族人再次重建玉岩书院，扩建了观音堂、天尊殿等庙宇与书院相连，后又依据山体建造了文昌庙、候仙台、金花庙，并招数名僧人入住，书院进而演化成了宗教场所。

此后，钟氏族人并未再扩建玉岩书院与萝峰寺，仅在清朝道光年间和光绪年间对书院有过较大规模的维修。每年正月十五日，钟氏文人集聚在书院举行祭祖仪式，仪式完毕，便举行诗文大会，这一习俗得以世代沿袭。

新中国成立后，玉岩书院得到了政府的关注，得以多次保护和维修。1957年对其进行了全面修缮，之后1980年和1984年，先后两次对玉岩书院进行修复。2003年又对其进行了两次局部修缮。

玉岩书院与东部的萝峰寺连为一体，共占地1348平方米。书院由余庆楼、玉岩堂、萝坑精舍、东西斋等组成，楼堂间有石砌方池；萝峰寺则由观音殿、天尊堂、韦驮香座、僧寮、僧橱等组成。两者之间一墙相隔、一门相通，书院与寺庙形成了既合且分之势。

所有建筑一字排开，上下两进，横向分东西中三座，以回廊相连。整体布局以余庆楼、玉岩堂为主，左右建筑物相辅，主次分明，依据山势，高低错落，巧妙又富于变化。寺院内遍植花草树木，室内外青翠交融，更有东侧山涧泉水叮咚而下，清澈可见，平添意趣，整座建筑群与环境相融合（图5-2-1～图5-2-3）。

书院南向正立面为2层的门楼——余庆楼，屹立在山坡上，门前石阶数十级，台基高峻，显得雄

图5-2-1　广州萝岗玉岩书院立面图（引自汤国华《岭南历史建筑测绘图选集》）

图5-2-2　广州萝岗玉岩书院建筑群

图5-2-3　广州萝岗玉岩书院内庭院

图5-2-4 广州萝岗玉岩书院余庆楼

伟壮观（图5-2-4、图5-2-5）。东、西两翼为平房，稍向前突出，有"萝蜂"、"种德"二门相对。余庆楼面阔五间宽16.7米，深一间3.8米，五架通檐用两柱，柱外施插拱。其平面呈"凹"字形，当中为观鱼池，三面以廊式楼围抱，后与玉岩堂相连。余庆楼重檐歇山顶，碌筒瓦面，正面门上"玉岩书院"木匾属明嘉靖年款。玉岩堂建在与余庆楼二层等高的台基上，面阔三间15.2米，进深三间8.7米，十三架三柱加后墙承重。硬山屋顶。石檐柱有隶书联："满壁石栏浮瑞霭；一池溪水漾澄鲜。"观音殿、天尊堂、萝坑精舍等殿堂均为清代硬山顶大木小式，面阔、进深各三间，十三架三柱加后墙承重，装修古朴，整座建筑基本保持清代中晚期重修式样。

二、梅州东山书院

东山书院位于梅州城区东山状元桥畔，始建于清乾隆十一年（1746年），是梅州古老的书院之一。乾隆九年（1744年），安徽省天长县人王者辅，以廪生（秀才经过岁科两试一等前列者）身份破格出任

图5-2-5 广州萝岗玉岩书院余庆楼入口

图5-2-6 梅州东山书院正堂

图5-2-7 梅州东山书院正堂前院

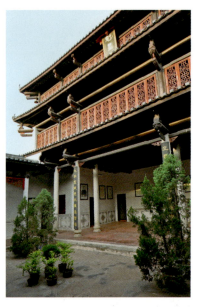
图5-2-8 梅州东山书院后进魁星阁

图5-2-9 梅州东山书院两侧重楼横屋

嘉应州（今梅州）知州。上任后，倡议筑造程江拦水坝，创建东山书院和南冈书院，将濒危的南汉古物千佛塔从破败的东山修慧寺中移建于东山岌上，又建造东山灵济桥（今状元桥），城北教溪口桥和合溪坝桥，为梅州文教建设作出了一定的贡献。他在任提倡崇宗敬祖，建议各姓在城建立宗祠，李象元翰林作《状元桥题名簿序》历述王者辅政绩。

书院布局为"三进二横"，由主体建筑大门楼、前堂、中堂、后进共三重及两侧横屋组成。建筑占地1642平方米，建筑面积2655.5平方米。主体建筑中堂面宽三间，进深三间，石柱抬梁式结构，硬山屋顶。后进为3层歇山顶建筑形制，两侧横屋为硬山顶2层外廊式建筑。东山书院是梅州遗存的唯一古书院，也是我国客家地区规格最高的"重檐歇山顶"式书院建筑（图5-2-6～图5-2-9）。

三、肇庆嵩台书院

嵩台书院又名阅江楼，位于肇庆市正东路尾江滨堤内的石头岗上，南面西江，楼阁高耸，十分壮观，"江楼晚眺"自古以来是肇庆八景之一（图5-2-10）。据记载此地原建有石头庵（年代不详），用以纪念圣僧石头和尚陈希仙，庵因建在石岗上而得名。明宣德六年至十年间（1431～1435年），肇庆知府将石头庵改建为嵩台书院。明嘉靖元年（1522年），书

图5-2-10 肇庆嵩台书院

院改为东隅学社。嘉靖二十五年（1546年），知府废立学社。明崇祯十四年（1641年）两广总督和高要知县将楼重建，并更名为阅江楼。明末清初时，阅江楼一度坍塌。清顺治十四年（1657年）得以重建，至此，阅江楼现有格局基本形成。此后清康熙年间、光绪年间亦有多次修缮。民国期间受战乱影响，该楼屡遭日机轰炸，损坏严重，直至1959年6~9月得以按原貌重修。近年来又经过多次修缮。

阅江楼现占地面积约7551.9平方米，建筑面积约1238.6平方米，庭院面积为248平方米，筑于高约8米的山冈上，楼高2层，坐北向南，为典型的传统四合院式建筑群。建筑共分东、南、西、北四座，相互间以耳楼连通，其中东、西两楼一样高，北楼（即后楼）比南楼（前楼）高。南、北两楼为重檐顶，屋脊上有鳌鱼等装饰。院内遍植花木，有三棵300多年历史的米兰古树，另有水池、假山等点缀（图5-2-11、图5-2-12）。

南楼檐下，悬挂着木刻匾额，上有两广总督劳崇光所书的"阅江楼"三字。正门前有一对灰白色的石鼓，上刻有多种图纹，鼓身厚20厘米，鼓面直径为80厘米，鼓座高44厘米，长86厘米，宽35厘

图5-2-11 肇庆嵩台书院二进后座

图5-2-12 肇庆嵩台书院内院

米。阅江楼南门前石阶下有一对石雕狮子，由整块汉白玉雕成，坐北朝南，东边雄狮高172厘米，西边雌狮高163厘米，两狮回首对望，这对石狮是南明宗室朱由榔在肇庆所立。南楼楼下还有清重修阅江楼的碑文，高220厘米，宽102厘米，材料为端砚石，刻于清雍正十二年（1734年）。

第三节 会馆

会馆源于两汉，兴于晋隋，繁盛于明清，是随着都市的出现和繁荣，都市社会经济发展到了一定阶段，在都市逐渐兴起的一种具有地缘性质的帮会组织，由同乡文人、商人或同行业人组织起来的组织机构，主要用于联络乡谊、感怀乡情、会聚会议、祭祀神灵、聚众演戏、帮助同乡等。

会馆建筑是一种多功能、多空间构成的综合性公共建筑，但只向特定人群开放。其使用功能主要包括提供行业组织，同乡会常设机构办事，聚会、议事及娱乐场所，同时设有接待同行商旅、同乡会旅客的住宿用房，而且大多数会馆由于行业性质或地域文化关系信奉某种神灵、崇拜某种偶像而设有特定的拜祭空间，如同乡会馆供奉神祇先贤，行业会馆供奉行业神等。另外，会馆还也常被作为婚丧祭事、假日聚会的场所。

会馆建筑的空间形制的形成是基于我国传统官式建筑的形制发展而来的，但不像宗教建筑或祠庙礼制建筑那样具有严格的布局；相反，因当地的环境条件、文化特点、财力大小及艺术审美而表现出相对自由灵活的空间形态。会馆的规模因各城市的大小、旅居人士的多少及其经济实力和热心程度而各有不同，大的有四五进院落和几层跨院，有的还建有聚会、宴筵的会所，祭神仙、祭魁星、祭乡贤的庙宇，有的建有戏台以为聚会演出助兴之用，有的会馆还附有花园，如果再加上各种附产、义园、学校等，规模就更大了。

广东明清时期的会馆主要有：一是为同乡官僚、缙绅和科举之士居停聚会之处，故又称为试馆；二是以工商业者、行帮为主体的同乡会馆。广东会馆的特点类似祠堂，但更加华丽，一般有厅、堂、门、耳房、杂房等，大者还有戏台和钟鼓楼等。广州行业会馆就有丝织业的锦纶会馆、梨园粤剧的八和会馆等。而商人同乡会馆则更多，像粤北南雄广州会馆，粤东兴宁两海会馆，粤西徐闻的广州会馆、广府会馆等。

清代广东是我国商品经济较发达的地区之一，分布在这一地区的会馆建筑主要以工商行业会馆为主，其数量较多，广泛分布在广东的沿海地区，如潮、惠两府，广州府及粤戏盛行的沿海地区。在潮、惠两府地区，因海上贸易和商业的不断发展逐渐成为省内外客商重要集散地。据统计，汕头市有广州、大埔、嘉应等21个会馆和同乡会，其中绝大部分是工商会馆，而惠州府属的海丰县濒临大海，当地的潮郡会馆是潮属九县商贾在海丰从事商业贸易的主要联络机关。广州府作为广东的省会所在地，是全省政治、经济和文化中心。清代乾隆年间，全国实行广州一口通商，成为我国最重要的外贸中心基地，聚集的会馆性质尽管不尽是工商会馆，但也往往具有浓厚的商业气息。清代广州各类地域性会馆至少在30所以上，且这些会馆都具有强烈的商业色彩。清代广州府属的新安、三水和东莞等县也有商业会馆的出现。南海县的佛山镇，明清时期号称"天下四聚"和"天下四大镇"之一，是南方著名的工商业城镇，汇集了省内外众多的商人团体，是清代广东境内会馆数量最多的地区。

粤西沿海地区等州府，也均有会馆史料的发现。如吴川梅菉墟是清代广东西部沿海地区的重要市镇，广州府商人较多，因此有广州会馆。雷州是清代广东西部沿海对外贸易的重要基地，商业会馆主要分布在府内的赤坎、海安两个商业繁华地带，有潮州会馆、高州会馆、闽浙会馆等。

广东会馆建筑，受本地和外来文化双重影响，布局形制灵活多变。传统会馆建筑与岭南地区的宗祠建筑群相仿，布局或一路或三路，或两进或三进。屋顶形式多采用硬山，屋顶装饰有灰塑、陶塑等具有岭南特色的艺术形式；还有一些会馆受到外来建筑文化的影响，融入某些元素，甚至直接采用西方建筑的做法，如广东湛江的湾商会馆，造型是两层钢筋混凝土结构的法国钟楼式建筑，顶部设有自鸣钟报时的钟亭，风格独特。

一、广州锦纶会馆

锦纶会馆又名锦纶堂，现位于广州市荔湾区康王南路西侧。会馆始建于清代雍正元年（1723年），道光二十四年（1844年）重修，是清朝至民国期间广州丝织行业会馆。原位于下九路西来新街，锦纶会馆原是旧广州丝织行业股东公会的会馆，一座清朝的祠堂式建筑，为当时广州纺织业聚会、议事的场所。雍正年间，当时广州数百家丝织业主共同出资兴建锦纶会馆，供奉"锦纶行"（即丝制业）祖师"汉博望张侯"，即出使西域的张骞，据说当年张骞创制立法传之丝织业，所以锦纶行内人认为，尽管在黄帝之时已出现丝织业，但其技术得以发展成熟却是张骞的功劳。2001年建设康王路时，为保护这座古建筑，对其进行整体平移。工程具体为向西北方纵移80.4米，横移22米，托上1.85米。

锦纶会馆现存主体面积700平方米，坐北朝南，为三路三进岭南典型的祠堂式建筑。在创建初期只有一路，一院两进三开间格局。重修扩建增加了第三进，并添建东厅、东阁以及西厅、西阁等部分，形成左、中、右三路布局：左路前为青云巷，后有东厅及东倒座；中路为门厅、中堂、后堂；右路则包括西厅、后轩、西倒座等（图5-3-1~图5-3-4）。作为后堂的第三进因为是后来添建，面积相对狭窄。头门脊饰顶端有"鳌鱼护珠"陶塑装饰，寄寓人们对子孙后代能独占鳌头、达官显贵的意愿。

会馆门前照壁与中路大门间原有有一个10多平方米的空间，称作"前明堂"。这部分建筑使室内和室外空间形成自然过渡，一方面可作为节日行业人士聚集之地，另一方面也是平时行人过往的交通节点。

会馆进门左、右两侧各设有两个面积为6平方

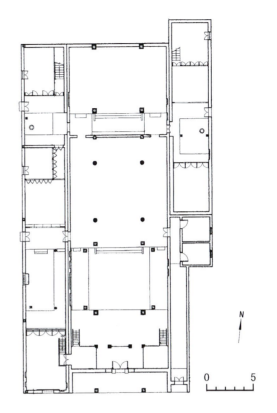

图5-3-1　锦纶会馆平面图

图5-3-2　锦纶会馆大门（方兴摄）

图5-3-3　锦纶会馆中堂（方兴摄）

图5-3-4 锦纶会馆左路东厅天井（方兴摄）

米的小阁楼，称金银小楼，原是演员化妆更衣之处。锦纶会馆过去合行拜祖师或聚会议事之时，经常请唱戏班子。每到唱戏时，仅门前搭个小舞台，中堂及天井便成临时观众席，而演员就在小阁楼中作准备，阁楼一侧有小门，便于演员出入。

二、南雄广州会馆

南雄广州会馆又称"公所"、"同乡会馆"，坐落在市区埠前街（今广仁小学）。始建于明代中叶，清乾隆二十一年（1756年）重建后，从清乾隆二十一年至清光绪九年（1756～1883年）间，先后进行了四次重修。经济实力强大的广府人善经商，货物以北方较稀罕的海盐、糖果、岭南佳果、咸鱼、海味、丝绸及洋货为大宗。因此，古代往来于南雄的外地商人中以广府人为最多。为联络乡谊、方便经营，广府商人便出资在雄城商业最繁华的地段集资兴建了广州会馆。

会馆馆坐北朝南，三进，占地面积3834平方米。主体建筑的封火山墙为湘赣区域常见的"方耳"式（图5-3-5、图5-3-6），两侧东、西厅山墙为岭南广府地区常用的"镬耳"式，建筑风格体现了独

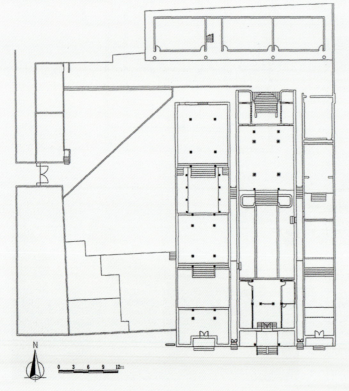

图5-3-5 南雄广州会馆总平面图（程建军提供）

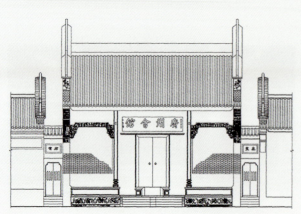

图5-3-6 南雄广州会馆头进门厅立面图、剖面图（程建军提供）

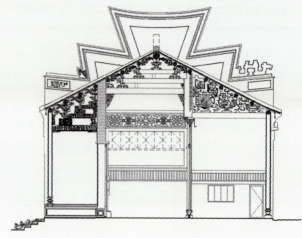

特的艺术特点。

会馆建筑装饰精美，雕梁画栋、古雅精致。墙檐下绘制了大量的精美壁画，都是清光绪年间的作品，其内容主要为花鸟人物画，虽经百多年岁月沧桑洗礼，这些精描重彩工笔壁画至今仍色彩鲜艳，为会馆最珍贵的遗存。据说，馆中原本共有108幅内容各异的清代壁画，但由于历史原因，大量壁画被毁，目前保存完好的仍有28幅。

大门横额有清光绪七年（1881年）孟冬重修时岭南近代学者陈澧题的"广州会馆"石匾。大厅前楹柱上有咸丰年间探花李文田作的一副长联："灵迹遍区中览粤会东环拱极遥涵海国；雄州开岭表沩浈流南汇朝宗咸卫仙城"。

三、徐闻广府会馆

广府会馆位于湛江市徐闻县徐城镇民主路，建于清乾隆五十二年（1787年），重建于清光绪十八年（1892年）。广府人是指来自原广州府属的台山、恩平、江门、香山、南海、番禺、东莞、顺德、新会、清远、三水、花县、增城等地居民。清乾隆年间，徐闻县商业发展较快，广州府属下各地的商人出于经商的需要，组织行会、联络乡谊，共有296个号，当行、店、堂、厂和370名个人捐白银三千四百多两，在徐闻知县汤元苞、徐闻县守备武尚礼等人的支持下，由左韦齐等16人督理建造广府会馆。

会馆分正厅、副厅各一组，正厅四进院落四合院式布局。正厅面阔三开间，宽13.5米，进深39.41米。首进进深7.66米，前有走廊，大门高3.85米，宽1.9米，两旁抱鼓石雕工精湛，正门额题"广府会馆"四字，为清光绪十八年（1892年）新会谭国恩所题，书法苍劲雄强，门外石阶四级，宽2.6米（图5-3-7、图5-3-8）。厅内九架梁斗栱结构，硬山顶镬耳墙。前厅正面两翼山墙相对镶有署名"番邑莫云生作"的砖雕，造型奇特，做工精巧，四进厅侧内墙上镶有端砚石刻制的《广州会馆碑》和《徐闻县新建广州会馆题名碑》。

整座会馆的建造严格参照传统的广府风格，做工讲究。建筑除中轴线主体建筑外，其他厅堂、庑廊、斋室、厢房等建筑和梁架、斗栱、驼峰、墙壁、墀头、踏道等广泛采用木雕、石雕、砖雕、陶塑、灰塑、铁铸等不同风格的工艺做装饰。

四、兴宁两海会馆

兴宁潮州会馆旧称"两海会馆"，坐落于梅州市兴宁县兴城镇西河桥背的宁江河畔。宁江、韩江、东江相通，宁江作为水路交通枢纽，明清时期，该处为潮人密集地区，历史上曾有"潮州帮"之称。因潮商在兴宁的业绩显著，故为了共谋发展，联络乡谊，商号在家乡父老的支持下，于清嘉庆十一年（1806年）兴建了最初的"两海会馆"。由于潮汕人与兴宁本地客家人存在着风俗习惯、建筑风格等方面的差异，故而所有建造工匠、木材石

图5-3-7 徐闻广府会馆（梁林摄）

图5-3-8 徐闻广府会馆木雕装饰（梁林摄）

料等均用货船从潮汕地区载来。民国9年（1920年）由潮安、澄海两县商绅捐资重建，将"两海会馆"扩展为"潮州会馆"，主要作为潮汕商人在兴宁的聚会议事场所。

民国时期将会馆改成了潮光小学（后为兴宁第四小学）后，馆舍年久失修，"文化大革命"期间会馆遭遇重大破坏，许多珍贵的历史遗迹荡然无存，直至1996年在会馆建立190周年纪念时，才由潮州八邑同乡会捐资组织了会馆的维修工作。维修中尽量保持会馆原貌，许多石柱、石雕、石刻等装饰性的建筑构件被保存下来继续使用。

潮州会馆坐西南向东北，占地面积约2000平方米，为潮州风格的府第式建筑。会馆平面为"二进式"，即"二厅抱一庭"的格局，从正门进入，庭院向纵深排列为正堂，正堂左右两侧以厢房连廊形成对称式的四合院布局。正堂三开间，硬山顶，前有开敞歇山屋顶的抱厦，两侧厢房正中也设有开敞的歇山顶抱厦（图5-3-9～图5-3-11）。前殿大门也是三开间，室内明间后墙置有屏门，建筑硬山顶屋面的正中同样置一歇山顶。这种通过局部歇山屋顶以突出其建筑形象的做法，是潮州会馆的主要特点之一，使建筑别具一格。大门两侧的石狮现仅存一只，基座石刻有龙、狮、松、鹤等图案，门楼肚上则嵌有两屏皇帝出游图和数幅花鸟题材的潮州石雕（图5-3-12～图5-3-14）。

围墙左门上的横幅石匾刻有"瀛海辑宁"四个大字，"瀛海"古代指仙人居住的海岛，在这里意喻"潮州会馆"选址为"风水宝地"。"辑宁"即安定之意，这里意喻潮州会馆向宁江水神祈祷来往行人平安顺利（图5-3-15）。

会馆内的装饰综合运用了的墙画、木雕、石雕等工艺。柱梁、斗栱、挑檐等部位木作、石作等均

图5-3-9 兴宁两海会馆从正堂望门厅

图5-3-10 兴宁两海会馆正堂院落

图5-3-11 兴宁两海会馆正堂抱厦檐廊

图5-3-12 兴宁两海会馆前殿门厅外观

图5-3-13 兴宁两海会馆前殿门厅檐廊

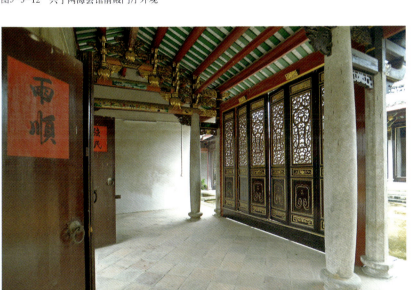

图5-3-14 兴宁两海会馆前殿门厅

图5-3-15 兴宁两海会馆围墙门"瀛海辑宁"石匾

采用了浮雕、透雕等手法，装饰题材丰富，雕刻精细，包括龙凤、麒麟、虫、鱼、花、鸟、人物等。为了突显潮州特色，会馆内墙绘有潮州古八景（鳄渡秋风、西湖渔筏、金山古松、北阁佛灯、韩祠橡木、湘桥春涨、凤台时雨、龙湫宝塔）和汕头埠图案，配以书法诗文，使整个建筑物的装饰显得更加堂皇华丽。整个会馆色彩对比强烈：主梁刷红色油漆，上面饰有金色绘画及书法，屋架上的檩、椽等则刷以绿色油漆，强烈的色彩使得整个屋架金碧辉煌，极具潮汕建筑艺术特色。

注释

① 李广宽. 德庆学宫的价值及其开发利用 [D]（广州大学硕士论文）. 2011.

② 张亚祥，刘磊. 孔庙和学宫的建筑制度 [J]. 古建园林技术，2001（4）.

③ 同上。

广东古建筑

第六章 民居园林

广东民居园林分布图

1. 潮州许驸马府
2. 顺德碧江职方第
3. 梅县南口南华又庐
4. 蕉岭丘逢甲禄第
5. 大埔光禄第
6. 始兴满堂围
7. 仁化双峰寨
8. 饶平道韵楼
9. 大埔花萼楼
10. 大埔泰安楼
11. 东莞可园
12. 番禺余荫山房
13. 顺德清晖园
14. 佛山梁园

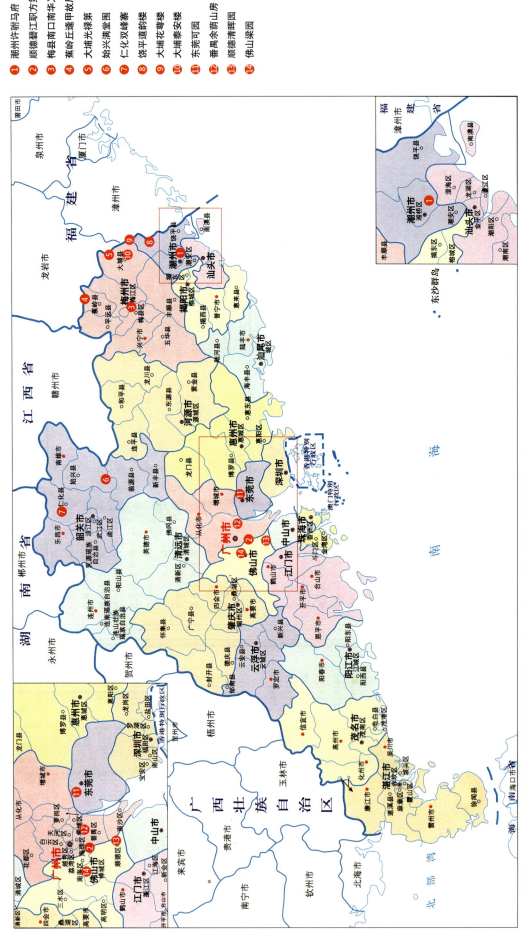

（地图引自：中华人民共和国民政部编. 中华人民共和国行政区划简册2014. 北京：中国地图出版社，2014.）

第一节 民居建筑

广东民居形式丰富，不但城镇民居与乡村民居差异很大，而且各地区的民居类型也有很大差异。城镇建筑密集，街道多呈东西向，民居建筑朝街门面窄，纵深则很长，其面宽一般是3～5米，进深一般是面宽的4～8倍。为解决通风采光排水问题，在建筑平面中间设有多个天井。民居充分考虑了亚热带气候的特点，采用整齐高耸封闭的外墙以起到防火、遮阳、防晒和防御台风袭击的作用，建筑利用起伏的坡屋面、敞厅、天井、高侧窗、天窗、楼层采光井、各种通透和可以活动开启的门窗等来组织自然通风。乡村简单的民居多以三合院或四合院为主，如粤中珠三角地区的三间两廊、粤东潮汕地区下山虎、爬狮（以上为三合院）、四点金（四合院）等。

潮汕大型府第民居以祠堂为中心，与从厝、巷厝、后包等组合成变化丰富的住宅形式，如三落二从厝、三落四从厝、八厅相向、驷马拖车等。在建筑布局上，潮汕民居多呈现严谨方正的群体组合，保留了中国古代建筑强调布局对称均衡的传统特色。各类民居组合甚至可以组成一个大围寨。潮汕地区除圆、方寨外，还有八角形、马蹄形、椭圆形、布袋形等特殊形式的寨或楼。在建筑材料上采用砖石和夯土墙，建筑装饰上喜用色彩鲜明、对比强烈的木雕、石雕、嵌瓷等。建筑装饰华丽，造型"鸟革翚飞"、"雕梁画栋"。

客家民居重视宗法礼仪，依山建宅，防御意识较强。广东客家民居最有代表性的是围龙屋，在堂横屋的基础上，后面加有半圆形的围屋，建筑前面有禾坪和半月形的池塘。此外，还有各种方形、圆形的围屋土楼。客家民居无论何种类型、何种平面，大多具有中轴对称、井然有序的空间序列。客家民居的中心是放有祖宗牌位的宗祠祖堂，祖堂是家族祖先的象征，"慎终追远"体现了对祖宗的崇敬，这种围合、向心、中轴对称特征的布局，对以血缘关系为纽带的聚居生活具在一种强烈的内聚力。同时客家民居也具有极强的防御性，民居外墙厚重，墙体坚固，围居的入口处也尽量减少，大门的木材厚度可达30厘米，有的木门外再包铁皮，门顶上安装了水槽以防火攻。围楼内生活设施一应俱全，卧室、厨房、厕所、水井、仓库等设施齐全，即便数月不出门也足以维持。外墙上常有枪眼设置，有些围楼还建碉楼，用以瞭望和射击。

一、潮州许驸马府

许驸马府在潮州城区中山路葡萄巷东府埕，是北宋太宗曾孙女德安公主驸马、殿直许珏的府第（许珏是唐宋"潮州八贤"之一许申的曾孙），始建于北宋英宗治平年间（1064～1067年）。府第历经多次修建，1982年曾对二进的木柱和三进楹桷作碳14测定，确定木结构为明初替换之物，建筑仍保留宋代的基础格局和特点，是潮州保留得较为完整的宋代建筑物之一。

整个府第占地2450平方米，建筑面积约1800平方米，坐北朝南偏东，面宽41.8米，进深48.2米。主体建筑为三进五间，其三进主体建筑与前后进两侧插山构成了"工"字形格局。正座东、西两旁为厝屋与侧巷，带有厝厅、卧房、书斋等，形成相对独立的格局。第一进与第三进之间通过开敞的中厅、

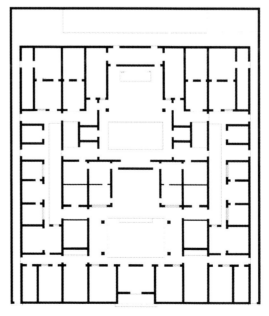

图6-1-1 潮州许驸马府平面图

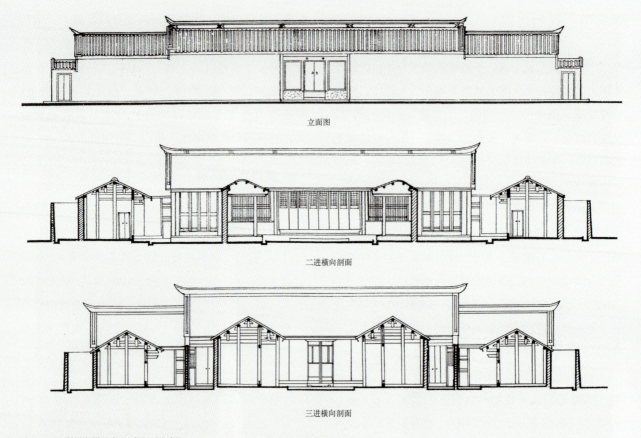

立面图

二进横向剖面

三进横向剖面

图6-1-2 潮州许驸马府立面图、剖面图

图6-1-3 潮州许驸马府中轴厅堂院落

图6-1-4 潮州许驸马府从厝偏院

图6-1-5 潮州许驸马二进中厅

图6-1-6 潮州许驸马三进后堂

天井檐廊连接。后面有横贯全宅的后包,过去为御书楼。宅内有四口水井(图6-1-1～图6-1-4)。

许府的木构梁架为五柱穿斗式,柱子多为圆木柱,立于条状连续的石地栿梁上,墙体为板筑夯灰和青砖砌筑,梁柱、门窗用材硕大,屋面举折平缓、呈弧形弯曲,出檐深远。大门刻着古朴莲纹图案的木门簪,高门槛,密窗棂。整座建筑以庭院厅堂为中心,结构严谨,主次分明,装饰简洁,古朴大方,是现存潮州"府第式"民居的最早形制(图6-1-5、图6-1-6)。从宋许驸马府开始,这种带护厝的"府第式"民居逐渐在潮州流行开来。

二、顺德碧江职方第

碧江职方第位于佛山市顺德区北滘碧江,与金楼、南山祠、慕堂祠、亦渔遗塾、三兴大宅等形成古建筑群,包含了宅第、祠堂、书斋、园林等功能,保留着干打垒、蚝壳墙、水磨砖、"镬耳山墙"等具有岭南广府特色的古建筑实物。职方第宅主苏丕文,曾任清朝兵部职方司员外郎,为正三品官,于清代道光二十三年(1843年)荣归故里而建造。职方第的名称是由官职而来。

职方第共四进,包括门厅、牌坊过亭、大厅和3层的回字楼(图6-1-7)。

门厅三开间,由脚门、趟栊、大门、仪门四重门组成,仪门设在门厅正中后部,也起着遮挡视线的作用。职方第门厅南侧门房是给看门的下人和轿

图6-1-7 顺德碧江职方第外观

夫休息的,北侧轿房是为拜访者停放轿子所用。绕过仪门,迎面为一幢砖石结构的牌门横贯在前庭中,前庭左、右两边分别种了一棵龙眼树和一棵桂花树,表达了对家中子弟通过科举步入仕途、"攀龙折桂"的深切寓意。牌门额上前、后各有石刻坊匾一块,朝向前门刻有"视履考祥",朝里对着四柱大厅的一面,刻着"退让明礼",告诫苏门子弟,出门要待人谦逊,回家也要注意自己的衣冠和举止。石匾上的名人墨宝和先贤哲理,具有浓郁的文儒之风(图6-1-8)。

颇有特色的是牌门与厅堂之间的过亭,粤中一般民居通常的做法是无盖开敞的天井小院,而这里则在牌门墙头和厅堂前檐瓦面上通过四点砖叠,凌空支承着一个歇山大瓦顶,用过亭覆盖着第二进天井,既能增加大厅的室内空间,又确保了大厅的通

图6-1-8 顺德碧江职方第"视履考祥"砖石牌门

图6-1-9 顺德碧江职方牌门与厅堂之间的过亭

风和采光,同时丰富了中轴线上建筑的形象,可谓匠心独运(图6-1-9)。过亭两侧的庑廊则改为接待室,檐下采用隔扇装修。

职方第大厅墙体均用水磨青砖砌筑,檐廊采用石柱,室内中心置有四根木柱,前面木柱之间以落地门罩形成室内中心空间,后面木柱置有屏门(图6-1-10、图6-1-11)。正中的八仙台前摆了两张宽大的椅子,是苏氏家族长辈的座位。中间左右两排位置是给儿子、儿媳辈的,孙子辈的自然只有排到最外面靠近门口的位置了。整组建筑空间通透灵巧却不失威严。

职方第大厅后隔一天井,是高达16.8米的镬耳山墙的3层楼房,大楼四周用红砂岩石筑起3米多高的墙基,当年登楼可览尽全村及四周田野风光。三层楼房起防盗之用,开有小窗,原来的大门用生铁整块铸造,防盗能力固若金汤。《顺德县志》和《五山志林》都有关于"回字楼"的记载:"一楼费数千金,以铁为门,下有基,高一丈。""楼房高至五六丈,遥望之如浮阁高出林表,最富豪者有回字楼,四檐落水,内阁3层,中有八柱厅,下有井、有窖,积柴米其上,虽有寇盗,可数十日守。"

图6-1-10 顺德碧江职方厅堂院落

图6-1-11 顺德碧江职方厅堂门罩

三、梅县南口南华又庐

南华又庐坐落在梅州梅县南口镇侨乡村，由印度尼西亚华侨潘祥初建于光绪三十年（1904年），庐舍占地面积10000多平方米，共有房间118间，大小厅堂几十个，人称"十厅九井（天井）"，是梅县集大规模、精美设计于一身的客家民房，也是客家地区保存最完好的古民居之一（图6-1-12～图6-1-15）。

南华又庐是粤东客家地区典型的三堂四横枕式围龙屋，即是将围屋的弧形平面改为"一"字长条形，俗称"枕头屋"。庐舍主体部分依据传统，以禾坪、下堂、天井、中堂、天井、上堂贯穿中轴，三堂雕龙画凤、装饰精美。大门下堂入口为三开间的凹斗门，做成柱廊（图6-1-16）。与传统不一样的是，中轴主厅堂两侧不置厢房，形成纵向三路堂屋，并在前后庭内引进花墙、敞厅、敞廊、金鱼池、花台等，使得院内生动活泼（图6-1-17、图6-1-18）。而堂屋两侧的四列横屋则与一般通廊式单间的横屋不同，横屋均匀分成八个部分由潘祥初的八个儿子各居其一，各配厅一间，卧室若干间。更为独特的是，八个侧堂屋中间主堂屋既是独立的个体，但在必要时将彼此相接的两堂屋之间的大门

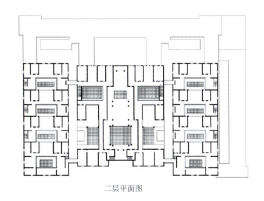

二层平面图

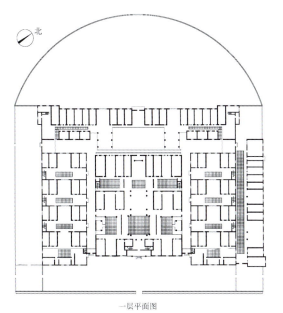

一层平面图

图6-1-12　梅县南口南华又庐平面图

图6-1-13　梅县南口南华又庐大门入口

图6-1-14 梅县南口南华又庐入口外禾坪

图6-1-15 梅县南口南华又庐外观

图6-1-17 梅县南口南华又庐中轴厅堂

图6-1-16 梅县南口南华又庐入口凹斗门

图6-1-18 梅县南口南华又庐偏院敞厅

打开，整座庐舍又成为彼此相通的联体，所以当地人又称之为"屋中屋"，是该建筑最具特色处之一。庐舍围屋部分有枕屋一排、厨房两座，即左、右各一座。枕屋两头设碉楼，用以瞭望和射击，起到防御功能。围屋宽阔的平地上一侧开辟为有果园，种有各种各样品质优良的岭南水果，如龙眼、荔枝、芒果、杨桃、番石榴、人心果等；另一侧开辟为花园，建有莲池、石花、石山、奇花异草。

四、蕉岭丘逢甲故居培远堂

丘逢甲故居培远堂在蕉岭县城北面15公里的文福镇淡定村，占地面积3200平方米，建筑面积1140平方米，是丘逢甲从台湾挥泪内渡后于清光绪二十二年（1896年）建造的一幢二堂四横一围的围垅屋（图6-1-19、图6-1-20）。

丘氏先祖南宋随文天祥抗元败北后定居梅州蕉岭，1662年郑成功收复台湾后，丘逢甲曾祖迁入台湾新化。丘逢甲14岁应童子试，获全台湾第一名，成为全台有史以来最年轻的秀才。1888年，赴福州应试中举，1889年进京考取三甲进士。1895年中日甲午战争失败后，为保台湾，丘逢甲筹办义军，并担任大将军。1895年与日军血战不敌后，丘逢甲回原籍蕉岭淡定村定居，自建"心泰平草庐"，名其曰"培远堂"，堂侧两厢名为"念台精舍"和"岭云海日楼"，念念不忘复台雪耻。

培远堂坐东向西，前有禾坪和月池，建筑布局左右对称，背靠卢山峰，前为宽阔的田畴。建筑细部处理得当，各种彩绘、雕刻、题字点缀其间。南横屋"念台精舍"，为居住房舍，丘逢甲内渡后，常念复台，教育后辈要"永念仇耻，勿忘恢复"。这里的房屋窗户也以"台"字为记，直至临终，丘逢甲仍叮嘱亲人："葬须向南，吾不忘台湾也。"北横屋"岭云海日楼"作书库、客室，丘逢甲在这里写下了许多爱国诗篇，诗集《岭云海日楼诗钞》就是以这间书屋命名的。后边围屋作厨房和储物室。

五、大埔光禄第

"光禄第"是中国葡萄酒之父张弼士的故居。张弼士是清朝著名的"红顶商人"，他拥有资产8000多万两白银，富可敌国。晚清时期，张弼士在国内外政、商两界声名显赫。张弼士年轻时在南洋经商，1893年清代光绪皇帝任其为槟榔屿总领事，1894年任新加坡总领事，1903年晋一品冠戴，补授大仆侍卿，再授光禄大夫。为振兴祖国工业，他先后投资兴办粤汉铁路、广三铁路等。1898年，他在印尼的雅加达和苏门答腊创办了两家远洋航运公司。1892年，张弼士在烟台创办的"张裕酿酒公司"，拉开了中国葡萄酒工业化序幕，也为他赢得了"中国葡萄酒之父"的美誉。经过二十余载的努力，张裕酒在1915年的巴拿马万国博览会上一举获得四项金奖。此后，张裕酒被海外华人誉称为"国魂酒"。

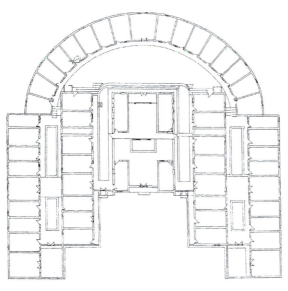

图6-1-19 丘逢甲故居培远堂平面图

图6-1-20 丘逢甲故居培远堂外观

"光禄第"位于梅州大埔县西河镇车龙村，村落整体环境优美，一派田园风光。张弼士故居建于清光绪三十四年（1908年），整座建筑坐东南向西北，前低后高，前临稻田，背靠青山。建筑面积4180平方米，是一座三堂四横一围的围屋（图6-1-21～图6-1-27）。屋前为禾坪，禾坪前有围墙和凹斗门，禾坪东、西两侧建厨房和杂物间。外横屋与后围屋连接，横屋由前至后瓦面分五级层层跌落，后围与一般的枕头屋有所不同，为两头抹角略带弧形，花头成长方形天街的围屋。外横屋和后围屋高两层，立砖柱，建内回廊，二层设木栏栅阳台，硬山顶瓦面出檐。光禄第共有18个厅，13个天井，99个房间，院门前有清政府御赐"乐善好施"，"急公好义"牌坊，正门上的"光禄第"匾额为清代名臣李鸿章手书。前檐和堂屋的梁架、封檐板以及屏风等木构件金漆木雕考究，不失为艺术精品。

图6-1-21 大埔光禄第外观远眺

图6-1-22 大埔光禄第外院围墙凹斗门

图6-1-23 大埔光禄第立面外观

图6-1-24　大埔光禄第中堂前院檐廊

图6-1-25　大埔光禄第后堂天井

图6-1-26　大埔光禄第从中堂看后堂

图6-1-27　大埔光禄第从后堂看中堂

六、始兴满堂围

满堂客家大围位于始兴县南部的隘子镇，为始兴乡绅官乾荣所建，始建于清道光年十三年（1833年），至咸丰十年（1860年）建成，历时28年，是一处依山傍水、规模宏大、建筑精美的客家围楼建筑群。

满堂围占地面积达2万平方米，共有大小房间777间，规模宏大，围中有围。整座大围由中、左、右三座四角带碉楼的方围楼连接而成，即由中心围、上新围和下新围三部分组成。而围楼中又包裹着更小的围楼，形成围中有围的奇观。每座围楼既可以关门独立封闭，又可以开侧门互相贯通。据说原创意整体形象为一条大航船，中间主楼的四围为2层，碉楼3层，主楼内为两堂屋，前堂2层，而后堂建成4层望楼，居高临下，巍峨壮观，远处望去就像船身上的船台，俗称"太子楼"，平时作教育子孙的学堂用。右边的围楼较主楼矮小，左边围楼还要小些，三座围楼浑然一体，端庄坚固（图6-1-28～图6-1-32）。

每座围楼均由四角楼和前面凹形倒座组成，倒座中间有门楼，两角带碉楼。倒座内的围楼前是长方形的宽阔禾坪。每座围楼均有六座碉楼和两道门楼。左右围内是三堂屋，中间围内是两堂屋，堂屋前还有一道门。这样从外到内要经过三道大门，防范何其严密。中间主围楼的楼门建成城门状，门框和门洞的券顶全用条石砌筑，显得十分威严庄重。

整个大围楼用料十分考究，三座楼的外墙均用"水磨青砖"和条石砌成，内墙用卵石或土坯砌成，花岗石石条叠角，石糯米浆粘合，十分坚固。原木

图6-1-28 始兴满堂围建筑群

图6-1-29 始兴满堂围的中心围

图6-1-30 始兴满堂围的中心围外围与内围之间的庭院

图6-1-31 始兴满堂围的中心围内围后包

图6-1-32 始兴满堂围的中心围屋顶与角楼

栋梁，麻石门楼，门框、窗框、台阶、廊沿、井台等以花岗石石条砌成。走廊和庭院的地面用河石铺砌成花朵和各种图案，显得典雅别致。门窗、家几上雕刻着花鸟、动物等图案并贴上亮闪闪的金铂，显得雍容华贵。各种木构件、生活家具都做工精细，古色古香。围楼内东、西、南、北均设有楼梯，楼上楼下回廊过道四通八达。围屋用松木作基础，共用了九层松木作固定地基，经历百多年仍无下陷迹象。建筑物高低错落有致，屋顶下均有一层木板隔热，具有冬暖夏凉的优点。如今围楼内仍保持聚族而居习俗，团结互助，平等相待，热情好客。

七、仁化双峰寨

双峰寨位于广东省仁化县城西19公里的石塘镇石塘村，取"双峰保障"之意称为"双峰寨"，始建于清光绪己亥年（1899年），筹金三万，于清宣统庚戌年（1910年）建成，前后用了12年时间。

双峰寨占地面积近9000平方米，平面为"回"字形，中间是宽大的内院，寨子南北长73米，东西宽69.65米，略呈长方形，建筑面积4164平方米，是少有的大型寨堡。寨堡内攻、外防环环紧扣，以一个主楼（也称中楼）和四个角楼（炮楼）为主体，东西两面城墙中间各有瞭望台，其间用围墙相连。主楼5层，高15.3米，角楼比主楼稍矮，三层为13米，围墙四面以走马廊连通。廊分2层，底层宽3.15米，称半边屋，可作住户，据称可容千人。上层宽1.3米，连通包括主楼在内的几个角楼，值更守望相助。走廊每隔3.9米有一小枪眼，共有55个小枪眼，角楼居高临下，能从不同角度消灭各方来犯之敌（图6-1-33～图6-1-37）。

图6-1-33 仁化双峰寨保安门外观（高海峰摄）

图6-1-34　仁化双峰寨中楼"保安门"额（高海峰摄）

图6-1-35　仁化双峰寨角楼（高海峰摄）

图6-1-36　仁化双峰寨城墙连廊与瞭望台（高海峰摄）

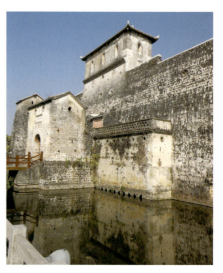
图6-1-37　仁化双峰寨城墙外有护城河（高海峰摄）

双峰寨墙体坚固，墙体全部用石灰石及青砖再加上糯米浆、黄糖、石灰浆及桐油砌成。有些青砖上烧成有"费金三万"、"李自性视公名下"、"李德仁等筹建"的字迹。寨外周围有护城河，水深1.5米，宽13.7米，河上有吊桥，吊桥分两段，中间有一个桥墩。过了吊桥城堡又有两重寨门深锁：第一重两扇大门用樟木制成，厚5寸（15厘米），大门顶有"双峰保障"四个大字；第二重门与大门结构相同，门顶有"保安门"三个大字。

八、饶平道韵楼

道韵楼位于广东饶平县三饶镇南联村，建于明万历十五年（1587年），围楼呈八角形，坐南朝北，周长328米，高11.5米，墙厚1.6米，总面积1万多平方米。在正中门楼，上书"道韵楼"三个大字，这是邑人明南京礼部尚书黄锦赐题。

楼屋瓦顶，墙基在地面上仅垫两层青砖，墙体为黄土夯筑。楼有大门和旁门两通道。楼内房屋分为三进，共深28米，前、中进为平房，中进后留有一天井，后进为3层高楼，屋虽深但光线充足（图6-1-38～图6-1-41）。全楼有正房56间，另有角房16间。楼中心是卵石铺边、内为黄土的广场，靠南有一北向厅堂，堂前两侧为两口公用井。另有30口井设在各正房间的界墙之下，每房各得其半而皆可吸水。

除楼的周边设有枪眼、炮眼外，楼门顶还特别设有防火烧门的注水暗涵。全楼具有防兵乱、防乡斗、防火灾、防寒暑等作用。楼内最多时曾居住

图6-1-38 饶平道韵楼

图6-1-39 饶平道韵楼连廊

图6-1-40 饶平道韵楼首层祠堂

图6-1-41 饶平道韵楼首层民居

600余人，而今仍有160多人在此安居。楼外环巷之外另筑有围屋8列，即在主楼八角的楼角相对处留出8条巷道，构成环护大楼的8排围屋。在总体上，楼内外共构成了八卦图的布局。

道韵楼的八角造型是按"八卦"形状而建的，据说道韵楼原本为圆形，但屡建屡倒，后有高人言此地是"蟹"地，须用八卦之形才镇得住，围楼的黄氏先祖遂依八卦形状构建，楼中每一卦长39米，各有楼间9间，卦与卦之间用巷道貌岸然隔开，八卦共72间。楼间也仿三爻而设计成三进，一、二进为平房，第三进连接外墙为3层半楼房。还特意在楼中的阳埕左右挖两眼公用水井，以象征太极两仪阴阳鱼之鱼眼。楼有大门和旁门两通道，是依照诸葛八卦生门入、休门出的原理，特地在大门一侧另开一休门，以让族人从此门出寨。

九、大埔花萼楼

花萼楼坐落于大埔县大东镇联丰大丘田村，建于明万历三十六年（1608年），是中国目前保存最古老、最完整的客家土楼建筑之一（图6-1-42、图6-1-43）。

花萼楼占地面积2886平方米，坐西北向东南，背靠虎形山，面向梅潭河，周围群山环抱，碧水环绕，与周边自然环境融为一体。古楼设计精巧、结构独特，为土木圆形结构。楼内房屋正中为大厅，是祭祀祖先、合族议事的地方。全楼共有房间210间，公共

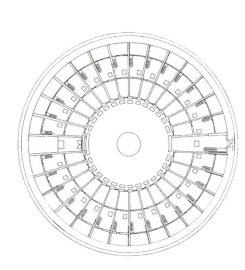

图6-1-42 大埔花萼楼平面图

图6-1-43 大埔花萼楼外观（戴志坚摄）

梯口设在大门右内侧。呈圆环状的巨大楼体内被分为28个上下三环贯通的单独户型，即可供28户人家使用，各户可单独上顶楼，通过回廊，又可户户通连（图6-1-44、图6-1-45）。相对通廊式土楼，这种单元式土楼既在一定程度上保证了小家庭的私密性，又考虑到大家族的通融性。此外，土楼天井构成土楼的另一道风景线。天井占地283.6平方米，全用鹅卵石铺成，表达了客家人多子多孙的传统家族理念；天井中心装饰着一个直径达3.86米的圆形古钱币图案，以祈求丰衣足食；旁边有水井一口，深达18.6米，水井及其排水道形成一巨大的阿拉伯数字"9"，土楼人称之为吉相，意味着"久久长"。

花萼楼地处两省三县交界处，属三不管地带，故其防御性特征极为突出，主要体现在以下几点。

第一，墙体厚实。土楼外墙先用石砌筑圆台，再用条石砌成1米高的墙基，基座上打土壁，下宽上窄，底墙宽度1.2米，顶墙为1米。楼高3层，层内加开两个半层，顶层外墙开窗，共11.9米。高厚、坚实、封闭的土楼外墙，在确保楼内冬暖夏凉的同时也有力地防御外来侵略。第二，入口严实。大门是土楼唯一的出入口。门框用宽而厚的花岗石石板组成，门板钉有厚厚的铁皮，门顶还设有一个蓄水池以防敌人火攻。第三，土楼多处设有枪眼及炮眼，在抵抗外来入侵的同时还可以进行一定的积极防御。第四，土楼内宽达1.2米的环形回廊确保了在危难时刻发挥集体的力量与智慧。第五，土楼内水井、粮仓、厨房、厕所等生活设施一应俱全，大门一关，在土楼内生活一月甚至数月不成问题。

图6-1-44 大埔花萼楼内院鸟瞰（戴志坚摄）

图6-1-45 大埔花萼楼内院（戴志坚摄）

十、大埔泰安楼

泰安楼位于大埔县城边湖寮镇龙岗村，由蓝氏家族建于清乾隆二十八年（1763年），该楼属砖石木结构，坐东北向西南，呈四方形，俗称"石楼"。泰安楼规模雄伟粗犷，围楼面宽52米，进深49米，该楼及附属建筑占地面积6684平方米，其中主楼占地2577平方米，两侧书斋占地2764平方米，门坪及花台占地1325平方米，主楼高3层11米，共有200多间房（图6-1-46、图6-1-47）。

围楼正面是一座牌坊式的大门，围内中轴线上，有用青砖砌筑的二堂二横之祖祠，分上、下二堂，上堂、中堂书"祖功宗德"，设先祖神主牌，为祭祀的祠堂，堂左右侧设厢房（图6-1-48～图6-1-51）。楼内平房四周为天井，三层方形楼房将主体平房环抱在中间，形成楼中有屋、屋外有楼的格局。围楼具有极强的防御作用，墙体一、二层外墙为石墙，三层外墙壁及内墙为砖墙，这也是俗称"石楼"得名的来由。该楼一至三层四周向内设有檐廊贯通，形成跑马廊，一层走廊的柱子为上木下石，二、三层柱子为木柱。三层前排中厅设有祭坛。楼两侧各有一座书斋，是供族人读书求学的场所。楼内右侧天井有口水井，井水清澈可口，现仍可饮用。

图6-1-46　大埔泰安楼外观

图6-1-47　大埔泰安楼围楼内

图6-1-48 大埔泰安楼牌坊式大门

图6-1-49 大埔泰安楼祖祠前院

图6-1-50 大埔泰安楼祖祠鸟瞰

图6-1-51 大埔泰安楼祖祠天井

第二节　园林建筑

广东地区得天独厚的地理环境和气候，形成了园林的悠久历史。早在秦汉时期，就建有南越国宫署御苑。五代十国时期，南汉宫苑规模极盛，"三城之地，半为离宫苑囿"，《南汉春秋》称："凿山城以通舟楫，开兰湖，辟药洲。"药洲上放置有形态可供赏玩的名石九座，世称"九曜石"，比拟天上九曜星宿，寓意人间如天宫般美，使药洲仙湖成为花、石、湖、洲争妍斗艳的园林胜景。药洲西湖历史上一直是广州古城的主要风景区，至南宋嘉定年间，在湖上种植白莲，故又有白莲池之称。宋经略蒋之奇在原南汉药洲西湖不远的明月峡玉液池遗址处辟西园，园中置池，池中列石，其状若屏，故称为石屏台，石屏台的东面建经略厅，北面建翠层楼。明代的广州荔枝湾千树荔红，白荷玉立，"五秀"（莲藕、荸荠、菱角、茨菇、茭笋）飘香，渔民清晨出江捕鱼，黄昏归舟鱼贯，渔歌互答，富有诗情画意，这一派优美的水乡风光景色，被誉为明代羊城八景之一的"荔湾渔唱"。广东私家园林的繁盛则出现于明清，现保存较为完整的晚清私园，是东莞可园、番禺余荫山房、顺德清晖园和佛山梁园。

广东私家园林是一种以建筑空间为主的造园艺术，粤中庭园主要有建筑绕庭布局和前庭后院布局。建筑绕庭即建筑物沿园的四周布置，并以建筑物及廊、墙形成一个围合空间。它的特点是在极为有限的面积内布置较多的建筑，且不致造成局促、拥挤的局面。庭园由于占地面积小，所以常将具有居住功能的建筑物沿庭园外围边线成群成组地布置，用"连房广厦"的方式围成内庭园林空间，使庭园空间与日常生活空间紧密结合起来；前庭后院是另一种常见的庭园布局方式，庭园中的住宅，大都设在后院，自成一体，宅居和庭园相对独立，各自成区，庭园区与住宅区的间隔，或用洞门花墙，或用廊亭小院，或用花木池水。庭园是主人生活的一部分，布局较为疏朗开阔，住宅采用围合形式，布局较为密集。

宅园的布局特点之一就是考虑当地的气候要素，在布局中非常注意建筑的朝向、通风条件和防晒、降温等措施，建筑物大都面向夏季主导风向。庭园设在南面，住宅区设在北面，形成前疏后密、前低后高的布局。这种布局方式有利于通风，前面庭园像一个开阔的大空间，它使夏季的凉风不断吹向后院住宅。而后院的密集布置，将建筑墙体、门窗及天井等常常处于阴影之下，减少了阳光的辐射，在夏日中取得一个舒爽的生活环境。

庭园的组合形式，大致可以分为单庭、并排、串列、错列和综合等式。而"庭"按其构成内容可以分为五类：平庭——地势平坦，铺砌矮栏、花台、散石和庭木花草等，景物多系人工布置的；水庭——庭的面积以水域为主，陆地占比例较少；石庭——地势略有起伏，以散石组群和灌木丛组合，或构筑较大型的石景假山来组织庭内空间；水石庭——起伏较大，配合水面的不同形状及大小比例，运用石景和建筑来衬托出各种不同的水型，如"山池"、"山溪"、"壁潭"和"洲渚"等；山庭——筑庭于崖际或山坡之上。尽管"庭"的形式多样，但大多采用灵活自由的多"庭"组合，如东莞可园的建筑是环绕平庭，因有狮石假山，因而也是石庭；顺德清晖园建筑则环绕水庭，水庭的四周有厅（船厅）、堂（碧溪草堂）、榭亭（澄漪亭、六角亭），建筑的形式各不相同，庭中还植有水松，丰富了水庭的景色，隔岸相望，既有依着船厅的假山石景，也有叠石成坡的山庭，远处还有平庭院落。

岭南园林由于规模小，庭园与住宅毗连，岭南园林的厅堂大多与其他建筑连在一起，形成建筑组群。船厅是宅园中的主体建筑，在粤中地区，几乎每座园林都建有"船厅"，立于池水之畔，好似一叶舟船于湖岸停泊，富有南国水乡情趣。船厅往往作为园林中的主体建筑来代替厅堂，设在园区的最佳位置，它具有厅堂楼阁的多种功能，既可作会客、宴请场所，又可作为观赏佳地，因此广东园林的船厅在建筑类型上有其独特之处。

一、东莞可园

可园位于广东省东莞市莞城区可园路32号。园主人是清末东莞博厦村人张敬修,官至江西按察使署理布政使。可园于清道光三十年(1850年)始建,直至同治三年(1864年)才基本建成,此后可园又经多次扩建和改建。

当年张敬修亲自参与可园的筹划兴造,聘请当地名师巧匠,模仿各地名园,形成独具一格的岭南园林。可园临湖、近路、傍江,自然风光优美。可园的特点是小巧玲珑,以小见大,布局周密,设计精巧,把厅堂、住宅、书斋、庭院、花圃地糅合在一起,在三亩三(2204平方米)土地上,亭台楼阁、山水桥榭、厅堂轩院,一并俱全。可园面积不大,但园中唇楼悬阁,廊庑萦回,亭台点缀,叠山曲水,极尽园趣。园中建筑、山池、花木等景物十分丰富。每组建筑用檐廊、前轩、过厅、走道等相接,形成"连房广厦"的内庭园林空间(图6-2-1)。

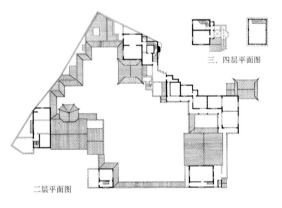

三、四层平面图

二层平面图

一层平面图

图6-2-1 东莞可园平面图

按功能和景观划分,可园大致划为三个部分。第一部分为入口所在,是接待客人和人流出入的枢纽。这组建筑有入口门厅、客人小憩之地的六角"半月亭"、接待来客的两座厅堂——"草草草堂"和"葡萄林堂",还有听秋居等建筑;第二部分为款宴、眺望和消暑的场所,有可轩、邀山阁、双清室等,是可园的主要活动场所;第三部分是沿可湖的一组建筑,环境幽美,是游览、居住、读书、琴乐、绘画、吟诗的地方,有可堂、雏月池馆船厅,观鱼簃、钓鱼台等。

六角"半月亭",又称"擘红小榭",在门厅之后,与门厅呈一中轴线。人于亭中,只见栏后绿树成荫,丛花烂漫,曲池清碧,虹桥卧波。从擘红小榭左行,经碧环廊可至可轩。可轩是款待宾客的高级厅堂,全以木雕为饰。因厅内地板装饰为桂花纹,故又称"桂花厅",夏日入内,清凉沁人,前厅外设有风柜,风口放香料,风从地道至厅内中央,香气四溢,颇具南方特色。与可轩一墙之隔是双清室,取"人镜双清"之意,双清室又称亚字厅,因它的平面形式、窗扇装修、家具陈设、地板花纹都用"亞"("亚"的繁体字)字形,故名之,亚字厅结构齐巧,四角设门,便于设宴活动(图6-2-2~图6-2-4)。

双清室旁侧有石级登楼,楼高15.6米,为4层。底层即可轩,二、三层有廊道通往别楼,顶层有阁,因四周有群山百川,取名"邀山阁",欲邀山川入园。登楼眺望,远近诸山,"奔赴环立于烟树出没之中,沙鸟风帆,去来于笔砚几席之上",是吟诗作画的好地方。过去邀山阁是整个县城的最高建筑,白日站在阁上,顿觉群山江川扑面而来。夜间登阁,可以看到如阁上对联所云:"大江前横;明月直入"之妙境(图6-2-5)。

从问花小院拾级而上,便有以储藏唐代"绿绮台琴"而命名的"绿绮楼"。这张唐琴在明代为武宗朱厚照的御琴,后归张敬修所有,藏于园中。张的后人把古琴又卖给了东莞金石家邓尔疋,据说,绿绮台琴现存于香港。绿绮楼隔着壶中天小院,是

图6-2-2 东莞可园擘红小榭

图6-2-3 东莞可园从擘红小榭看园内

图6-2-5 东莞可园邀山阁与双清室

图6-2-4 东莞可园双清室（亚字厅）室内

"可堂"。可堂为三开间，坐北朝南，为园主起居之处。临湖设有游廊，题"博溪渔隐"。沿游廊可至雏月池馆船厅，观鱼簃，湖心可亭等处，饱览可湖的湖光秀色。居巢对此处的意境咏为："沙堤花碍路，高柳一行疏；红窗钩车响，真似钓人居。"（图6-2-6～图6-2-8）

可园的全部楼宇，均用光滑的水磨青砖砌成，古趣盎然。建筑之间，高低错落，起伏有致。窗雕、栏杆、美人靠，甚至地板亦各具风格。庭园空间曲折回环，扑朔迷离，空处有景，疏处不虚，小中见大，密而不逼，静中有趣，幽而有芳，鸟语花香，清新文雅，极富南方特色。岭南派画家居廉、居巢，常到可园游玩小住，咏诗作画。居巢咏可楼之诗可谓道出可园特点："亭馆绿天深，楼起绿天外。"可园的造园意旨为"幽"和"览"。张敬修在自撰《可楼记》中曰："居不幽者，志不广；览不远者怀不畅。吾营'可园'，自喜颇得幽致；然游目不骋，盖囿于园，园之外，不可得而有也。既思建楼，而窘于边幅，乃加楼于'可堂'之上，亦名

图6-2-6 东莞可园绿绮楼小院

图6-2-7 东莞可园雏月池馆船厅、可亭

图6-2-8　东莞可园观鱼簃

曰'可楼'。……劳劳万众，咸娱静观，莫得隐遁。盖至是，则山河大地举可私而有之。"

二、番禺余荫山房

余荫山房，又称余荫园，坐落在广州番禺南村，始建于清代同治年间，历时五年建成。园主人邬彬，字燕天，番禺南村人，清同治六年（1867年）考中举人，官至刑部主事，为七品员外郎。其两个儿子也先后中举。一家有三个举人是件十分荣耀之事，故在乡中大治居室。邬彬在邬氏宗祠均安堂旁边的余地上花费了近三万两白银，营建了余荫山房。取名"余荫"，意为承祖宗之余荫，方有今日及子孙后世的荣耀。山房落成之日，邬彬高兴地自题了一副园联："余地三弓红雨足；荫天一角绿云深"。联首嵌入了"余荫"二字。全联既对仗工整，又概括了这座名园的特点。

传说邬彬为建造此园，曾延聘名师，参考与借鉴了京城、江南及岭南本地园林的特色和优点，在建筑艺术上颇见匠心。其园占地面积仅二亩多，约1590多平方米，但布局紧凑，灵巧别致。亭堂楼榭，山石池桥配置得当，尤以池桥与临水亭榭为胜，庭园虽小，却清雅幽深。余荫山房以一条游廊拱桥分为东、西两部分，桥用石砌，池水通过拱形桥洞将东、西连贯，水面占全园较大面积。西半部结石为池，呈长方形，内置荷花。建筑物以池北的"深柳堂"为主，池南的"临池别馆"为辅，构成一组景物。东半部池水八角环流，池心结石为台基，上为建筑"玲珑小榭"，以曲廊跨池连接"听雨轩"，水边还点缀以"孔雀亭"、"来熏亭"等形式各异的建筑小品，构成另一组景物。

余荫园的大门设在东南面，外观为普通的青砖砌筑。如果不是门额上的"余荫山房"四字石匾，恐怕难以置信内为岭南名园。由正门入内，通过门厅，迎面是一砖雕照壁。穿过曲折窄道，才是园林的入口园门。

从园门隔岸相望，便是全园的主体建筑"深柳堂"。深柳堂面阔三间，带有前廊，阶上还伸出铁铸通花花檐。深柳堂是昔日园主人起居之地，包括厅堂、书斋和卧室，厅堂宽敞明亮，透过大面积的玻璃窗扇，将池水、绿树引入室内，室内外空间渗透相连，使人感到阔远、舒展，深有"凭虚敞阁"的庭园妙趣。厅内的屏门隔断，饰有精致的桃木雕和紫檀木雕，其中所刻32幅扇形格子，刀法细腻，尤称绝品。扇形格子内装以名人诗画，珍贵且雅致。最引人注目的，是中厅里的"松鹤延年"和"松鼠菩提"两幅大型花鸟通花门罩，图案优美，形象生动，使厅堂呈现玲珑别透景象。厅前书写长联一副："鸿爪为谁忙，忍抛故里园林，春花几度，秋花几度；蜗居容我寄，愿集名流笠屐，旧雨重来，今雨重来"。堂前两棵爆竹古藤，茂盛苍劲，花开时有如天上飘下来的一片红雨。荷池对面的临池别馆，朴素开朗，与深柳堂一简一繁，主次分明（图6-2-9～图6-2-11）。

玲珑水榭，平面呈八角形，立于八角形的水池中。厅内有八面均以木雕装饰的玻璃窗格，水榭八面玲珑，外面有点景的叠石和压檐的花树。那一沟池水，日可观鱼，夜可玩月。当年的园主人邬彬似乎特别赞赏这座水榭，曾亲题一联："每思所过名山，坐看奇石皱云，依然在目；漫说曾经沧海，静对盼漪印月，亦是莹神"。（图6-2-12～图6-2-14）

游廊拱桥"浣红跨绿"是一座石桥，构木为廊，当中耸起一座四角飞檐的亭盖，廊檐下和廊柱饰以漏空图案花纹的木雕挂落。游廊两侧栏杆做有背靠，既可休息，又能观景，可谓匠心妙运（图6-2-15、图6-2-16）。余荫山房地形平坦，面积不大，如果不是有比较成功的空间处理手法，一进园内便会一览无遗。因此，这座游廊拱桥对园内空间分隔起着至关重要的作用。人们进入园门，先看到的是深柳堂、荷池、临池别馆及拱桥这一组景物，但不能全面地看到以玲珑水榭为主的第二组景物。而透过游廊拱桥，才隐约看到水榭、叠石与树木，层层景色增添了迷离之感，起到了幽邃的效果。

余荫山房南面还紧邻着一座稍小的瑜园，是园

图6-2-9　番禺余荫山房深柳堂

图6-2-10　番禺余荫山房深柳堂室内

图6-2-11　余荫山房临池别馆

图6-2-12　余荫山房玲珑水榭

图6-2-13 余荫山房玲珑水榭东入口

图6-2-14 余荫山房玲珑水榭室内

图6-2-15 余荫山房"浣红跨绿"游廊拱桥

图6-2-16 余荫山房拱桥连廊美人靠

主人的第四代孙邬仲瑜所造,瑜园是一座设计精致而又富于地方特色的庭园式书斋,园主邬氏在村内有宅居,瑜园为其读书之地。瑜园现已归属余荫山房,两园并在一起,起到了辅弼作用。

瑜园的平面可分为三部分。入口大门设在南面,面对村内的街巷,南门进入后有门厅、正厅;正中部分为船厅,建有2层,首层是客厅,分前后两舱,两舱之间用木雕门罩分隔。瑜园以船厅为中心,底层船厅外有小型方池一个(图6-2-17)。建筑平面迂回曲折,内有桥、亭、池、馆,有百寿堂、罗汉堂等。二层东侧为书房和居室,书房与船厅间用平台相连,乃主人读书吟诗之处。二层还有小姐的闺房、梳妆楼、焚香阁。这三部分建筑之前都留有空地辟作小庭,或栽植花木,或设置小池拱桥,面积虽小,但布局紧凑、玲珑精巧。瑜园北面与余荫山房仅一墙之隔,故书斋庭院主要设在南面,这样无论从北面的房间,还是自二层平台上俯视,园内景色以及邻园之亭榭台阁及山石池水,均可饱览无遗。

在造型方面,瑜园门厅、正厅为三间厅堂形式,外观两扇黑漆大门和高大的围墙,呈现出庄重严肃的气氛。而厅、斋等建筑,则采用楼阁形式,门窗隔扇开敞、通透,建筑直接通向内庭、天

图6-2-17 瑜园船厅

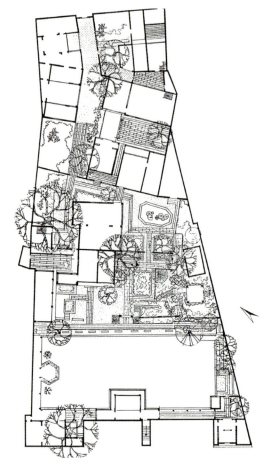

图6-2-18 顺德清晖园平面图

井和平台，使室内与室外渗透相通，加上装饰、装修、纹样、色彩和家具均选自本地，故更富有南国风味。

三、顺德清晖园

清晖园位于佛山市顺德区大良镇清晖路23号。建于清嘉庆年间。园址原为明末状元黄士俊府第花园，清乾隆年间，黄家衰落，庭园荒废，顺德人龙应时（字云麓）得中进士后购进该园。龙应时将宅园传于其子龙廷槐和龙廷梓，后来廷槐、廷梓分家，庭园的中间部分归龙廷槐，而左、右两侧为龙廷梓所得。

龙廷槐字澳堂，于乾隆五十三年（1788年）考中进士，曾任翰林编修，记名御史。清嘉庆五年（1800年）辞官南归，居家建园。嘉庆十一年（1806年），其子龙元任请了江苏武进进士、书法家李兆洛书写了"清晖"的园名，意取"谁言寸草心，报得三春晖"，以喻父母之恩如日光和煦照耀。园林经多次改建、扩建，逐渐形成了格局完整而又富有特色的岭南园林。后在庭园东北部增建了园门，将李兆洛所书"清晖园"重刻于石筑园门之上。

清晖园面积为5亩多地。整个园从布局上分成三部分。南部筑以方池，满铺水面，亭榭边设，明朗空旷，是园中主要的水景观赏区；中部由船厅、惜阴书屋、花纳亭、真砚斋等建筑所组成，南临池水，敞厅疏栏，叠石假山，树荫径畅，为全园的重点所在；北部由竹苑、归寄庐、笔生花馆等建筑小院组成，楼屋鳞毗，巷道幽深，是园中的宅院景区。各景区通过池水、院落、花墙、廊道、楼厅形成各自相对独立，又相互渗透的园区景色，使得清晖园内"园中有园"（图6-2-18）。

步入清晖园大门，穿越明暗变化、虚实结合的通道，来到绿潮红雾门，纵观水光景色，顿觉豁然开朗，只见澄漪亭依水而立，六角亭隔池而筑，池水清碧，绿树成荫，亭台楼阁高低错落，澄漪亭是突入水池的点景建筑，与六角亭一起打破了方池单调的池岸线，使池水既规整又有曲折变化。澄漪亭的窗户用贝壳制成的薄片镶嵌而成，室内明亮通透又古朴幽雅。亭的两侧建有连廊，以木制通花为饰，依廊而行，可尽览池中水色。澄漪亭上挂有对联："临江缘山池沿钟天地之美；揽英接秀苑令有公卿之才"。六角亭也是水池的点景建筑，近水三面设有"美人靠"，凭栏而坐可观赏亭外景色。亭子入口的两柱上挂有即景木刻对联，如实地描绘了这里之景色面貌："跨水架楹黄篱院落；拾香开镜燕子池塘"。亭子两旁水中立有苍劲挺拔的水松，远处林木花卉争妍，一片郁郁葱葱。在这浓郁的绿色帐幕下，充满着亭中所书"置身福地何消爽；流泳新诗兴激昂"的诗情画意，不愧为名书法家、雕刻家黄士陵所提的"绿杨春院"。出六角亭，经由菠萝、木瓜、杨桃、石榴、金瓜等岭南佳果为木雕题材的滨水游廊，便可来到碧溪草堂，此堂为清道光丙午年（1846年）所修建。其正面是以木雕镂空成一丛绿竹为景的圆光罩，工艺精美，形态逼真。圆门两侧为玻璃隔扇，隔扇池板上各刻有四十八个"寿"字，有隶、篆书和以花鸟虫鱼演化成的象形文字，称之为"百寿图"，形象各异，可谓别具匠心。隔扇下槛墙上刻有清道光年间所题名曰"轻烟挹露"的砖雕竹石画，画中题词为："为出土时先引节；凌云到处也无心"（图6-2-19～图6-2-21）。

清晖园中部地段的主体建筑船厅坐落在水池之北，传为原园主千金居所，其外观为双层式砖楼，

图6-2-19　顺德清晖园水庭澄漪亭

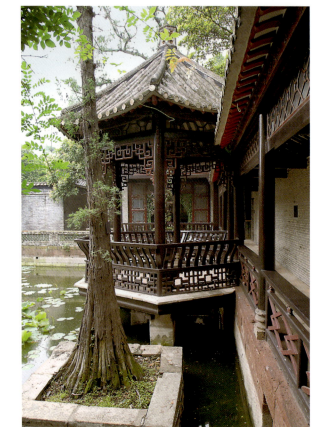

图6-2-20 顺德清晖园水庭六角亭

图6-2-21 顺德清晖园水庭连廊

图6-2-22 顺德清晖园船厅"小姐楼"

图6-2-23 顺德清晖园惜阴书屋

船厅仿珠江上的紫洞艇而建，上、下两层都做有通透的窗扇，并饰以各种图案，二层室内花罩隔断是以岭南佳果为题材木雕镂空雕刻而成，非常精美。船厅上下迂回的楼道，犹如登船的跳板，虽在陆上，却似泊于水中。楼前有池清澈如碧玉，池畔有百年紫藤，绕古沙柳树而上，宛如系船之长缆。月明之夜，登楼推窗俯瞰，碧水如镜，绿树如烟，粉墙黛瓦，鳞次栉比，颇具南国水乡舟游情趣。船厅后面的惜阴书屋和真砚斋为一组相连的园林小筑，是园主人读书治学之处，建筑较为朴素（图6-2-22、图6-2-23）。真砚斋的雕刻也很生动，其槛窗雕有八仙工具图，隔扇上刻有"百寿字"，人们俗称为"百寿门"。真砚斋前方，设有突出地面的六角长方水池，池中堆叠石山，池内游鱼嬉戏。

"风过有声皆竹韵；明月无处无花香"。这是清晖园北部景区正门口的一副对联，它点出了这一景区的雅静风貌。这里通过院落、小巷、天井、廊

图6-2-24 顺德清晖园归寄庐庭园

图6-2-25 顺德清晖园小蓬瀛

子、敞厅来组织空间,是院主人生活起居的地方。主要建筑"归寄庐"、"小蓬瀛"两个厅堂,中间以连廊相接,连廊两侧为石山和翠竹,是个清凉、幽深、宁静的庭园(图6-2-24、图6-2-25)。前厅为两层楼房,正面是称为"百寿桃"的大型木雕,图内为一棵枝繁叶茂的仙桃树立在鲜花石山上,结有多颗果实,雕刻工艺精美,是件雅俗共赏的艺术珍品。相邻的旁厅内用刻有梅、竹、荷等镶嵌玻璃的门板作间隔,美观别致。而另一建筑"笔生花馆",内分一厅两房,厅房之间也是用镶嵌着印花玻璃的门相隔。房门额上各有一副梅花图。厅堂梁柱间做有大型通花挂落装饰。此馆其名取材于唐代诗人李白孩童时曾梦见笔头生花,后成为大诗人的故事,祈望子孙后代能登科成才。此处无论厅中小憩,还是花径漫步,但见壁山起伏,翠竹掩映,小院深邃,鸟语花香,虽疏淡清雅,倒也别有一番风趣。

园内建筑物的品种上几乎荟萃了中国古典园林的各种建筑形式:亭、榭、厅、堂、轩、馆、楼、阁、廊、舫,造型构筑别具匠心,各具情态,灵巧雅致,具有鲜明的岭南水乡特色。大量采用落地式屏门,同时使用大量彩色玻璃镶嵌棂格,美观大方,通透玲珑。而众多水景的运用,岭南佳果的图案装饰,使清晖园的设计独见匠心。

四、佛山梁园

梁园是清代中晚期佛山梁氏私家园林的总称。梁园始建于清嘉庆、道光年间,主体园区位于佛山市松风路先锋古道,由内阁中书、岭南著名书画家梁蔼如及其侄儿梁九章、梁九华、梁九图等诗书画名家所精心营建,历时四十余载,至清咸丰初年,梁氏园林群体已至相当规模,面积上百亩。梁园鼎盛时规模宏大,占地二百余亩,包括"无怠懈斋"、"十二石斋"、"寒香馆"、"群星草堂"、"汾江草庐"等园林建筑组群。梁九图在《梁氏支谱》中记有:"一门以内二百余人,祠宇、室庐、池亭、围囿五十余所。"园内祠堂宅第与园林建筑自成体系,亭廊桥榭、堂阁轩庐,聚散得宜,错落有致。建筑小巧精致,轻盈通透,与绿水荷池、松堤柳岸相映成趣;大小奇石千姿百态,园林景色诗情画意。

梁氏家族原世居顺德县杏坛镇麦村,于清嘉庆初年定居佛山松桂里。梁园始创人之一梁蔼如进士及第,官至内阁中书,精通诗赋,善于书画,天性淡泊,不慕功名,辞官归故里后,于嘉庆末年在松桂里筑"无怠懈斋"以娱晚年。梁九章,嘉庆丙子年乡试选调国史馆誊录,后为四川布政司知州,善画梅,精书法,喜鉴藏,道光年间在西贤里筑"寒香馆"。寒香馆内树石幽雅,遍植梅花,其弟梁九图有诗《雪夜寒香馆观梅》咏之:"冷逼梅魂夜气严,万花斗雪出重檐。高枝时与月窥阁,落瓣偶随风入帘。对影鹤应怜尔瘦,熏香炉不倩人添。罗浮我有前生梦,翠羽应妨破黑甜。"梁九图,十岁能诗,生性雅淡,不乐仕途,喜游历,善画兰,道光年间,在原清康熙时太守程可则故宅"崴山草堂"的旧址上,兴建园林"紫藤花馆",后来梁九图游览衡山湘水南归，舟过清远时偶然购得纹路嶙峋，晶莹剔透，润滑如脂的大小黄蜡石12座，于是用船运回佛山，以石盆乘之，罗列馆中，最大的一座石取名为"千多窿"。梁视石若命，将原馆改名为"十二石山斋"，自号"十二石山人"，梁九图还建有"汾江草庐"，为词人雅集之觞咏地，骚人墨客一起"诗酒唱酬，提倡风雅"，人称梁九图为"汾江先生"，园内筑有韵桥、石舫、个轩、笠亭等，园以湖池为中心，堤上韵桥若彩虹之跨明镜。

"群星草堂"亦建于清道光年间，园主为梁九华，字常明。官至大理事主事，人称部曹，喜好书画，晚年好石。返乡后建部曹第、祠堂和群星草堂。群星草堂为三进建筑，回廊天井，九脊屋盖，砖、木、石结构，外观古朴清雅。北面有"秋爽轩"，旁有"船厅"，荷池对岸为2层的"笠亭"。园内百年古树苍劲挺拔，奇石形状万千，立如危峰险峻，卧似怪兽踞蹲。其中"苏武牧羊"、"雄狮昂首"、"如意吉祥"更为石中之稀品。梁九图在《群星草堂记》中说："辟园地数亩。在沙洛中布太湖、灵璧、英德等石几满，高逾丈，阔逾仞，非数十人异不动。或立、或卧、或俯、或仰，位置妥贴，极丘壑之胜。间以竹木，饰以栏槛，配以台阁，绕以池沼。"（图6-2-26～图6-2-31）

梁园鼎盛时，规模宏大，建筑众多，其造园艺术别具一格，融传统造园艺术、岭南水乡田园风韵与文化内涵于一体，立意清雅脱俗，空间变化迭出，极具写意庭园的诗情画意。有奇花异卉、岭南佳果，倍添名园毓秀；因大小奇石之千姿百态、组合之巧妙脱俗而独树一帜。相传园内奇石多达四百余块，有"积石比书多"的盛誉。"粤东三子"之一的岭南诗人黄培芳曾给予"名园推最胜"之评价。

梁园布局精妙，不拘一格。宅第、祠堂、园林浑然一体，具有浓郁的地方色彩。造园格调高雅，独具匠心，庭园景观丰富多样，对比鲜明，布局构思注重文化内涵，讲究诗情画意。庭园空间错落有致，聚散得宜，吸取江南园林之精华，借景、对景等技法的运用恰到好处，庭园组景不拘成法而富于创意，有石庭、山庭、水庭、水石庭等多种形式，营造出动静结合、疏密有度的园林景观。梁园的园林建筑精巧别致，引人入胜，虽体量不大，但特点鲜明。

图6-2-26 佛山梁园群星草堂

图6-2-27 佛山梁园秋爽轩檐廊

图6-2-28 梁园船厅

图6-2-29 佛山梁园笠亭

图6-2-30 佛山梁园庭园石景"苏武牧羊"

图6-2-31 佛山梁园庭园

广东古建筑

第七章 其他

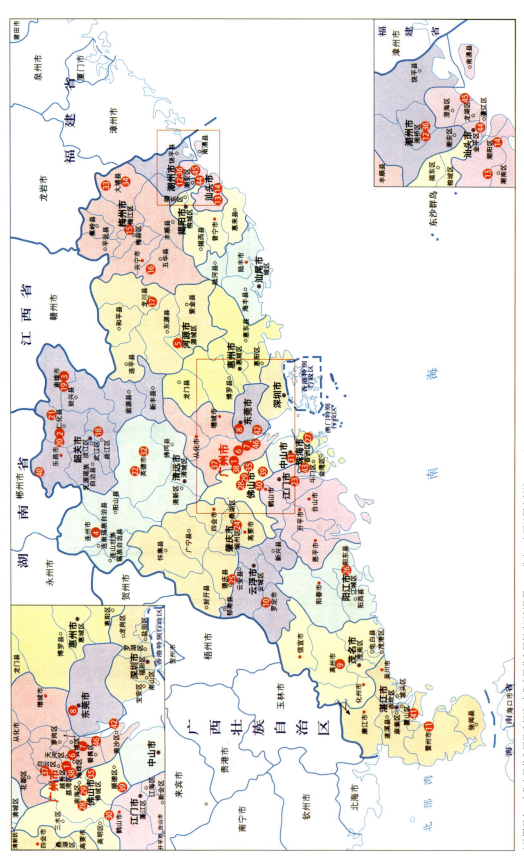

广东其他（塔、牌坊、桥、炮台守城）分布图

第一节 塔幢

广东古塔，最早见之于文献记载，是南北朝期间建于连州、广州、曲江等地的佛塔。据州志载，南朝宋泰始四年（公元468年），在连州建塔，宋代在此塔的旧址上重建今慧光塔。建于南朝梁大同三年（公元537年）的广州宝庄严寺舍利塔，是平面方形的楼阁式木塔，与同时期中原、江南地区建塔形制较一致。

隋唐时期，广东已开始兴建砖塔、石塔、砖石混合结构塔。今存被认为隋唐时期所建的佛塔有7座，其中隋唐塔1座——新会龙兴寺塔，唐塔6座——广州光孝寺六祖瘗发塔、龙川正相塔、潮阳灵光寺大颠祖师塔、英德蓬莱寺塔、仁化云龙寺塔、河源龟峰塔，不过，上述诸塔都经历代修建，是否保持始建时的形制则不能肯定。唐代广东佛塔风格呈多样化，粤北的几座楼阁式砖塔，塔身装饰较为精细，以倚柱隔开三间，斗栱上用叠涩砖挑出塔檐的做法，与西安玄奘墓塔制作相同，塔身设砖砌仿木构假平坐的做法，在唐代砖塔中尚不多见，却成为广东楼阁式砖塔较为普遍和典型的一种模式。始建于晚唐的楼阁式砖塔，平面六角，底座设挑檐深远的副阶，各层隔面开壶门，余三面作壁龛供佛像，塔体造型美观，结构严谨，直接影响到广东宋代楼阁式塔的建造风格。

唐代佛教建筑出现了石经幢，现存的有广州光孝寺大悲心陀罗尼经幢和潮州开元寺内佛顶尊胜陀罗尼经幢。光孝寺经幢刻有"唐宝历二年"（公元826年），形制简朴。开元寺经幢造型修长，比例均称，雕刻精美，寺中保存有四座唐代经幢，其中大雄宝殿月台前东西对峙一对（图7-1-1）。天王殿前东西两旁立有一对（图7-1-2）。潮州开元寺还有四座宋代所建的阿育王式塔（图7-1-3）。

南汉时期遗留下来的铁塔，有广州光孝寺内的东、西铁塔和梅县千佛铁塔。铸于大宝六年（公元963年）的光孝寺西铁塔，是我国现存有确切铸造年代最早的大型铁塔，反映了当时塔式仍为平面四方以及浑圆饱满的唐代雕塑风格，塔原有7级，现仅存3级，残高3.1米（图7-1-4）。东铁塔与西铁塔相近，通高7米多（图7-1-5）。梅州千佛铁塔平面方形，为7级楼阁式铁塔，高4.2米，铸于南汉大宝八年（公元965年），千佛塔各面铸有大小佛像，排列有致，各尽其美，无论大小，皆屈膝盘坐，脸部造型丰满圆润，服饰简朴，保存了唐代造像风

图7-1-1 潮州开元寺大雄宝殿月台前经幢

图7-1-2 潮州开元寺天王殿前经幢

图7-1-3 潮州开元寺宋代所建的阿育王式塔

格，是南汉时期少见的佳作（图7-1-6）。南汉遗构还有东莞的石构"象塔"。其实是佛顶尊胜陀罗尼经幢，幢刹为阿育王塔式。

宋代的古塔遗存主要在粤北地区，仅南雄一地就存有数座宋塔。在粤中、粤东等地也有遗构。这一时期以砖石为建塔材料，工艺技术进一步提高，砖塔以广州六榕花塔为佼佼者。宋代广东砖塔多为六角形平面，南雄三影塔保留了飘逸豪放的唐风，仿木构砖构件精确复杂，为这一时期的佳品。石塔风格多样，有阳江北山仿楼阁式石塔、潮州开元寺阿育王石塔、宝安龙津石塔等。元代建塔有南雄珠玑巷石塔、饶平镇风塔、新会镇山宝塔等。

明代以万历年间为高峰期，所建之塔约占广东明塔一半以上。清代较为集中于康熙、乾隆和嘉庆、道光年间，反映了当时的经济实力。明、清之塔，基本为楼阁式，有砖、石或砖石混砌的楼阁式砖塔，除中山烟墩花塔、高明灵龟塔外，多数不带副阶。粤中的平面多为八角，粤北塔的平面多为六角。塔的高度增加，肇庆崇禧塔、广州琶洲塔、赤岗塔、番禺莲花塔、惠州泗州塔、台山凌云塔、英德文峰塔、德庆三元塔等高度都在40米以上，高州宝光寺塔高62米，为岭南古塔之冠。还有潮州凤凰塔、梅县元魁塔、潮阳文光塔、涵元塔、东莞金鳌洲塔、新会凌云塔、雷州三元塔等一批杰构。宝光塔、凤凰塔、三元塔的须弥座留下精美石刻，潮州三元塔各层塔心室藻井镌刻有八卦图等各种祥瑞图案，艺术价值很高。

广东尚存古塔300多座，形式多样。广州、粤西、粤北一带多为砖塔，带腰檐、平坐，比例均称，华丽精致，是标准的楼阁式砖塔，样式较多受到中原地区影响；粤东多为砖石塔或石塔，不带腰檐，仅有假平坐，各层外壁直立，简朴凝重，样式受福建地区影响；珠江三角洲一带多为砖塔，不带腰檐平坐或略具腰檐，塔身收分不大，风格更近皖赣地区。从总体看，广东古塔较之北方古塔的雄浑而显纤秀，较之江浙古塔之飘逸而显稳重，从明清时期起已呈现出自成一格的建筑风格。

一、广州六榕寺塔

又称六榕塔、千佛塔，位于广州市六榕路六榕寺内。南北朝时，梁武帝萧衍特派他的母舅昙裕法师至扶南（即柬埔寨）求取佛舍利，回广州后，得到诏许即修筑舍利塔，以瘗藏舍利。北宋元符三年（1100年），苏东坡经广州时应邀到该寺游览，书下

图7-1-4 广州光孝寺西铁塔

图7-1-5 广州光孝寺东铁塔

图7-1-6 梅州千佛铁塔

"六榕"二字。后人敬重东坡遗墨，于是将净慧寺易名六榕寺，舍利塔称为六榕塔。清代因六榕塔塔身檐壁色彩斑斓而有花塔之称。

塔平面呈八角形，外观9层，内设暗层8层，共17层，外观为仿木楼阁式的穿壁绕平坐结构的砖木塔，通高57.6米，是岭南地区现存宋塔中最高的一座（图7-1-7～图7-1-9）。

穿壁绕平坐式的结构在砖塔中是坚固度最好的。早期古塔采用的结构是空筒式结构，楼层和梯级仍用木料做成。后来建的塔，其结构也有实心的，楼梯在塔内贴壁盘旋而上，也有在塔心柱内开辟登塔阶梯，而最为复杂而又连接得最为坚固的则是穿壁绕平坐式。所谓穿壁绕平坐，就是进入塔室之后，要再上一层，必须由塔外平坐绕入外壁开口，穿过壁间的楼梯后，进入上层的塔心室，然后又要穿过另一侧的塔壁，达到更上一层的塔外平坐，如此反复往上攀登。这种由塔身外进入而又穿出塔身之外的梯级，就必须有外走道平坐的设置。塔心室的楼层位置恰在上下两层外平坐当中，而不是像通常那样，楼层和平坐位于相同或接近的标高上。攀登这种塔有如入迷宫的感觉，使登塔的人时时要顾及方向，然而正是这种结构使古塔塔身、楼板、平坐有立体的连接，能够较好地经受岭南地区风雨侵蚀的特殊气候条件的考验，

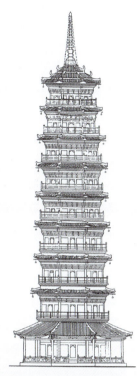

图7-1-7 广州六榕寺塔立面图

图7-1-8 广州六榕寺塔（引自广东省文物局《全国重点文物保护单位　广东文化遗产》，文物出版社）

图7-1-9 广州六榕寺塔

因此这种结构类型的古塔在广东比较多，广州的六榕寺塔、赤岗塔、琶洲塔、肇庆崇禧塔、高要文明塔，德庆三元塔，罗定文塔等都是采用穿壁绕平坐式结构的。

塔刹为元至正十八年（1358年）铸，铜质刹柱身上密布1023尊浮雕小佛像及云彩缭绕的天宫宝塔图。千佛刹柱连同顶上的火焰宝珠、双龙宝珠、九霄盘、覆盘及八根铁链等构件，合计重达5吨。一般古塔刹杆多用木柱，花塔用铜柱实为罕见。塔身除斗栱、檐椽及楼层采用木构件外，其余以砖砌就。各层以菱角牙砖与挑檐砖相间叠涩挑承平坐和腰檐。每层各面隐砌门柱、角柱、普柏枋、阑额等，阶梯为穿壁绕平坐式，内壁有多处砖铭，阴刻"广州净慧寺宝塔劝首林主簿并转运司监劝史首王"等文字。塔基座铺盖石块，外侧围以石板栏杆，华板上刻饰各种禽兽花卉吉祥图案。花塔既是佛塔，在古代又兼有航标作用。花塔自北宋重建后，虽历代均有修葺，主体仍保留宋代风格。明嘉靖年间，主持僧德隐利用塔端放光，大设佛会，募集钱财修塔。清同治十三年（1874年）曾动用海防经费修塔。塔旁有铜碑，记载民国24年（1935年）的修缮。1980年曾作维修。

二、仁化云龙寺塔

云龙寺塔位于仁化县董塘镇安岗村。原称西山寺塔，清代因寺更名云龙寺，塔随寺更名。据明代正德十四年（1519年）《重建西山寺碑记》载："宝塔峨巍，上载乾宁之号，断碑始迹，中书光化之年"，推断此塔始建于唐乾宁（公元894～898年）至光化年间（公元898～901年）。

塔平面正方形，为5层平坐仿楼阁式的实心砖塔，该塔塔顶已毁，残高10.4米（图7-1-10）。首层边长2米，二层以上逐层递减。除塔腔底层筑一券顶塔心室外，余皆实心。各层置腰檐及假平坐，每面设一个佛龛，排列在正中成一直线。塔身各层各面有砖砌仿木构的倚柱、额、枋、斗栱等。第一层高2.1米，在1.35米处，以斗栱承托菱角牙砖与挑檐砖叠涩3层出

图7-1-10　仁化云龙寺塔　（何荣摄，广东省文物局提供）

檐。三至五层用菱角牙子砖与挑檐砖相间叠涩出檐，出檐短浅。全塔均用红色和灰色夹心砖砌筑，外形古朴，造型独特，具有唐代塔式建筑的特点。

三、南雄三影塔

位于南雄市雄州镇永康路，建于北宋大中祥符二年（1009年）。原建于延祥寺（已毁）旁，故又名延祥寺塔。明代大学士邱濬，曾作《延祥寺浮图记》，于《保昌县志》中曰："延祥寺在南雄府治东二里，宋大中祥符间僧祖善始建也，有浮图……是则禅教之兴，始终皆在于岭南，而雄郡乃岭南，往必由之道。而寺适当其冲，而浮图在于是焉，谓之异人所建，虽可要之不能无意也。募缘重修者僧智广主其事者。千户谭某兴始、景泰乙亥八月毕工。"据清乾隆十八年（1753年）《南雄州志》题为《阴晴塔影》载："在延祥寺中，传祥符二年己酉异人建塔，其影有三，两影倒悬，一影向上，故曰三影塔。"。

三影塔为外观仿木楼阁式空腔砖塔，正面向南，平面六角9层，基座高1.78米，直径8.94米，首层边长4.5米，壁厚2.4米，塔通高（地面至刹顶）50.2米（图7-1-11～图7-1-13）。塔身第一层南面有"大中祥符二年三月十四日"纪年青砖一块。首层宽大的副阶于1986年修复，副阶檐柱六条，高3.6米，直径50厘米，柱础为覆莲（图7-1-14）。

塔阶梯为穿壁绕平坐式，可登临，是广东现存建成年代最早的穿壁绕平坐式砖塔。塔的各层平坐建栏杆形成回廊。每层均有六角形内室，室内壁有壁龛四个。每层各面均辟一门，用仿木构件的青砖砌出阑额、普拍枋和转角柱，角柱上施斗栱，斗栱以上用菱角砖和挑檐砖叠涩出檐。塔

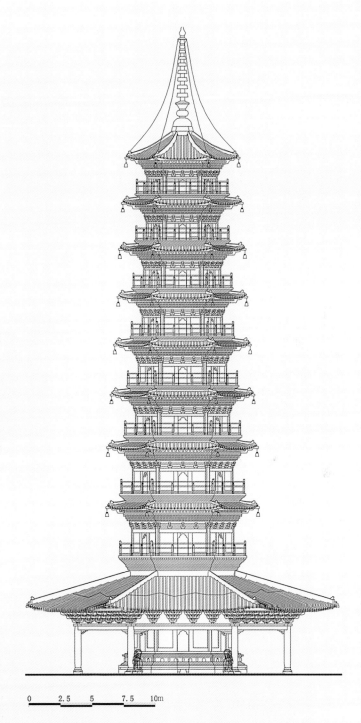

图7-1-11 南雄三影塔立面图（引自程建军《梓人绳墨》）

檐覆盖铁红色板瓦和筒瓦，翼角下有夔龙首角梁，脊端各置一陶制貔貅。各层飞檐与塔身逐层尺寸递减，顶部以高刹结束。塔刹原为铸铁覆盆上立葫芦顶，1986年维修时改为覆盆、宝瓶、9层相轮和宝珠刹顶。该塔造型优美、俊俏玲珑，体现了宋代建筑风格。

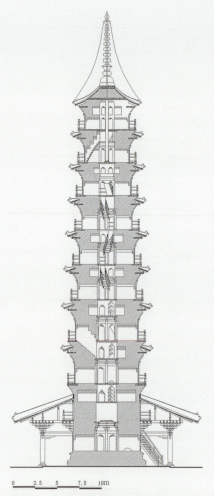

图7-1-12 南雄三影塔剖面图（引自程建军《梓人绳墨》）

图7-1-13 南雄三影塔（高海峰摄）

图7-1-14 南雄三影塔首层副阶（高海峰摄）

四、连州慧光塔

慧光塔位于连州市慧光路南端慧光公园内，始建于南北朝宋泰始四年（公元468年）。初为木塔，宋代重建为楼阁式砖塔。塔平面为六角形，塔高9层十七级，通高49.9米，其中塔刹高7.8米（图7-1-15）。

首层边长4.7米，墙厚2.89米，外观用"人"字形鸳鸯交手栱，隔一面开一门，共开三门，均通塔心室。塔心室内用砖砌出柱和栌斗、散斗，斗上承托木枋和楼板。二层以上每层辟圭形真门两个和假门四个，从真门入塔心室登阶梯穿壁绕平坐，可逐层登至顶层。各层每面均以倚柱分三间。每层平坐以菱角砖和挑檐砖叠涩出檐。塔身呈直线收缩，塔刹为铁铸，以覆钵、露盘、相轮、宝盖、宝珠等组成。该塔结构较有特点，其鸳鸯交手栱在广东罕见（图7-1-16）。

五、河源龟峰塔

龟峰塔位于广东省河源市源城镇东江河畔龟峰山上，因建在龟形石山顶上而得名。龟峰塔始建于南宋绍兴二年（1132年），明万历三十年（1602年）重修。被列为"河源八景"之首，享有"东江第一塔"之美誉。

龟峰塔平面为六角形，首层外边长5.4米，内边长1.6米，通高42.6米。塔正门向东，外观7层，内为13层，一明一暗，有如竹子，节节上升，层层收分（图7-1-17）。各层设有木楼板加铺方砖，其中暗层有穿墙上、下两个门，四个佛龛。明层有一门上通另一层平台，另有五门通向外边平坐栏杆。沿阶梯盘旋而上，可达顶层。塔属青砖结构，平坐和出檐均用隔层菱角牙砖叠垫出挑，出檐较其他塔宽厚。平坐设有木栏杆，每层六角均有角柱，为典型宋代仿木楼阁式砖塔。塔檐现改用灰色琉璃瓦，施瓦当滴水，角梁下悬挂铜钟。

龟峰塔经八百多年的风雨侵蚀，台基被堆积尘土埋没，塔檐与平坐崩塌，瓦面无存，塔内各层原有木楼板亦已毁坏殆尽。龟峰塔原有塔顶，因"咸丰二年壬子，龟峰塔崩第一级"，《河源县志》所记的"崩第一级"即原来的塔顶，修复前在塔腔第六层发现的一条大横梁，就是建塔时用来承托塔顶的实物见证。从首层塔身外面的梁枋孔洞分析和塔基周围出土的柱础石可以证实，该塔原有副阶存在，即首层六角伸出4米木梁塔檐，俗称"塔裙"。1989

图7-1-15 连州慧光塔（卢俊峰摄，广东省文物局提供）

图7-1-16 慧光塔的"人"字形鸳鸯交手栱和斗栱（卢俊峰摄，广东省文物局提供）

图7-1-17 河源龟峰塔（袁伟强摄，广东省文物局提供）

年按宋式复原。在维修复原过程中，先后发现几块纪年砖，上刻"绍兴二年壬子十一月廿九塔砖"、"绍熙四年十二月廿一"，还有一块上刻"万历三十年修"。这些铭文砖叙述了建塔年代与重修时间。

六、广州琵洲塔

琵洲塔位于广州市海珠区的琵洲（今新港东路），靠近珠江边。琵洲原为珠江中洲渚，洲上有两小山丘，两山连缀形似琵琶，故名琵琶，塔也因洲得名。洲又称鳌洲，故塔又称海鳌塔。当年，岗顶的琵洲塔俨如中流砥柱，"琵洲砥柱"是清代羊城八景之一，塔址今已和江岸相连了。

明代琵洲为天然避风港，来自闽浙的船只常停泊于此，南海光禄勋丞王学曾等倡议在洲上建塔，以壮观瞻。由工匠龚坤主持工程，万历二十五年（1597年）奠基，万历二十八年（1600年）落成。清道光二十四年（1844年）重修，1991年再次重修。

琵洲塔为八角形楼阁式，青砖砌筑，内腔为八角直井式，外观9层，内分17层，高50余米（图7-1-18）。首层直径12.7米，边长4.95米，壁厚3.97米，辟三门。南北门进首层塔心室，西门原有砖砌梯级上二层（暗层）塔心室。梯级穿壁绕平坐式。楼内各层对开四门，如十字巷纵横贯通，相邻两层错开辟门，其他各面无门而设佛龛为假门。从第二层起，每层出腰檐，塔身由下至上逐渐变窄。塔基须弥座边长5.6米，高1.15米，红砂岩垒砌，基面以灰色斑岩铺砌，上枋八面按方位刻有八卦符号，束腰转角处均镶有石刻托塔力士，跪状，神态生动，刻工古朴，为广州明代石雕佳作。塔身转角均置红色倚柱，柱头施黑色额枋。额枋上以六叠菱角牙砖叠涩出檐，首层出檐0.85米。各级腰檐上，以四叠菱角牙砖叠涩挑出平坐，第二级平坐宽0.69米。各级平坐设木护栏。塔顶为八角攒尖顶。铁铸覆盆上铸有"道光重修"字样。顶檐有铁铸雁形角梁伸出悬钟。塔旁尚存《琵洲鼎建海鳌塔记》石碑，高1.71米，宽0.87米，1991年修缮时重铸铁塔刹，木质刹柱改为铁柱。

图7-1-18　广州琵洲塔（常勇摄，广东省文物局提供）

琶洲塔竣工12年后，在濒临狮子洋的番禺莲花山上又建了座莲花塔。琶洲塔竣工19年后，又在琶洲西面的赤岗动工建了一座赤岗塔。

七、广州番禺莲花塔

莲花塔位于广州市番禺区莲花山镇的莲花山主峰上，原名文昌塔。建于明万历四十年（1612年）。据清乾隆年间《番禺县志》载："明时有南海庞端业生员郭等冒认税山，招商开采，伤地脉，人文罹厄，万历四十年（1612年）邑举人李惟凤、刘如性、林彦枢、崔知性、梁瑛告官封禁，复建浮屠其上，今呼石砺塔"。此塔因建于莲花山上而称莲花塔。又因莲花山亦称石砺山、狮子山而称石砺塔、狮子塔。该塔雄踞在珠江入海口处，给往来的船只测定方位和指点航向坐标，见此塔而知广州至，故又称"省城华表"。

塔为八角形楼阁式砖木塔，外观9层，内为11层，通高48.46米。塔身各层四面错开辟窗。塔身外壁白色，转角置红色倚柱，额仿上以菱角牙砖叠涩挑出绿琉璃瓦檐（图7-1-19、图7-1-20）。二层以上层层收分，略作平坐。楼内各层铺设木楼板，塔腔为壁内折上式结构。塔顶为八角攒尖绿琉璃瓦顶，塔刹由覆盆、宝珠、仰莲、铜葫芦组成。

图7-1-19 广州番禺莲花塔

图7-1-20 番禺莲花塔局部

鸦片战争和抗日战争时期，莲花塔受英、日侵略军枪炮轰击，塔身弹痕累累，破损严重。1983年重修后，每层铺设楼板，内辟步级螺旋登顶层。檐面铺饰绿琉璃瓦和滴水，檐角下挂铜钟，塔心柱改作钢筋混凝土，重铸复盆、宝珠仰莲和铜葫芦顶。

八、东莞金鳌洲塔

金鳌洲塔位于东莞市莞城西南1公里的万江桥畔，因其坐落于万江金鳌洲，故名。金鳌塔始建于明万历二十五年（1597年），原为抗御水害的镇水宝塔。后于清乾隆二年（1737年）重建，1991～1992年进行了全面维修。

金鳌洲塔为楼阁式八角9层砖室塔，高49米（图7-1-21、图7-1-22）。红砂岩塔基建立在天然岩石上，塔基距水边仅三五米之遥。砖木混砌塔身，塔腔为穿壁绕平坐结构，塔身各面饰以仿木构柱、额及门，门洞交错而置。各层用菱角牙砖与挑檐砖相间叠涩出腰檐及平坐，平坐上置木构栏杆。塔顶有生铁铸杆刹，顶端置宝葫芦。该塔外观逐层递减收分，比例均匀，高耸挺拔。塔处于江心陆洲，三面环水，保存完整，巍然耸立于东江之滨。

图7-1-21　东莞金鳌洲塔立面图（广东省文物局提供）

图7-1-22　东莞金鳌洲塔（张海成摄，广东省文物局提供）

九、高州宝光塔

宝光塔位于高州城西鉴江边上。明万历四年（1576年），高州知府张邦伊倡建。1949年后曾先后两次维修，但因多次雷击，塔顶渗漏，塔身出现裂痕。1993年再次维修加固。现为铜质葫芦形塔顶。

塔为八角9层楼阁式砖塔，通高65.8米，底层边长5.72米（图7-1-23）。塔身全部用青砖砌筑。塔基为石筑须弥座，束腰部分各面均嵌有花岗石浮雕图案三幅，每幅浮雕长1.45米，高0.55米。浮雕内容分别有吉祥富贵、双凤朝阳、鹏程万里、鱼跃龙门，还有独具地方特色的高州香蕉图等。两幅浮雕之间，镶嵌一块竹节形石浮雕相隔。竹节浮雕0.55米，宽0.28米。基座每角镶嵌一尊托塔力士浮雕，高0.55米，宽0.38米。

宝光塔塔门有砖雕图案装饰，门额上方用砖雕阴文横书塔名"宝光塔"（图7-1-24）。塔名右上方有两行竖书阴文款，分别为"分守岭西道政朱东光"和"参政徐大任"；塔名左下方有阴文竖书落款"万历丙子仲春建"。

塔内建有螺旋形砖级，为壁内折上式，沿着阶梯，可以逐层攀登，直到塔顶。每层设四面真门、四面假门，两两相对，塔内通明透亮。过去塔内每层都有佛像数尊，其中底层为护塔大佛像，造型高大威严，其余各层为小佛像，形态各异，故俗称宝光塔为"佛塔"。

十、罗定文塔

罗定文塔又称三元宝塔，位于罗定市罗城镇

图7-1-23　高州宝光塔

图7-1-24　宝光塔塔门

旧城河东。建于明万历三十九年（1611年），历时三年竣工。清嘉庆五年（1800年）曾对塔顶进行维修。明道光二十八年（1848年）曾加固塔基。1988年重修，恢复了明代的风格，并安装了避雷设施。该塔地处河畔，不远处有青云桥，水面映照七级浮屠，登青云桥览胜有宝光荡漾之躯，因而成为明清罗定八景之一的"东桥塔照"（图7-1-25）。

该塔平面为八角形，外观七层内分十三层，是穿壁绕平坐楼阁式砖石塔，总高47米，塔首层宽9.62米，壁厚3.28米。塔身各层设门、平坐、栏杆，各门采用上下间交互错置的形式。平坐及塔檐由菱角牙砖与挑檐砖相间层层叠涩挑出，檐面盖瓦，檐角悬挂铜铃（图7-1-26）。现塔刹为1988年维修时设计铸造，由九霄盘、相轮、宝珠及角链等铁铸件构成。原刹柱为木质，外包铁铸件，铸件上铸有铭文，记载倡见文塔的罗定州官员、生员的姓名和建塔年代。

十一、雷州三元启秀塔

雷州三元启秀塔又名三元塔，俗称调会塔。在广东省雷州市雷城东南三元塔公园内，此处旧时为调会坊，故塔有此俗称。明万历四十一年（1613年）动工，万历四十三（1615年）竣工。建前为塔拟名"启秀"，因破土时挖出三枚蛇蛋，人们认为此乃是"三元及第"之吉兆，故增名"三元启秀塔"。

塔平面八角形，外9层，内17层，其中暗层8层，为穿壁绕平坐楼阁式砖木塔，通高57米（图7-1-27）。塔基为石雕须弥座，共镶嵌有23块浮雕石刻图案，如：鲤鱼跃龙门、三羊开泰等。塔身逐层内收，比例匀称。登塔阶梯为穿壁绕平坐式。塔

图7-1-25 罗定文塔

图7-1-26 罗定文塔平坐及塔檐

图7-1-27 雷州三元启秀塔

图7-1-28 潮州凤凰塔

身有砖砌叠涩出檐，挑出回廊；各层设拱券门和假门，相间交错。塔刹为紫铜葫芦形状，高2.2米。首层内径4.06米，壁厚3.48米，顶层内径2.1米，壁厚1.9米。

十二、潮州凤凰塔

凤凰塔位于潮州古城外东南约2公里处的韩江之滨，因遥对凤凰山，又与隔江的凤凰台相望，因名。凤凰塔右的韩江支流北溪旱时溪水常涸，俗名"涸溪"，故此塔又称涸溪塔。凤凰塔始建于明万历十三年（1585年），清乾隆三十年（1765年）重修。1900年全面加固修缮，修复了首层石栏杆和二层木柱栏杆，建筑保留了明代遗构与风格。

凤凰塔为平面八角7层楼阁式砖石塔。塔高45.8米，基围46.6米，墙厚2米多。塔基为石砌须弥座。塔之第一、二层为整齐的花岗石条石砌筑，用丁头栱逐层托出塔檐，二层以上除压檐石承丁头栱以托出石质塔檐之外为青砖砌筑。各层以木楼板分隔，二层以上每面错开位置开四门（或窗）。塔身中空，塔内一、二层靠壁有螺旋石阶梯，到第三层进入夹壁，可盘旋登上顶层。夹壁梯道开一小窗以采光。塔刹为3米高的铜铸葫芦（图7-1-28）。

现塔的装饰雕刻主要集中在须弥座和一、二层石砌部分。塔基须弥座各面边长5.8米，高1.5米，除塔门一面为梯级外，其余七面皆嵌有石刻浮雕。雕刻内容有凤凰双飞、鸳鸯戏水、二龙戏珠、双狮夺球、鲤鱼跳水、金犬吼天、鹿鸣回首以及海马、巨象、莲花、卷草等祥瑞图案，线条简练，刻工比较精细。门开西北向，门额题刻"凤凰塔"，两边有明万历年间潮州知府郭子章所书对联："玉柱擎天，凤起丹山标七级；金轮着地，龙蟠赤海镇三阳"。

十三、汕头潮阳大颠祖师塔

大颠祖师塔又名舌镜塔、瘗舌冢，位于汕头市潮阳区铜盂镇灵山寺后。创建于唐长庆四年（公元824年），为当时该寺主持禅宗九祖大颠祖师的归葬之处。据明隆庆《潮阳县志》载，该塔于唐末称"瘗舌塔"，宋至道年间改称"舌镜塔"，沿用至今。

大颠祖师塔是一座天竺窣堵坡形式的石造塔，高2.8米，塔身的最大直径为1.8米，由78块花岗石砌成。基座平面为八角束腰形，并有飞龙走兽及花卉的浮雕图案。其座有石雕仰莲花瓣承托塔身，而塔身的外观呈圆柱状覆钵形。正面有莲花承托的方形神龛，龛内刻有"唐大颠祖师塔"六字。古塔至今保存完好，是国内罕见的唐代钟形墓塔（图7-1-29）。

图7-1-29　汕头潮阳大颠祖师塔（郑晓云摄，广东省文物局提供）

十四、汕头潮阳文光塔

文光塔是一座风水塔，矗立在汕头市潮阳区棉城镇的中央，宋绍兴元年（1131年）初建，倒塌后于南宋咸淳二年（1266年）重建，因放置上千个佛像于塔内，又称"千佛塔"，后塔又倒塌。至明崇祯八年（1635年）潮阳知县漆嘉祉主持复建，潮阳人吴仕训把塔名改称为文光塔，一直沿用至今。这次重建还立了碑记，即塔旁的《潮阳邑侯公鼎建文光塔碑》。清嘉庆二十年（1815年），潮阳知县唐文藻对塔进行全面修缮。1956年和1981年政府两度拨款维修。

塔平面八角形，7层，为楼阁式砖石塔，通高42.42米，以其结构严谨坚固著称。塔台阶前两侧蹲立一对雄雌石狮。塔座为石砌须弥座，外围以石望柱栏杆。首层正门横额有阴刻"文光塔"三字。除首层用花岗石砌筑外，其余塔身多以青砖修砌，门框用石制，门呈拱券形。各层用石斗栱及青砖叠涩挑出平坐，平坐外侧立石栏杆。塔腔内置螺旋式石阶梯，循石阶梯通道盘旋而上可至顶层，亦可步出塔门到平坐，观赏四周景色。为使阶梯通道采光通风，在墙身开设圆形窗洞。文光塔逐层减低收分，比例协调匀称，砖石砌法精湛，壁面光滑亮丽，塔刹成葫芦状（图7-1-30、图7-1-31）。

图7-1-30　汕头潮阳文光塔（郭伯恩摄，广东省文物局提供）

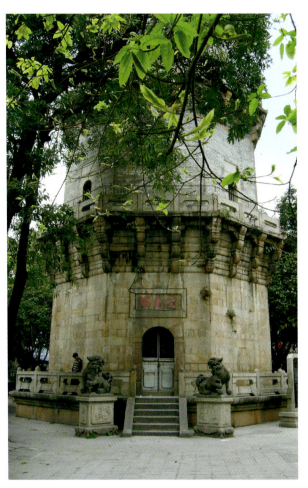

图7-1-31 汕头潮阳文光塔首层入口（郭伯恩摄，广东省文物局提供）

十五、梅州元魁塔

元魁塔位于距梅州市梅县松口镇4公里处的梅江下游北岸（图7-1-32），为明末翰林学士、东宫侍讲李二何主持修建于明万历四十七年（1619年），竣工于明崇祯二年（1629年），历时十年。

塔高39.5米，为八角8层楼阁式砖石塔，立于坡顶之上（图7-1-33）。该塔除塔基和底层为花岗石砌筑外，其余为青砖砌筑。沿塔内阶梯步级可至第七层。塔腔内第二至第七层，每层均用十字木枋45°角交错成梁架，上置木板为塔心室。每层均用青砖叠涩出檐，第八层檐上设有砖砌平坐，可供游人环塔凭栏眺望。各层均交互设置四个瞭望窗和采光孔。塔刹铁铸，呈葫芦状。塔底正门，有李二何亲撰的对联："澜向阁前回，一柱作中流之砥；峰呈天外秀，万年腾奎壁之光"。坡下不远处有文昌阁，为当年李二何藏书授课之地。

十六、五华狮雄山塔

狮雄山塔位于梅州市五华县华城镇东南方向约3公里的狮雄山上，地处岐江、潭江、乌陂河交汇

图7-1-32 位于梅州松口镇梅江下游北岸的元魁塔

图7-1-33 梅州元魁塔

口，始建于明万历四十年（1612年），守道蔡国炳、署县事通判蒋杞、知县詹子忠等相继主持兴建。清乾隆五十九年（1794年）和民国15年（1926年）分别作过维修。

此塔坚实浑厚，为八角9层楼阁式砖塔，高35.5米（图7-1-34～图7-1-36）。塔基须弥座用条石砌筑，每边长5米，底径13.8米。塔身用青砖砌筑，墙厚4米。塔腔为壁内折上式结构。各层开有拱形或火焰形窗，用斗栱砖和特制的"人"字形菱角牙砖叠涩出檐，出檐构件工艺精细。塔第八层收分较大，砌出平坐供游人观光。一至七层设木楼板。塔顶为八角攒尖，顶置铁铸葫芦形塔刹。塔门额嵌一方长乐县（今五华）知县詹子忠书"万代瞻仰"楷书阴刻题额，上署"万历癸丑端阳"、"金漳詹子忠立"。塔内存两方修塔碑记。清代本县诗人张铁珊曾为此塔题联："山作屏，地作毡，月作灯，烟霞作楼阁，雷鼓风箫，长庆升平世界；塔为笔，天为纸，云为墨，河瀚为砚池，日圈星点，乐观大块文章"。

十七、龙川佗城正相塔

位于龙川县佗城镇。始建于唐开元三年（公元

图7-1-34　五华狮雄山塔

图7-1-35　五华狮雄山塔首层

图7-1-36　五华狮雄山塔塔身出檐

715年），宋代重修。塔原名开元塔，南宋开庆元年（1259年），左丞相吴潜因反对立度宗为皇太子，被贬谪住在塔下古寺，故更名为正相寺和正相塔。清康熙五十三年（1714年）邑人徐琛曾在塔下拾到一块刻有"开元三年"的塔坠砖，故又名开元塔。

塔平面呈六角形，为7层楼阁式塔（图7-1-37）。原高30.1米，1959年修缮后高32.2米。塔腔为壁内折上式结构。塔身各层用菱角牙砖与挑檐砖相间叠涩出檐，每层置有假平坐，各面门排列在同一直线上。塔身用砖砌出仿木结构形式，各面作面阔三间，设阑额而无普柏枋。第一层各面门枋上置有外转五铺作三抄重栱补间铺作，栱承托横枋，横枋上施把头交项作和转角铺作。二至六层各面均置有把头交项作和柱头铺作。第七层当心间置有把头交项作。

正相塔又名"老塔"和"仙塔"，在广东省塔式建筑中，是在形制、结构、外观上保存较好的宋代佛寺砖塔之一。1959年、1980年和1985年曾分别对该塔进行修缮加固，现保存较好。

十八、韶关仙人塔

仙人塔在韶关市曲江区大塘镇新桥管理区杨屋村正南方的蛇岭山脚。始建于北宋年间（图7-1-38）。

塔为八角形穿壁绕平坐楼阁式砖塔，现存6层，七层以上及塔刹已毁，残高22.76米。塔首层边长2.75米，墙厚2.35米。每层每面均有圭形门或假门。每层每面均有砖砌倚柱，将每面作三间，柱上方用砖砌成普柏枋。一、二、三层当心间上方的普柏枋上置一朵一斗三升斗栱；四、五、六层在当心间的倚柱上方置一朵一斗五升斗栱。斗栱上用挑檐砖相间叠涩出檐，檐上再用砖砌出腰檐及平坐。全塔均用青砖构筑，各层用砖厚薄相间。第一层高4.51米，第二层高3.76米，层层稍有收分。该塔体量较大，结构严谨，外观圆浑美观（图7-1-39）。

十九、南雄珠玑石塔

珠玑石塔位于南雄市珠玑镇珠玑古巷，又名贵妃塔，建于元至正十年（1350年）。

塔平面为八角形7层实心幢式石塔。全塔用17块红砂岩石雕刻成形后垒叠而成，通高3.36米。基座直径1.2米，高0.24米。第一层为莲花座，座上的八角柱体有四大天王像浮雕和刻有"南雄路同知孙朝列重立，元至正庚寅孟冬"等字；第二层至第四层均为莲花座，八角柱体遍刻浮雕佛像；第五层为莲花座，鼓形身刻人头像和莲花图；第六层为覆莲座，八角柱体刻佛像；第七层为莲花座鼓形身。塔刹为葫芦形（图7-1-40）。

珠玑石塔造型别具一格，是广东为数不多的有绝对年号可考的石塔之一。"文化大革命"期间，石塔曾被群众拆下收藏，但其中第七层鼓形柱体塔身遗失，1984年南雄政府拨款，依原貌重新补刻并安装，同时加建护塔亭。

二十、仁化澌溪寺塔

澌溪寺塔坐落在韶关市仁化县董塘镇澌溪山瑶族村寨旁50米外的澌溪寺内。澌溪寺塔原名"秀宝

图7-1-37 龙川佗城正相塔

图7-1-38 韶关仙人塔

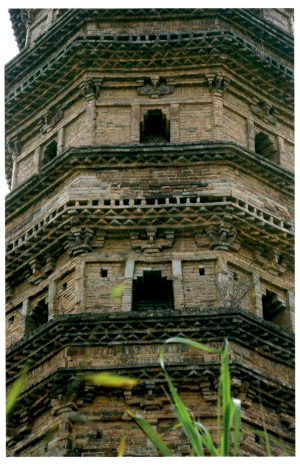

图7-1-39　韶关仙人塔塔身装饰

图7-1-40　南雄珠玑石塔（高海峰摄）

塔",后人称之为"浈溪寺塔"。清同治《仁化县志》载："秀宝塔在城西四十里浈溪山,与古塔云龙寺塔表景相望,传为仰山禅师塔……或仰山营构以福其桑梓"。浈溪寺塔建于北宋熙宁八年（1075年）。

该塔为7层门拱平坐楼阁式砖构塔,塔身平面正方形,边长3.46米,塔高23.14米,塔身各层置腰檐和假平坐（图7-1-41、图7-1-42）。首层方形的须弥座三面设火焰形佛龛,北面为正面。各层每面的正中设火焰形壶门。各层用菱角牙砖和挑檐砖相间叠涩出檐。内部穿心壁绕平坐,青砖穿心梯,可通至顶层。塔身每层各面角柱置砖砌一斗三升斗栱一攒,门或窗上方置丁头栱一攒。该塔外形清秀古朴,既有宋代砖塔风格,同时又具有唐代方塔之建筑特点。

二十一、仁化华林寺塔

华林寺塔位于韶关市仁化县下徐村,建于北宋元丰五年（1082年）。

图7-1-41　仁化浈溪寺塔（高海峰摄）

塔平面呈六角形，边长1.84米，为7层楼阁式穿心砖塔，残高21.74米。塔身置腰檐及假平坐，由菱角牙砖与挑檐砖相间叠涩而成。第一层塔身用海棠瓣砖砌额。一至三层用砖砌出柱、斗栱、阑额、普柏枋，并用倚柱将各层立面间隔成三间，柱头与明间阑额上方置一斗三升斗栱一朵，角柱微有生起和侧脚。四至七层斗栱相同，仅减阑额的构造。一、二层斗成莲瓣状，三至七层斗为方形。该塔秀丽挺拔，1991年修缮（图7-1-43、图7-1-44）。

二十二、英德蓬莱寺塔

蓬莱寺塔位于英德市浛洸镇，《韶州府志》、《英德县志》均载此塔始建于唐咸通年间（公元860～874年），宋代曾重修。因建在蓬莱寺旁而得名，又因壁龛内塔砖侧面模印"舍利弗"阳文，故称"舍利塔"。

塔的平面呈六角形，5层，穿壁绕平坐楼阁式，高21.38米。首层高4米，边长2米，每隔一面辟一个圭形门，其余三面外侧有壁龛供放佛像用。每层每面额枋正中和角柱上置有砖砌一斗三升斗栱。塔内各层有楼板。首层设副阶，以上各层以棱角牙子砖和线砖相间叠涩出檐，塔身置假平坐并向上逐层收分。其形制结构为宋塔风格（图7-1-45）。

此塔结构严谨，造型美观。宋、明、清、民国时期及1990年均有修缮。

二十三、新会镇山宝塔

镇山宝塔位于新会市圭峰山玉台寺山门前，为幢式塔，高2.76米，以砂岩分段叠砌而成。圆形须弥座台基饰有仰覆莲，上为圆覆钵形塔身（图7-1-46）。首层四面有莲瓣式尖拱佛龛供佛像，内置一尊身披袈裟，盘坐施礼的坐佛，中层刻有"镇山宝塔"，上层刻"阿弥陀佛"等字，其间有四边多层凸形的宝盖作檐相隔，形成三重宝盖。塔刹由相轮、宝盖、宝珠组成。

塔基下嵌有清乾隆十年（1745年）碑刻一通，记述该塔原在寺内直灵溪石桥古路旁，后由方丈迟纯和尚移建于此，但碑未述塔的始建年代。从该塔形制和工艺特点来看，元代较为流行。1996年在原址向西移18米，并加筑台座围栏加固保护。

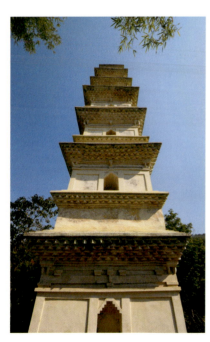

图7-1-42 仁化澌溪寺塔正面（高海峰摄）

图7-1-43 仁化华林寺塔（何荣摄，广东省文物局提供）

图7-1-44 仁化华林寺塔外观造型（何荣摄，广东省文物局提供）

图7-1-45 英德蓬莱寺塔（莫铁军摄，广东省文物局提供）

二十四、肇庆崇禧塔

崇禧塔位于肇庆市西江岸上，建于明万历十年（1582年），由岭西副使王泮兴建，万历十三年（1585年）竣工。因珠江上游的西江水"滔滔而东，其气不聚，人才遂如晨星"，建塔聚气可使人才辈出，又因西江水患频繁，建塔可镇住"祸龙"，永固堤围，于是有造塔之举。而塔名有"文运兴旺"、"鸿福无疆"之意。

塔的平面呈八面形，外观9层，内分17层，塔高57.5米，为穿壁绕平坐砖木混合结构的楼阁式塔（图7-1-47、图7-1-48）。须弥座高1.84米，周长46.5米，塔基八个角均有石雕"托塔力士"和"二龙戏珠"、"鲤跃龙门"、"双凤朝阳"、"麒麟献瑞"等浮雕图案。托塔力士群像造型生动，神态各异。该塔比例匀称，自下而上逐层减高与收分。每层腰檐用琉璃瓦铺盖，檐角悬挂铜风铃。塔楼板为木质，各层平坐均有木护栏。底层至五层均有佛龛，其中首层外3个，二至五层明、暗层共46个。各层门洞为圭形券门，由西北方向的乾清门进入塔内，逐层穿壁绕平坐盘旋直至顶层。

崇禧塔历经多次水灾、地震、战火，至今整

图7-1-46 新会镇山宝塔

图7-1-47 肇庆崇禧塔

图7-1-48 肇庆崇禧塔平坐与出檐

体结构仍无大变化。1960年和1983年曾对塔进行维修，恢复了楼板、平坐、瓦檐、栏杆等，并增建外围墙。由赵朴初撰书"崇禧塔"匾和"七星高北斗；一塔耸南天"的对联镶嵌于山门之上。

二十五、德庆白沙山三元塔

三元塔位于肇庆市德庆县西江北岸风景秀丽的白沙山上。明万历二十七年（1599年），由知州沈有严倡建，因州人祈求科举考试连中三元而得名（即状元、会元、解元）。源于人们盼人才，祈求状元、榜眼、探花"三元及第"的良好愿望，登塔寓意状元高中，步步高升，反映了当时兴人文、重人才、开风气的象征。著名书法家秦萼生为该塔亲笔题联："蘸笔豪书光日月；凭栏高唱定风波"。

塔为穿壁绕平坐楼阁式砖木塔，平面呈八角形，外观9级，内为17层，高58米（图7-1-49）。

塔基础用红砂岩和花岗石砌成，基围上面雕刻着老虎、狮子等各种走兽。塔门正对着滔滔而下的西江，门上横匾有楷书镌刻"三元塔"字，门的两边镌刻着"霞标插汉三千界；砥柱当潮九万程"楹联。须弥座转角处砌有神态各异的石雕托塔力士，塔身各层转角有方形倚柱，柱头施额枋，塔檐用四至五层菱角牙子砖砌出（图7-1-50）。每层各面有圭形洞门，平坐浅短，也是用三层菱角牙子砖砌出。塔的外表柱、枋粉饰材料，选用的不是一般的土朱灰浆，而是名贵的银朱灰，历数百年的日晒风雨，颜色仍很鲜丽，故当地人将这座宝塔称为"常青塔"、"永恒塔"。1994年大修时恢复楼板、平坐、栏杆，新铸塔刹。

二十六、阳江北山石塔

石塔位于阳江市江城区北绣路烈士陵园内，旧

图7-1-49 德庆白沙山三元塔

图7-1-50 德庆白沙山三元塔塔檐

称东山石塔，现称北山石塔。因此地景观环境优美，有"东山泉石"、"北山耸翠"、"红陵古塔"等题名，"东山石塔"是著名的阳江八景之一。清人林乙莲有赞石塔诗云："嶙峋石塔屹城东，怪石苍松点缀工。健笔一枝撑碧汉，独留鼍海作文峰。"

石塔由南宋宝祐年间知州黄必昌创建，塔全身为石砌结构。后因风雨侵蚀，塔顶崩坏，清光绪二年（1876年）举人邓琳等倡导重修时，以砖构筑塔顶。1983年重修加固；1992年按原貌更换了塔顶，以花岗石石材更换塔刹，于塔基周宽8米铺筑花岗石条石，筑建双重石雕围栏，稳固塔基。

石塔平面为八角9层仿楼阁式花岗石塔，高18.52米。塔座为须弥座，高1.52米，刻有彩云如意图案。由底至顶逐层收分明显，美观大方，造型巧妙。首层塔身不设门窗，第二层以上各层相错辟四龛为假门。第三层南面有阴刻楷体"福禄来朝"四字。二至四层有塔心室，十字相通，隔层错开，中间有通道可上，五层以上为实心。各层用伸出石条作挑檐，形成飞檐翘角。塔刹由相轮、覆钵、基座组成（图7-1-51）。

第二节 牌坊

广东牌坊在明代最多，可惜留存下来的不多，过去寺庙山门也建有牌坊。牌坊多设在建筑群外广场，内院，或在道路、村口。牌坊用料有木、石、砖三种。牌坊以四柱三间三楼居多，石牌坊也常做成无楼穿枋形式，小型牌坊为单间。木牌坊斗栱多用密布的如意斗，主楼为庑殿顶，次间为歇山顶，外形庄重，结构严整。因天气潮湿多雨，为了长久保存，牌坊多用石头，或石木混合结构。石牌坊的特点是斗栱简化，采用装配式建造，两边用抱鼓石或斜柱加强稳定性，以抵抗地震、飓风等自然灾害。砖牌坊是以砖墙柱承重，出砖牙支撑屋面，以砖雕作为主要的装饰，门洞可以用砖起拱或用石眉门等。

村落牌坊的坊名一般以村名命名，表明其作为地理标识的功能非常突出。牌坊资金来源除了宗族自筹外，也有不少海外侨胞、港澳同胞捐赠。出资建造村牌坊表现了他们一种强烈的宗族归属感和对家乡美好前程的期待。而宗族自筹资金建造村牌坊表明宗族内部力求团结自强的心理。

明清时期广东地区，为纪念或表彰某人或某事而专门兴建牌坊已成为相当普遍的事情。根据牌坊纪念或表彰某人或某事的不同性质，又可分为道德牌坊、功名牌坊、节孝牌坊等。道德牌坊是用来表彰在道德品行方面表现突出人物的牌坊，如东莞茶山南社村百岁坊是为四位百岁老人而建。功名牌坊则是纪念功名而建，如南海九江崔氏宗祠的"山南世家"牌坊。贞节牌坊是纪念妇女贞洁而建，如江门陈白沙祠祠前牌坊即属此类。

图7-1-51 阳江北山石塔（高海峰摄）

除了纪念功能之外，广府牌坊也有立于建筑群前面或内部，起到标志地点、引导行人、分隔空间作用。一般而言，牌坊大多位于祠堂的前堂与中堂之间，将祠堂空间划分内、外两部分，既划定了空间范围，又营造了空间气氛。也有部分祠堂的牌坊建于祠前广场上，令人远远一见就能识别该组建筑群的起始位置、界定范围。

一、珠海梅溪牌坊

梅溪石牌坊位于珠海市前山镇梅溪村。清光绪十二至十七年（1886~1891）建。花岗石砌筑，原为四座，现存三座，是光绪皇帝为旌表清朝驻夏威夷第一任领事官陈芳及其父母、长子为家乡作善举赐建的（图7-2-1）。

石牌坊均为三间三楼，两座（西座、中座）八柱三间三楼，一座（东座）四柱三间三楼。牌坊以花岗石构造，仿木构斗栱榫卯结构，庑殿顶上立鸱吻、鳌鱼、火焰宝珠。阑额、角柱石和须弥座雕刻着花卉、瓜果、人物、瑞兽、暗八仙。正上方镶"圣旨"、"急公好义"和"乐善好施"等石匾。中座"急功好义"石匾落款是："光绪十二年八月六日奉钦加二品顶戴并加阶荣二级花翎候选道前夏威仁（注：即夏威夷译音）国领事馆陈国芬敬建"。余左、右两座"乐善好施"石匾分别落款是："光绪十七年六月二十日奉钦加二品顶戴加二级花翎候选道前领事馆陈国芬遵为先父母诰赠荣禄大夫陈仁昌诰赠一品夫人陈曾氏敬建"、"光绪十七年六月二十日奉钦加同知府臣陈乐宾承为先父光禄寺署政诰赠奉政大夫陈应芝诰封五品太宜人母陈吴氏敬建"（注：陈乐宾即陈应芝之长子，陈芳之长孙）。牌坊雕刻工艺精致，体现力学结构，是石建筑的艺术珍品，中座牌坊建于光绪十二年（1886年），这一年珠海发生特大水灾，很多村民流离失所、无家可归。远在异国他乡的陈芳接此消息，自己捐赠白

图7-2-1 珠海梅溪牌坊

图7-2-2 位于花园东南的独立牌坊

银三千两寄回国内,请朝廷救济灾民。光绪皇帝听到奏报后,非常感动,即赐建石牌坊一座,以示褒奖。牌坊高12米,宽12.2米,深4.6米,并赐封陈芳二品顶戴加二级花翎。

东座牌坊建于1891年,是陈芳长孙陈永安请准朝廷赐建给其父陈龙的,牌坊高10.1米,宽9.4米,深4.6米,单庑,四柱三间三楼,陈龙及夫人被赐封为奉政大夫和五品太宜夫人(图7-2-2、图7-2-3)。

二、佛山升平人瑞牌坊

"升平人瑞"牌坊在佛山市祖庙路孔庙花园内,原位于城区省元巷梁氏祠堂内,清初时为庠生梁持璞建。《清乾通典》载,康熙四十二年(1703年)明文颁布:"百岁老民给予'升平人瑞'匾额,并给银建坊。节妇寿至百岁者,给予'贞寿之门'匾额,仍给建坊银两。"梁氏一生追逐功名而屡不第,为人宽厚和善,乐施与,卒时107岁,按清代惯例奉旨立此牌坊。1983年由省元巷街口迁至现址。

图7-2-3 牌坊石柱须弥座与抱鼓石

图7-2-4 佛山升平人瑞牌坊正面

图7-2-5 佛山升平人瑞牌坊背面

该坊为四柱三间三楼石牌坊，通面宽4.05米，歇山顶。牌坊石材采用花岗石和灰沉积岩两种，檐下有石雕方斗或如意斗栱，额枋、柁墩及雀替等构件上均以高浮雕、圆雕或透雕等手法，刻划各种龙凤、雀鸟、博古和花卉等多式多样的纹饰，因旧龙凤石板已失，遂将题额正、反面改为"古洛芝兰"和"季华留芳"（图7-2-4、图7-2-5）。

三、佛山褒宠牌坊

"褒宠"牌坊在佛山市祖庙路21号祖庙公园内，始建于明正德十六年（1521年），是目前省内难得一见的明代年款砖雕牌坊，因石质龙凤板刻有"褒宠"二字得名。原位于市东下路仙涌街大塘前郡马梁祠内，后搬迁重建于祖庙公园。该牌坊立于梁祠，是因梁氏家族的后裔礼部主事梁焯，在明正德十六年得皇帝旨意升授承德郎，为炫耀这一升赏而不惜重金兴建的，故龙凤板的背面还刻有皇帝的"圣旨"和纪年。

该牌坊四柱三间三楼式架构，庑殿顶，通面宽达7.15米，形制高大挺拔、宏伟壮观。其建筑采用砖石混合结构，以灰沉积岩为梁柱，以砖雕作各楼

图7-2-6 佛山褒宠牌坊正面

的主要构件，由于各楼体量颇大，牌坊重心较高，全凭梁柱斗栱支撑和承重，梁柱构筑采用传统榫卯连接工艺（图7-2-6、图7-2-7）。

建筑构件的制作相当考究，所有砖石材料均经精雕细刻，除抱鼓石和大、小额枋上雕刻有"龙凤祥云"及"鱼跃龙门"等图案纹饰，以及梁焯生前坐衙视事情景的浮雕外，正、次楼上的斗栱以及各栱之间的装饰构件均以精美的砖雕组成，既有由多块砖雕组成的"二龙戏珠"图案及仙佛罗汉等人物的浮雕，又有镂空透雕着"鱼跃龙门"、"宝鸭穿莲"

图7-2-7 佛山褒宠牌坊

以及云龙、麒麟、牡丹萱草、宝鼎宝剑等多种图案纹样的单块砖雕。

四、佛山南海良二千石牌坊

良二千石牌坊在佛山市南海区九江镇下西村，始建于明万历二十六年（1598年），清乾隆四十三年（1778年）重修。牌坊四柱三间，高7米，宽11.94米，以花岗石砌筑，石雕有蹲伏狮子及鸟类花木图案，牌坊正面上刻："恩荣"二字，下方是"良二千石"四字，右侧刻"两广军务巡抚广东地方□□□右都御史兵部右侍郎殷正"，左侧刻"万历二年甲戌科进士朱壤"牌坊背面刻"赐进士第中宪大夫，四川夔州府知府前福建延平府南平县知县，江西樵州府临川县知县，南京户部主事，户部员外郎，钦差督理浙江北新关税务，户部郎中，赠兵部左侍郎崇杞府县乡贤朱壤"（图7-2-8）。

五、中山探花及第牌坊

探花及第牌坊位于中山市沙溪镇龙瑞村，建于清代同治元年（1862年），为四柱三间三楼牌坊，歇山顶，花岗石构筑。额枋间有仿木构斗拱，高约8米。正、背面坊额竖刻："钦点"二字。正、背面明间横匾同刻："探花及第"四字，上款："同治元年壬戌科一甲三名进士"，下款："臣刘其昌立"。正面左、右横匾分别刻："翘舒"、"秀出"，中柱对联："肇建牌坊嗣后规模凭式廓；初元鼎甲维新气象庆承平"。背面左、右横匾分别刻："剡日"、"擎天"，中柱对联："凤翥鸾翔看此日仪光殿陛；龙韬豹略卜他年绩纪旗常。"牌坊柱下镶嵌抱鼓石，坊前附有石狮一对（图7-2-9）。

图7-2-8 佛山南海良二千石牌坊（梁嘉文摄）

图7-2-9 中山探花及第牌坊（梁嘉文摄）

图7-2-10 英德功垂捍御牌坊正面（莫铁军摄，广东省文物局提供）

图7-2-11 英德功垂捍御牌坊背面（莫铁军摄，广东省文物局提供）

刘其昌，隆都（今沙溪镇）龙瑞村人。清同治元年（1862年）壬戌科第三十二名武进士，殿试一甲第三探花及第，二等侍卫，戌科进士，授翰林院编修，国史馆协修。补山东道御史巡视中城，执掌云南道事，授刑科给事中。历充顺天文武乡试同考监试官、文武会试监试官、考试汉学教习官。清光绪二年（1876年）选直隶大顺广道、四川川北道，执云南迤东道，擢贵州、广西按察使兼护理巡抚，授云南、广西巡抚。光绪二十八年（1902年）卒于家，终年74岁。

六、英德功垂捍御牌坊

功垂捍御牌坊位于英德市英城街白楼村。始建于清同治十年（1871年）。牌坊坐西向东，为四柱三间五楼，是一座清代建筑风格的仿木构牌坊，花岗石砌筑。通高8.75米，正楼门宽2.15米，次楼门宽1.75米。牌坊石柱有抱鼓石。首层门额上阴刻"功垂捍御"，顶层正中阴刻"圣旨"，屋脊上镶有对称的鳌鱼，正中刻有葵花边的太阳。牌坊宏伟壮观，造型美观，石雕人物、动植物纹样精巧细腻（图7-2-10、图7-2-11）。

据《英德县续志》记载：寨将夫人虞氏，邑之虞湾人。唐末黄巢破西衡州（唐时英德属西衡州），其夫为寨将，与贼战死。虞氏躬擐甲胄，率昆弟及乡兵迎战，巢贼遂北，虞氏亦死。虞夫人"生御黄巢有功"，死后，"神威尤著，保障斯土，降福于民，千万年尤穷极。"地方官吏呈请朝廷封赐。唐时受封为"显佑正顺惠妃夫人"，宋时受褒封两次。清咸丰十年（1860年）八月二十日两广总督劳崇光题请英德县虞夫人神灵显应，恳请敕赐封号。公准内阁抄出广东英德县虞夫人封号。

七、大埔丝纶世美牌坊

"丝纶世美"牌坊位于梅州市大埔县茶阳镇大埔中学校门口。建于明万历三十八年（1610年）。"丝纶世美"牌坊又称"父子进士"牌坊，为纪念当时父子同中进士，父亲饶相（江西按察副使），儿子饶舆龄（中书舍人）而建的（图7-2-12、图7-2-13）。

"丝纶世美"一语出自《礼记》："王言如丝，其出如纶 。"旧称帝王诏令为"丝纶"。牌坊结构严谨，造型美观，十二柱三间三楼石牌坊，高12.5米、宽4.65米，底有四条横石条作基座，座上立5.3米高的四条正柱，八条附柱。牌坊共3层，顶层为庑殿顶，一、二层为歇山顶。明间正楼石雕斗栱上屋盖飞檐高翘，下雕"双龙腾云"匾，双面阴刻"恩荣"两字。两旁二楼镶嵌有人物石雕匾共六块，一边三块。中间枋额正、反面分别阴刻"父子进士"、"丝纶世美"，最底层梁枋的石浮雕，正面双

图7-2-12 大埔丝纶世美牌坊正面

图7-2-13 大埔丝纶世美牌坊背面

龙戏珠，背面双龙衔花，两端均装饰双龙图案。两次间石枋镌刻有浮雕，右侧为双狮滚球，左侧为花鸟动物，镶麒麟石雕匾（图7-2-14）。

八、大埔节烈坊

大埔"奕世流芳"牌坊，又称节烈坊，位于梅州市大埔县湖寮镇龙岗村。建于清乾隆二年（1737年），为三间三楼砖木牌坊，高7米，宽5米。牌坊左、右两端用砖砌筑。正中大门用石框构成，正立面外檐砖基座上两柱以木顶立，突出明间高大的牌楼，左、右次间对称两小门。楼顶以灰瓦盖成飞檐高翘的歇山顶，下以木梁柱挑枋承托。正中上、下两块木匾，上块刻有"恩荣"，背面刻有"贞孝"字样，下块正、反两面均刻"奕世流芳"四个大字。牌两旁有云龙及人物雕刻，古色古香。这种木构牌坊在广东境内极为少见。（图7-2-15、图7-2-16）

牌坊是为表彰吴伯灵之妻蓝氏而建。蓝氏幼时许配给吴伯灵为妻，但还未成亲吴伯灵就命丧黄泉。蓝氏持"嫁夫从夫"的传统观念，守孝三年，矢志不嫁，收养一儿，传下后人数百。

图7-2-14 大埔丝纶世美牌坊细部装饰

九、顺德冯氏贞节牌坊

冯氏贞节牌坊位于佛山市顺德区北滘镇林头村，建于康熙三十七年（1698年），四柱三间三楼石坊（图7-2-17）。牌坊庑殿顶，其明间中楼的脊端鸱吻形象生动，中楼檐下挂有"圣旨"竖匾，中

图7-2-15　大埔节烈坊正面　　图7-2-16　大埔节烈坊细部　　图7-2-17　佛山顺德冯氏贞节牌坊（梁嘉文摄）

间枋额刻有"贞节"二字。前后两面的结构，装饰图案、匾额文字相同，石柱前后置有高大的抱鼓石。石雕题材包括龙、凤、麒麟、云鹤、梅菊、萱草、西番莲等，工艺手法有浮雕、通镂和线刻，刻工精细流畅，显示出典型的清初风格。"贞节"坊额上署有"顺德县知县何玉度"的字样。

清朝初期，妇人冯氏在丈夫去世后，克欲克情，一心把儿子抚养成人。儿子非常争气，十年寒窗苦读，考取功名后当了大官。朝廷为了表彰妇人对自己的丈夫坚贞不渝，一生恪守贞节，把儿子培养成朝廷重臣而建立这个牌坊。

第三节　桥

广东地区溪河众多，水网纵横，珠江三角洲古时更是濒临茫茫江海的丘陵滩涂，既有大量的水乡，又有山地河谷，出于交通、贸易、旅行等功能需要，方便行人车马往来，故建有许多桥梁。如晚清时的广州，出现大量的知名桥梁，如龙津桥、顺母桥、状元桥、驷马桥、大观桥等，可见当时桥梁之多。

桥梁形式有跳墩桥、浮桥、石梁桥、石拱桥、砖券桥、木梁桥、廊桥等。石拱桥最多，如博罗县观北村保宁桥，为二孔石拱桥，宋德祐元年（1275年）始建，明景泰、清乾隆时期重修；梅州砥柱桥，始建于清代，全长80米，宽5米，最大拱孔净空12米，造型独特。石梁桥有广州流花桥和云桂桥、南海探花桥等，砖券桥有惠州拱北桥、化州红花桥等，木廊桥有封开泰新桥等。

广东古桥梁多以石桥为主，并多以本地石材为主，源于石质桥梁不像木质容易受潮损坏。如潮州广济桥，采用24墩花岗石块桥墩。广州石井桥，为五孔石梁桥，是广州最长的石板桥，建于清乾隆年间。广州通福桥、顺德逢简明远桥，均为红砂岩石砌筑桥。古石桥常使用石雕工艺进行装饰，也有将传统建筑形式运用到桥梁上的做法，如广济桥上历代建有许多亭屋楼阁，在桥梁建筑艺术上有其独特的风格；逢简明远桥桥栏石华板刻有各种花纹图案，两旁14条望柱柱头雕石狮，造型生动。

一、潮州广济桥

广济桥又称湘子桥，位于广东省潮州市，横跨韩江，连接东西两岸，为古代闽粤交通要津。始建于南宋乾道七年（1171年），初为浮桥，由86只巨船连接而成，始名"康济桥"。淳熙元年间（1174年）浮桥被洪水冲垮，太守常炜重修浮桥，增加船只至106艘，并于西岸建"仰韩阁"观景，开始了西岸桥墩的建设。至绍定元年（1228年），建成西桥墩10座（称丁公桥），东桥墩13座（称济川桥）。东西桥建起来后，中间仍以浮舟连接，形成了梁桥与浮桥相结合的基本格局。中间一段宽约百米，因水流湍急，未能架桥，只能用小船摆渡。明宣德十年（1435年）重修后统一名称为"广济桥"。明正

图7-3-1　潮州广济桥全景

图7-3-2　潮州广济桥东侧

图7-3-3　潮州广济桥西侧

德八年（1513年）再修后为24墩，全长518米。桥墩用花岗石块砌成，中段用18艘梭船连成浮桥，能升能合，当大船、木排通过时，可将浮桥中的浮船解开，让船只、木排通过，然后再将浮船归回原处，是中国也是世界上最早的一座开关活动式大桥。广济桥上有望楼，为我国桥梁史上所仅见。广济桥以集梁桥、浮桥、拱桥于一体的独特风格，与赵州桥、洛阳桥、卢沟桥并称中国古代四大名桥。（图7-3-1～图7-3-3）。

当时广济桥有三大特点。

一是"十八梭船廿四洲"。梁舟结合，刚柔相济，有动有静，起伏变化。其东、西段是重瓴联阁、联芳济美的梁桥，中间是"舳舻编连、龙卧虹跨"的浮桥。清乾隆年间有诗赞道："湘江春晓水迢迢，十八梭船锁画桥。"从结构上说，梁舟结合，开世界启闭式桥梁之先河。启闭的作用主要在于通航、排洪，正如《粤囊》记载："潮州东门外济川桥……晨夕两开，以通舟楫。"而每当韩江发洪水，又可解开浮桥，让汹涌澎湃的洪流倾泻。还有关卡作用，"郡县以广济桥为盐船所必经，乃始榷取盐税"。朝廷曾派人与潮州府共管，方志有载："清雍正三年（1725年），由盐运同驻潮州与知府分管桥务，东岸属运同掣放引盐，西岸属潮州府稽查关税。"

二是"廿四楼台廿四样"。广济桥草创阶段，便有筑亭、"覆华屋"于桥墩上的举措，并冠以"冰壶"、"玉鉴"等美称。明宣德年间，知府王源除了在500多米长的桥上建造亭屋之外，还在各个桥墩上修筑楼台，并分别以奇观、广济、凌霄、登瀛、得月、朝仙、乘驷、飞跃、涉川、右通、左达、济川、云衢、冰壶、小蓬莱、凤麟洲、摘星、凌波、飞虹、观滟、浥翠、澄鉴、升仙、仰韩等为名，诚如明代李龄在《广济赋》中所云："方文一楼、十丈一阁，华税彤撩，雕榜金桷，曲栏横槛，丹漆黝垩，鳞瓦参差，檐牙高啄……"。古代岭南风雨桥是常见的，但规模之大，形式之多，装饰之美，确为世罕。

三是"一里长桥一里市"。广济桥是"全粤东境，闽、粤、豫章，经深接壤"之枢纽，桥上又有众多的楼台，成为交通贸易的中心、热闹非凡的桥市。天刚破晓，江雾尚未散尽，桥上已是"人语乱鱼床"了。待到晨曦初露，店铺竞相开启，茶亭酒肆，各色旗幡迎风招展，登桥者抱布贸丝，问卦占卜，摩肩接踵，车水马龙，正如李龄《广济桥赋》所描写的："诺夫殷雷动地，轮蹄轰也；怒风搏浪，行人声也；浮云翳日，扬沙尘也；向遏行云，声报林木，游人歌而驿客吟也；凤啸高冈，龙吟瘴海，士女嬉而箫鼓鸣也；楼台动摇，云影散乱，冲风起而波浪惊也……"。

"湘桥春涨"是潮州八景之一，也为八景之首。时当暮春三月，韩江水涨，河面增阔，湘子桥东西段中间十八梭船连成一线，如同长龙卧波。上游两岸滴翠竹林，下游沿江绿柳仙洲桃红，景色宜人，令人流连忘返。清乾隆进士郑兰枝在"潮州八景"的诗中，有如此描绘："湘江春晓水迢迢，十八梭船锁画桥。激石雪飞梁上冒，惊涛声彻海门潮。鸦洲涨起翻桃浪，鳄渚烟深濯柳条。一带长虹三月好，浮槎几拟到云霄。"

二、广州石井桥

石井桥位于广州市白云区石井镇内，桥建于清道光十一年（1831年），全桥长68米，宽3.8米，有六个桥墩，属梁式石桥。桥两旁有石栏，两端各建有一亭，西亭已拆毁，东亭仍在。亭为歇山顶，绿琉璃瓦脊。桥西头有"道光岁次辛卯"纪年石刻，两侧还有"好进仙人履；能通驷马车"石刻对联一副（图7-3-4）。

图7-3-4 广州石井桥（梁嘉文摄）

三、广州通福桥

通福桥俗称五眼桥，位于广州市芳村石围塘秀水河上。始建于明万历年间，由户部尚书李待问所建，故又称李公桥。李待问，字蔡孺，南海人，明万历甲辰（1604年）进士，当朝为官，后因母病辞官归乡。返乡后捐资修省佛通衢大道及兴建五眼桥。

桥为五孔石拱桥，以红砂岩石建造为主，中间拱券较大，其余较小，造型和结构别具特色，宽孔薄壳。桥面铺设红砂岩石块，全长44.6米，桥宽2.9米，南引桥长5.1米，北引桥6米。上下桥有八个石级台阶，每级台阶高0.1米，宽0.53米。护栏是由白色花岗石条石镶嵌，中孔上方刻有阴文正楷"通福桥"。中孔高4.4米，宽为6.6米，其余四孔对称排列，孔宽分别为5.1米和4.4米。桥于清嘉庆年间重修，至今保存尚好（图7-3-5、图7-3-6）。

四、顺德逢简明远桥

明远桥在佛山市顺德区杏坛镇逢简村，始建于南宋，由宋代庆元己未年（1199年）科进士、浙江行省参政李仕修回乡兴建。桥历代有重修，现为明代风格。明远桥之名，是取其"淡泊可明志，宁静可致远"之意。

桥为三孔石拱桥，红砂岩石构筑。全长24.8米，顶宽4.7米，高4.5米，是顺德现存三孔石桥有文献记录的最早一座，也是顺德现存石拱桥最长的一座。桥拱用纵联砌结法，整齐的石砌金刚墙嵌入河堤，引桥不砌台级，以利于车马过桥。桥栏华板刻有各种花纹图案，雕刻精美，两旁望柱各14条，柱头各雕石狮一只，造型生动（图7-3-7、图7-3-8）。

明远桥的三孔设计有特别含义，根据道家天体上的研究，即所谓的"三盘"，类似现在的经纬度将天体进行划分，而桥上的28只石狮子则代表着天体上的二十八星宿。

五、乐昌应山石桥

应山石桥位于乐昌市黄圃镇应山古村，始建于清乾隆丙戌年（1766年），为三拱墩柱式石梁

图7-3-5 广州通福桥外观（周燕霞摄，广东省文物局提供）

图7-3-6 广州通福桥桥面（周燕霞摄，广东省文物局提供）

图7-3-7 顺德逢简明远桥

图7-3-8 顺德逢简明远桥桥面与栏杆

桥，采用拱圈式纵联砌置法拱砌，南北走向，桥长49.85米，宽6.5米，拱跨16.9米，桥高12.5米（图7-3-9、图7-3-10）。

自古以来，此处为湖（南）广（东）之古道，商贾往来频繁。应山石桥是乐昌市目前保存下来的最完美的石拱桥，也是在广东省目前发现跨度最大的古石桥。

六、湛江新坡广济桥

广济桥位于湛江市湖光镇新坡村，建于清咸丰十一年（1861年），是当时雷州官道桥梁之一，立有《广济桥碑证》记建桥缘起。桥为十九孔柱梁式石桥，俗称"十九孔桥"，是湛江现存最完好的古石桥之一。

桥长41.8米，宽1.3米，20柱。主柱、辅柱、横梁相互穿插榫合，组成框架承托桥面。桥面共19段，每段均用当地的玄武岩石板五条并排组成，两侧石条凿槽勾连，各石条又有榫卯与横托石梁上下相连，桥面与柱石牢固铆合，主柱、辅柱、横托入榫，构成框架叉顶，上下相接，合为一体，结构科学，经久耐用（图7-3-11、图7-3-12）。

第四节 炮台守城

一、东莞虎门炮台

虎门炮台位于东莞市虎门海口东岸，清代在珠江两岸的大角山武山和大虎山等地分布多重防卫。林则徐销烟后和水师提督关天培一道动员军民筹备防务，加固和新建11处炮台，设置大炮300多门，以沙角、大角炮台为第一重门户，威远、镇远、靖远、巩固、永安、横档前山月台为第二重门户，大虎炮台为第三重门户，组织三道防线。又在横档岛、武山之间的江西面，设置木排两排，大铁链三百七十二丈，阻截敌舰。在鸦片战争中，曾挫败英军的进犯。炮台多为条石和灰、砂、黄泥砌筑，平面呈圆形或半月形，分有露天台（即明台）和暗台两类。

沙角炮台位于虎门海口东岩的沙角地域，建于

图7-3-9 乐昌应山石桥全貌（丘卫平摄，广东省文物局提供）

图7-3-10 乐昌应山石桥（丘卫平摄，广东省文物局提供）

图7-3-11 湛江新坡广济桥（彭柏森摄，广东省文物局提供）

图7-3-12 湛江新坡广济桥桥面（彭柏森摄，广东省文物局提供）

图7-4-1 东莞虎门炮台暗炮洞眼（梁嘉文摄）

图7-4-2 东莞虎门炮台炮巷（梁嘉文摄）

清嘉庆五年（1800年），是目前我国保留较为完整的清代炮台之一。沙角炮台原称沙角山炮台，由广东总督吉庆上奏："虎门海口外沙角山，逼近大洋，地势陡峭，为洋船必经之路。该口虽有横档、南山、三门炮台，但海面辽阔，远至30余里。炮位轰击，似难得力。"为使"形势、联络、防御更为周密"，经准而建。据水师提督关天培《筹海初集》记载：炮台周长四十二丈，台上炮洞11个，配大小铁炮11位。台门配炮1位，另铸500斤生铁炮1门备用。台上建有神堂、官厅4间、官房3间，兵房17间。还有火药库等设施，均系青砖结构，台基、台面、垛口、炮洞等用花岗石砌筑。此外，在相连的扯旗山有望楼和圆形炮台；在捕鱼台山建有露天炮位。沙角炮台与大角炮台东西斜峙，形成虎门海防的第一重门户。

南山炮台位于亚娘鞋岛，面朝西南，清康熙五十六年（1717年）建造，是虎门海口诸炮台建造年代最早的炮台之一。炮台周长五十二丈五尺（约1752米），炮台设炮洞12个，安放大小生铁炮12门，另储500斤生铁炮6门，熟铁小炮2门，配防弁1员，防兵30名。台上神堂2间，官兵住房共12间，药局1间，炮洞石砌，台面垛口均为砖砌。由于此台所处的地势稍高，发出炮弹往往容易冒过船顶，防守不够得力。故在清道光十五年（1835年）邓廷桢、关天培奏准于原南山炮台前加筑面宽六十丈三合土月台一座，始称南山威远月台，后简称威远炮台。南山炮台及威远炮台与其西北侧的镇远炮台、横档岛上的横档炮台形如"品"字，组成严密的火力交叉网，控制着虎门海口从海上进入广州的主航道。当时任广东水师提督的关天培创设木排铁链两道，拦截此咽喉要冲，又于威远、镇远间于道光十九年（1839年）添建靖远炮台一座，成为防守虎门海口的主要防线。

威远炮台与镇远炮台、靖远炮台相连，是珠江咽喉的"锁喉骨"，炮台雄伟壮观，炮台平面呈半月形，全长360米，高6.2米，宽7.6米。底层均用宽、厚0.3米，长1.5米的花岗石垒砌，顶层用三合土夯筑。全台有券顶暗炮位40个，各高2.9米，宽4.2米，深6.6米，每个炮位两边各有一个储蓄室。暗炮洞后面有一条2米宽的露天炮巷沟通，炮巷后面还有一条相距2米多的护墙，墙上设有枪眼，万一敌军上岛仍可坚持抵抗（图7-4-1～图7-4-4）。炮台内围有官厅1座，神庙3间，兵房12间，药局1座，码头1个。原来炮台的东、西两头各有券项城门1座，控制着烟台两端唯一的通路。整座炮台背山面海，内有广阔的平地回旋，结构严谨。

镇远炮台建于清嘉庆二十年（1815年），位于虎门亚娘鞋岛南山炮台之西北侧。炮台面对西南，台上设炮洞40个，安置大小生铁炮40位，另储800斤生铁炮3门，配防台千总1员，防兵60名。台上神堂3间，官房3间，兵房20间，军火药房2间，炮洞垛口地面原为粗石砌筑，后由关天培奏准改用三合土筑，以防炮击飞石伤人。现镇远炮台由七个露天炮位、火药房、兵房等炮台群组成，每两个炮台均

图7-4-3 东莞虎门炮台炮巷护墙枪眼（梁嘉文摄）

图7-4-4 东莞虎门炮台面与炮巷连接的弧形阶梯（梁嘉文摄）

有暗道相连。七个炮位依山而设，雄视海口。

清道光二十一年（1841年）二月六日广东水师提督关天培在虎门炮台率守军与英国侵略者进行英勇战斗，壮烈牺牲。南山、威远、镇远三炮台被毁，道光二十三年（1843年）再建。清咸丰年间三炮台与英军作战再次被毁，至清光绪年间重修。

二、新会崖门炮台

崖门古炮台位于江门市新会崖门海东岸银洲湖出海处，紧扼崖门海口。崖门炮台建于清嘉庆十四年（1809年），保存较完整。崖门炮台所处东有崖山，西有瓶山，两山脉向南延伸入海，如两扇门束住水口，故称崖门。崖门海口阔仅1里多，门外有一条长逾百丈的石矶，叫门限石。崖门是南宋末年"崖门海战"的古战场，明代在此亦设有沙村巡检司。清道光年间派有千总一员，防兵160名在此镇守。

崖门炮台呈半月弧形，背靠崖山，面向大海，正面设有24个炮位，炮位连绵伸展长达180米，组成级深3.5米、高5.5米的城墙状炮台。台基直下海边，基前垒石作防浪墙，基部用花岗石砌筑，其上则用三合土夯筑。上有临海观察走廊，后有指挥台。炮台分上、下2层：下层炮位22个和两个门洞，炮眼尺寸有两种，一种是1.4×1.5米，另一种是1.1×1.5米，遗有四千斤清道光二十二年（1842年）铸造的铁炮三门。炮位间设隔墙，高均3.5米，宽呈倒梯形，上边2.2至3.2米不等，中部平均深2米，下边约0.7米不等。下边壁上设放灯窗共17个，高0.55米，宽0.4米，深0.36米；第二层用条石置于隔墙上作通道，宽2米，石厚0.15～0.2米。炮位21个，分别置于下层的隔墙中间，炮眼高0.9米，宽0.8米。夯土墙高1.6米，在0.6米处出一道阶级，宽0.3米，再上有垛口和瞭望窗，垛口45个。瞭望窗24个，高0.5米，宽0.25米，厚皆0.7米。遗有小炮两门（图7-4-5～图7-4-8）。

图7-4-5 新会崖门城墙状的炮台

图7-4-6 新会崖门半月弧形的城墙状炮台位

图7-4-7　新会崖门炮台炮位

图7-4-8　新会崖门炮台临海观察走廊

炮台设有兵房、地下弹药库，都设有隧道相连，高处设有月台式瞭望指挥台。炮位间置有两门，一在中间，一在东角。以中门为主道设台阶下海，门洞筑成拱，高3.5米，宽1.6米，面向海处有门额"镇崖台"三字石刻。东角门洞高2.1米，宽1.5米，原设有厚铁门，再往东为岩石壁，刻有清嘉庆、道光等时期重修时的石刻等。

三、汕头崎碌炮台

崎碌是汕头市的地名，崎碌炮台因建造于崎碌地域而得名，崎碌炮台现位于汕头市海滨路中段北侧。炮台于清同治十三年（1874年）动工，清光绪五年（1879年）完工。整座炮台占地面积19607平方米，全台直径116米，台内操场直径85米，内墙高5.15米（垂直），外墙高6米（稍斜），为城堡式环形建筑物。墙体以贝灰、砂、糯米粥及红糖调和夯筑，配以花岗石石料，十分坚固。宽23米的护台河环绕全台，城墙基部中间是一条贯通全台的隧道，隧道采用石块砌成拱形门状。隧道内开有多个通往台内操场的拱形门，也开有许多对外的枪炮眼。城楼上设有点将台和通风通话塔。傍着内墙，设有多条石楼梯，可上下于城楼和操场（图7-4-9～图7-4-12）。

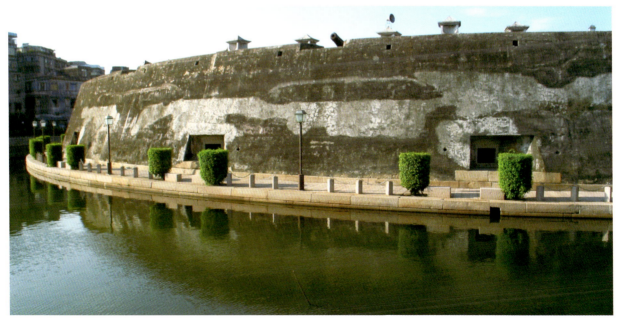

图7-4-9　汕头崎碌炮台

图7-4-10 汕头崎碌炮台隧道

图7-4-11 汕头崎碌炮台隧道出入口

图7-4-12 汕头崎碌炮台西辕门

四、汕头澄海大莱芜炮台

大莱芜炮台位于汕头市澄海区坝头镇的莱芜岛上，始建于清康熙五十六年（1717年），是清初潮州府的海防营汛。炮台面积1348平方米，原设有火炮8门（已失）、营房27间（存残垣），配水兵42名，属清兵防南澳镇澄海协左营。

历史上莱芜岛是潮州海防军事重地，据《澄海县志》载：明隆庆三年（1569年）己夏6月，左侍郎刘涛总督闽广军务，大破海寇曾一本于此。当时总兵郭成赶来配合战斗，以莱芜火炮攻海寇船只，迫海寇曾一本投水死亡。明崇祯四年（1631年），福建海寇李之奇，驾舟10艘，聚众由莱芜入南港犯澄海县城，也由莱芜营汛与内地官兵联合围剿李之奇，歼灭贼寇。明末郑成功下台湾，也先后两次驻足莱芜要防。至清康熙年间，潮州总兵右营把总分兵驻扎于此，始正式建大莱芜炮台。

大莱芜炮台呈长方形，长52米，宽25.9米，高5米，外堞厚0.7米，内堞厚1.8米，堞高1米。炮台内西南角有一平面方形炮位，边长13米，堞厚2.1米，面积169平方米（图7-4-13、图7-4-14）。炮台东南面开一门，高2.7米，宽1.55米。现围墙残高5.2米，厚2.5米，炮台全长52米，宽25.8米，上有人行道宽1.8米。炮台内原有营房已毁，东南角有一方台，与炮台围墙连接，成正方形，边长12米，墙厚1.7米，中间填土，与围墙平齐，原设有瞭望哨和炮座。一道石级倚东面墙壁，可登上方台和人行道。炮台东面一侧开一门，高2.5米，宽1.5米。

图7-4-13 汕头澄海大莱芜炮台

图7-4-14 汕头澄海大莱芜炮台炮位

五、广州番禺莲花城

莲花城位于莲花山东北角，建于清康熙三年（1664年），面积约1万平方米。城建在山顶，俯瞰珠江航道，是一个重要的军事据点。鸦片战争时林则徐曾在城内驻防，设立了防止英军入侵的第二道防线。

莲花城是一座不规则的椭圆形城堡，城墙高逾10米，有垛口和步道分别用于瞭望和巡逻之用（图7-4-15～图7-4-18）。莲花城俯瞰珠江狮子洋出海口，地势险要，居高临下，远控虎门，近制狮子洋，故有"府城捍山"之说。建城伊始，这里一直有兵勇驻守，直到清朝末年逐渐荒废。据《番禺县志》记载，1841年1月26日英军强占香港，27日义律在莲花城胁迫琦善承认并签署协议，琦善不敢允诺，直到一年零七个月后，清政府才在列强的坚船利炮下与英国签订了丧权辱国的《南京条约》，香港正式被割让出去。

图7-4-15 广州番禺莲花城城门

图7-4-16 广州番禺莲花城望楼

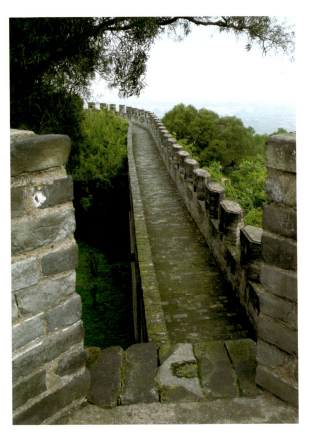

图7-4-17 广州番禺莲花城墙巡逻步道

图7-4-18 广州番禺莲花城墙步级

广东古建筑

第八章 建筑营造与装饰

第一节 木结构

广东省地处热带北端，常绿季风阔叶林分布极广，丰富的植物资源自古就被人类在建筑活动中加以利用。和国内大部分地区一样，木材是广东传统建筑的主要用材之一。

岭南受潮湿炎热的地理气候影响，古代越人早在新石器时代就创造出了一种适应这种气候的建筑形式——干阑居。在肇庆高要茅岗发掘出土的水上干阑式建筑遗址，距今已经有四千年历史。据《新唐书·列传四十九·宋璟传》记载："广人以竹茅茨屋，多火。璟教之陶瓦筑堵列邸肆，越俗始知栋梁利，而无患灾。"说明在唐以前，竹木干阑构架曾经是广东地区的主要建筑形式。

从广东古建筑的大木构架形式分析，北宋时期一些文化发达地区的建筑大木构架技术已经成熟。从梁架结构体系来看，所形成的以北方抬梁式为主，兼有地方特色的构架体系已经趋于完备。在具体构造做法上，许多建筑仍然保留了唐宋时期的月梁、梭柱、生起、侧脚、柱櫍、扎牵等常用做法。有的古制做法甚至一直延续到了清末，而在中原宋元以后的建筑中则难以寻觅其踪了。同时，诸如水束、瓜柱等具有地方特色的营造做法有的也保留下来。这种以中原建筑大木构架为主，并在一定程度上保留一些地方做法，将两者有机结合起来的广东大木构架建筑体系，成为中国古建筑体系中富有特色的一部分。

广东木结构建筑常用木材有杉木、梨木、柚木、楠木、樟木、铁力木等，其中大木构架部分以使用杉木为主，杉木具有材质轻、纹理直、易加工、弹性好、韧性强、耐腐蚀、防蛀虫等优点。雕刻构件以使用樟木、杉木为多，基本上不用松木。而大型殿堂和厅堂的梁柱用材多用硬木，硬木生长在热带气候地区，我国较少出产，来源主要依靠进口，多从东南亚进口菠萝格木、坤甸木等硬木木材。古代广东地区不仅本地出产硬木，而且是海外进口硬木的集散地，对硬木的开发利用较为普及，尤其明、清时期广泛使用硬木，是广东本地特别是广州古建筑的重要特色。除此之外，海上丝绸之路还带来了大量的外国香木，如沉香、檀香等，比舶来硬木的历史更加悠久，虽然香木多被用作香料，但也有富贵者用其作为木料进行营建活动。软木中樟木具有质地实、硬度略软、有香气、方便加工的特点，能够完成复杂的雕刻，是雕刻构件的常用木材。但是樟木容易变形，所以基本不将樟木用于屋架和雨水潮气容易侵蚀之处，常与杉木配合使用。

对于木结构的建造、加工，广东的传统木作匠师有着精湛的技艺。其中，尺度是传统建筑营造的关键，木尺是和木结构建筑营造紧密关联的工具。木尺的传承被视作师门技艺传承的象征，具有祖师化身的神圣象征意义。木尺随同技艺一起由师传徒、父传子传承下去，故师门传下之尺向来受到匠师的极度重视，毫厘不敢增减。因此，木尺受官定尺度标准的影响较小，一地一派自成系统，其木尺长度往往也就各异。年代越早的营造尺长略小，后世略长。其中，粤东地区用尺较小，基本是29.7厘米；粤北、粤东北及粤西地区用尺较长，有31.45厘米、31.6厘米、32厘米等的尺长。

由于传统文化的影响，尺寸的设计有木行尺、压白法、鲁班尺等，以别凶吉。在潮汕地区，流传着以一、四、六、八压白的尺法。民间大都使用写有"财、病、离、义、官、劫、害、本"的鲁班尺进行尺寸选择。

在潮州地区的传统建筑，还特别地使用一种称为"丈杆"的工具。实际上是潮州地区的传统木作匠师把设计"图纸"画在了"丈杆"之上，"丈杆"取代了施工图纸，而且简洁实用，被潮州地区的传统木作匠师代代相承，成为潮州地区木结构建筑营造技艺的一大特色。

广东地区的大木构架建筑，在粤中广府、粤东潮汕、粤北客家、粤西南雷州、高州地区各有其特色。其中以广府系的构架技术较为成熟，结构合理、构造简洁。由于气候的原因，建筑大木构架材料多使用硬木，特点是木质坚硬，纹理美观。木构件表面不像北方建筑那样上油漆彩画，而是直接在木构件表面涂刷油饰，传统做法是施油不施漆，极少使用彩画，处理工艺与手法类似广东常见的红木家具。木构件的表面加工要求平整光滑，以便于油饰，而且广东古建筑常常使用雕刻的手法来强调装饰艺术性，比较注重材料自身的表现力，因此对木材的硬度与加工水平都十分重视。

由于广东木结构建筑上部屋顶瓦层数较少、荷载较小，硬木的结构力学性能高，所以构件截面相对较小，因此在构件交接上，不必像北方建筑那样使用较复杂和断面尺度较大的榫卯构造，构件榫卯的设计较为简洁了当，除了一些主梁的入柱做成变截面透榫外，其他次梁很少用透榫，梁榫与柱卯之间多做一处暗榫，使梁柱结合紧密，纵横拱之间直接使用半扣，不作子隐，柱脚直接放置在柱础石上，利于在广东地区防潮。

广东有着以水为代表的柔性文化，也保存着许多宋代建筑风格，加上江南建筑的影响，许多构件都使用卷杀。例如月梁、梭柱、圆弧形拱头的斗栱等，喜好使用弧线、弧面等卷杀工艺，使得广东木结构建筑的构件富有柔和秀美之感，配合建筑的其他曲线，形成独特的建筑风格，刚柔相济、秀外慧中。广东木结构建筑上小木作更是技艺精湛、异彩纷呈，如精美的隔断、屏风、门罩、挂落、门窗等，雕刻着各式人物故事、花木鸟兽，小木作常常结合精美的木雕，展示着木构建筑之美和工艺水平技巧。

一、大木构架

总体来看，广东木结构建筑的大木构架是较为成熟的，尤其在粤东潮汕民系和粤中广府民系建筑。粤东潮汕民系建筑受到闽越地区的影响，而粤中广府民系建筑保留中原古制较多。

从木构架的平面布置上看，由于广东气候高温湿热，古建筑多采用大进深的平面形式。这样一方面避免过多热辐射，取得较为阴凉的效果；另一方面利于室内通风，使得室内干爽，结合彻上明造，采用大进深平面以加强通风去湿的效果。广东的殿堂建筑平面宽深比约在1.27∶1，这也是我国南方建筑的共同特征。而粤西南地区因为台风灾害频繁，为防台风，建筑的高度受到限制，屋顶坡度要平缓，所以在坡屋顶建筑进深与高度有正比关系下，粤西南建筑的进深相对较小。

（一）椽架形式

从木构架的椽架及用柱形式方面分析，广东古建筑构架形式几乎囊括了各种形式，复杂多变（图8-1-1～图8-1-3）。最复杂的有十九架桁屋前后五步梁用四柱的歇山大殿和十六架椽屋前后四椽栿用四柱，最简单的有五架桁屋前后单步梁用四柱歇山和四架椽屋通檐用两柱。其中，十三架桁屋前后三步梁用四柱的构架形式是广东大式木结构建筑中最常用的。

宋代和明代早期建筑的椽架每一步架的水平间

图8-1-1 德庆学宫大成殿梁架

图8-1-2 高要学宫大成殿梁架

图8-1-3 五华长乐学宫大成殿石柱木梁架

距较大,例如宋代的光孝寺大雄宝殿进深心间步架水平间距在150厘米左右;明清建筑的椽架每一步架的水平间距较小,例如清代的番禺学宫大成殿就只有110厘米左右。

另一方面,大式斗栱梁架的步架水平间距要比小式瓜柱梁架大得多。原因是前者保留中原地区的官式较多,而后者有地方穿斗建筑之遗风。例如建于清代乾隆年间的番禺学宫大成殿与后殿。前者使用大式斗栱梁架,构架为十三架桁屋前后三步梁用四柱,心间水平椽距为110厘米。后者则使用小式瓜柱梁架,构架为十九架桁屋前后五步梁用四柱周围廊,心间水平椽距只有88厘米。

(二)屋顶与椽子

广东殿堂建筑的屋面举高约在1∶3.6,屋面十分平缓,虽然比《营造法式》中的1∶3要平缓,但是与中原地区宋代建筑的实际坡度相近。一方面,广东地区台风频繁,屋顶平缓有利于抗台风;另一方面,屋面瓦是通过薄角椽承托的,屋面如果弯曲太大,桷椽难以固定,弯曲越大,椽条的反弹力就越大,所以平缓的坡度便于施工。

广东传统建筑中的凹曲屋面是建筑等级的一种体现,深受中原文化之影响。但其举折之法与《营造法式》、《营造法源》、《清工部工程做法则例》均不一样。其定折之法,在先定举高:举高/前后檐桁枋心距=1∶3.6之后,然后画出脊桁和檐桁上皮中心的连线,然后自上下两端同时于各步桁位置中

心垂直线于上述连线的交点处,以举高的百分数向下衰减,这样便得到所需要的曲线。折减百分数的规律是两端小,向中间逐步加大,至中间最大,形成两端凹曲小,中间凹曲最大。其折减规律有三种:① 每架加大1%,中间桁条下凹最大,整个屋顶坡度平缓;② 两端第一步为3%,向中间每步递增1%,这样使得脊部陡峻,而檐步平缓;③ 两端第一步为3%,每架增大3%,屋面凹曲较大。后两者多为殿堂建筑所用,前者是次要建筑常用的举折法。

广东的殿堂建筑大都是歇山顶。在南方地区出土的陶楼明器中也是常见歇山,而不见庑殿,说明歇山顶是南方建筑常用屋顶。另一方面,广东气候高温湿热,以及形成的大进深的建筑平面,都使得庑殿顶不适合。

广东的歇山顶建筑收山尺度较大,常常接近一个开间,在建筑外观上形成了该地区建筑的鲜明特色。中原的歇山建筑为了收山,在顺扒梁上立采金梁架,收山的大小在宋式为一步架,清式为一檩径。而广东殿堂建筑的收山与中原地区大不相同,很少使用顺扒梁和采金梁架,而是将采金梁架置于边缝梁架金柱顶外侧承托侧面桷椽,所以收山大,采金梁架位置高,山面较小。这种做法可能来源于干阑和穿斗建筑的歇山做法。在苗族民居、粤北客家民居中还可见这种开敞的屋面,利于通风,构造简单,并可减少屋顶荷载。广东的殿堂建筑规模较小,在开间较少的建筑中,为了增加正脊长度,也有采用一些变通的手法。例如五开间的罗定学宫大殿是重檐歇山建筑,上层歇山顶的收山位置在次间中间,而三开间的佛山祖庙大殿的收山位置在次间中靠近金柱缝。

广东传统建筑的椽子与北方的圆柱形不同,是较薄的板状木条,称作"桷子"、"桷椽"。广东传统建筑的屋面瓦作负荷较北方小,这样的桷椽是富有广东地域特色的。在桷椽的前端,类似北方古建筑中的飞椽,往往以"鸡胸桷头"作为装饰,形式优美。桷椽在屋面是通长之构件,其弯曲越大,反弹力就越大,所以广东传统建筑的举折之法是形成了一

种较为平缓的对称下凹曲线，符合桷椽的力学原理。

在歇山、庑殿顶建筑的屋面转角处，桷椽的排布往往是平行排布的形式，这还是由于广东传统建筑的屋面瓦作负荷较北方小，与中原地区建筑在屋面转角处使用扇形排布椽子的方法不同。在屋面转角处，桷椽一端钉在角梁之上，悬挑出来。

广东传统建筑的桷椽往往不作彩画，往往施以深红色的漆，与室内梁柱色调统一、简洁大方。在粤西南地区的一些传统建筑也有蓝色桷椽，例如化州学宫大成门及大成殿。

（三）斗栱特征

在广东的大式木结构建筑中，广府民系的建筑斗栱使用最为普遍和规范。斗栱的造型雄大，保存着不少宋代以前的斗栱特点。柱头处均有柱头铺作，补间铺作的数量排列基本与宋《营造法式》吻合。呈现在三开间建筑中为明间两朵，次间一朵。如果是五开间建筑，则明间两朵，次间、梢间各一朵。七开间建筑的话，尽间、梢间各一朵，其余两朵。或者尽间施一朵，其余皆两朵，例如广州光孝寺大雄宝殿。斗栱的材高较大，最大可以达到23厘米，平均约20.4厘米，材厚平均7.4厘米，平均高厚比例在2.25，比《营造法式》中斗栱用材材契制度的1.5要大得多，故而斗栱看起来较瘦硬。

广东木结构建筑的斗栱形式多种多样，又可以分为：叠斗式、侧昂式、真昂式、插昂式、无昂式、斜栱式、插栱式、如意斗栱八种。其中的叠斗式是潮州传统木结构建筑的特色，潮州开元寺大雄宝殿室内梁架重叠的斗栱犹如动物的脊椎一般，有很强的韵律感与装饰性（图8-1-4）。这种构造有利于建筑的抗震。

侧昂式的斗栱出现在广州一带的宋明时期建筑中，例如光孝寺大雄宝殿、六祖殿（图8-1-5）和佛山祖庙的大殿。其特别之处在于斗栱侧面出一下昂，一般在正心栱的万栱位置。

真昂式斗栱受中原宋代建筑的影响，真昂的昂尾直抵桁下，具有杠杆原理。该形式主要分布在西江两岸地区，如肇庆梅庵、德庆学宫大成殿、佛山祖庙的大殿等。

插昂式斗栱在《营造法式》中已有记载，在广东地区，由于屋顶轻薄，无需真昂的结构作用，但又要保存这种檐牙高啄的形式美感，所以用插昂的构造进行处理。在广府地区的宋至清代建筑中都常用，例如番禺学宫大成殿、龙川学宫大成殿等。

无昂式斗栱只用栱出挑，形式和宋代殿阁中的平坐斗栱一样，主要分布在广州地区的明清建筑中。例如广州五仙观、海幢寺大雄宝殿等。

图8-1-4 潮州开元寺大殿室内梁架叠斗式斗栱

图8-1-5 广州光孝寺六祖殿侧昂式斗栱

斜栱在宋金时期中原建筑中常见，栱的形式除了纵横正向出跳之外，还有30°、40°角斜栱。广东建筑中少见此类斗栱，仅见于德庆学宫的大成殿和梅州灵光寺大雄宝殿。

插栱式斗栱指柱头或柱身成朵的插栱形式，是南北斗栱构架结合的产物。主要分布在韶关、梅州与广州，例如兴宁学宫大成殿、五华长乐学宫大成殿等。

如意斗栱是在每朵斗栱都45°方向出跳，如意斗栱多层组合成网状整体，精致而华丽。如化州学宫大成殿的下檐、佛山祖庙前殿等（图8-1-6），在广东的木结构牌楼中也常见到。

广东的一些古建筑中保留有"皿板"的古制，在斗下的一块薄板，利于斗与栱的交接，增加构件活动层次。后来的斗简化为在其下刻出皿板形象，例如肇庆梅庵大殿、广州海幢寺的斗栱。

（四）月梁、瓜柱、水束、驼峰、梭柱

广东的大式木结构建筑中常用月梁形式的梁枋，月梁又称作虹梁，作新月或彩虹的形式，其梁肩呈弧形，梁底向上拱起，外观饱满而有力。在中原宋式的高等级建筑中常用，是其露明梁栿的常用形式，在宋《营造法式》中有做法记载。明清时期的北方建筑中已不多见，但是在江南与岭南等地区沿袭至今，由于造型优美、受力良好、加工技术要求高，仍然是较高等级的一种梁栿形式（图8-1-7）。广东古建筑中的月梁与宋《营造法式》中的记载略有差异，梁头入榫处的变化较多，往往刻有富于装饰性的曲线，秀柔优美。

如不做月梁形式的梁枋，在祠堂、庙宇中也往往通过优美饱满的梁身截面来提高梁架的美感，梁身截面常呈鼓形。梁底平面往往作为雕刻装饰的重点部位（图8-1-8）。

图8-1-7　德庆学宫大成门梁架月梁

图8-1-6　佛山祖庙前殿如意斗栱

图8-1-8　广州陈家祠聚贤堂梁架装饰

广东的小式木结构建筑中常用瓜柱和鼓形梁，瓜柱是富有装饰性的构件，这种小式木构源自穿斗建筑的做法（图8-1-9）。瓜柱上小下大，中部鼓起形如瓜果，在广府祠堂中普遍使用，瓜柱往往作榫骑在下层梁之上，然而柱脚是瓜柱与鼓形梁这两个变截面构件之间交接之处，其柱脚轮廓的制作体现出木作工艺的高超水平。而潮州地区更是有各种截面和柱脚花式的桐柱，形式十分华丽而优美，例如潮阳青龙门郑氏祠堂的桐柱。

传统木结构建筑往往在柱缝上形成相对整体的梁架，但是每一柱缝上的梁架之间需要有枋、阑额、襻间等构件横向拉结。在正面、心间的横枋往往注重形式美，有用月梁形制的，例如番禺留耕堂头门就有精雕细刻的月梁形额枋。在潮汕地区，还有以"扶壁连栱"作为襻间的，襻间变作连续的交手栱，例如揭阳学宫大成门、大成殿中的连栱。

水束是一种曲线形的牵，起着连接上下层梁或者承椽枋的作用，而且艺术形式十分丰富。在潮州地区，有背向上弯的"朝天型"水束和横卧"S"形的水束。在广府祠堂的头门前部上常用更复杂华丽的"鳌鱼形"水束，鱼头朝下，鱼嘴张开，鱼身弯曲，鱼尾翻卷向上。鱼头已经近似龙头，这与广东建筑屋脊两端的鳌鱼形象相同。和常见的鱼跃龙门一样，目的是把鱼从凡间提升为神物，鱼头也作龙一样的两根长须。位于上下桁之间的水束，往往一端作为下一桁的"耍头"，也有退化在金柱与金檩之间使用一块三角形的"耍头"，例如广州南海神庙大殿和广州海幢寺大雄宝殿。

驼峰在广东的大式木结构建筑中较为规整，然而与宋《营造法式》中简朴的造型相比，装饰性更强，往往做两漩涡状的草叶，例如海幢寺大雄宝殿上的驼峰。在民间建筑中驼峰的形式就十分丰富了，往往是梁架上最华丽的装饰。简单的有柁橔，方形的柁橔中间还可以作为木雕面，装饰强的有花束、云彩等造型，复杂的造型甚至有做大象、狮子等（图8-1-10）。

广东大式木结构建筑中喜用梭柱，这是早期古建筑的一种柱式，宋代以后在中原已经少见。梭柱上下两端小，柱身中段大，在宋《营造法式》中有其记载。而广东古建筑中的梭柱卷杀较大，并不如《营造法式》中下两段是直柱段，上下均有卷杀，最大直径大约在柱高的1/3处。常见于潮州地区，例如潮州开元寺地藏殿的金柱。梭柱的受力条件比直柱要好，柱子是轴心受压构件，在偏心受压情况下，需要抵抗弯矩，突出的柱子中部有利于抵抗弯矩。而且，梭柱有独特的艺术魅力，尽管用材较多、加工较难，但是和月梁一样，曲线的优美与大度的气质、饱满的造型，给观者美的享受。广东大式木结构建筑中的檐柱没有侧脚，但是有生起之做法，例如广州光孝寺的六祖殿檐柱生起较明显，造就了六祖殿优美的体形。

在殿堂、厅堂建筑的柱子下有垫着的柱櫍，作用是防潮。木质的木櫍在制作时，木纹与柱身的木纹成直角，有利于阻止水汽的上升。木櫍也有石、

图8-1-9　新会学宫大成殿梁架瓜柱

图8-1-10　潮安从熙公祠梁架狮子雕饰柁

铜等材质者。宋《营造法式》中记载的木楯是下平上欹之形，而广东祠堂中常见者均是上平下欹，柱脚与木楯更易交接，与高柱础配合造型较好，更显其轻盈优美。

二、小木作

小木作装修是建筑艺术处理的主要手段，本地装修富有地方传统特色。小木作装修常与木雕合在一起，它的基本工艺有：通雕、浮雕、拉花、钉凸、混合雕、暗雕等。在建筑装修中还有一种比较简易的通雕方法，称为"斗心"，即江南和北方地区的"棂花"。这是一种用许多小木条（剖面为六角形断面的一半），按图案花样拼凑而成的雕刻方法。外观是通雕，其实是预制木条拼装而成，在建筑中因其施工简便而常用之。题材常用斗纹、套方、正斜"卍"字等几何形体组合，其艺术效果因镶工精美、玲珑剔透，故常能以假乱真。

（一）外檐小木作

外檐小木作在广东古建筑中常用于室外的檐板、横披、隔扇、槛窗、支摘窗、满洲窗、屏门、挂落等。尤其在民居中的大型宅第和园林建筑装修中采用较多，虽然小型民居也有采用，但装修的内容和雕工精致程度远不如前者。

院门、大门往往是版门，广东常用实榻门和穿带门。广府祠堂的大门常常设有矮于一人的腰门，在重大节庆以外，需要躬身从腰门进入。除了大门外，还有殿堂门、厅堂门、房门、屏门等。

殿堂门是在殿堂建筑檐柱上的，通常做成隔扇形式。广东地区沿海，有独具特色的蚝壳装饰的门窗，例如光孝寺大雄宝殿隔扇门，蚝壳被加工为薄片镶嵌作为采光的材料，透着金黄的光芒，十分华美。

厅堂门都是面向庭院天井，通常做成隔扇形式，既是门，又做窗，通风、采光兼用。在构造上做成拆装型：夏季可拆除，以利通风，成为敞厅；冬季则装上，可避寒风。

隔扇根据开间的大小可设四扇、六扇、八扇等，基本上是取偶数。隔扇的高宽比多为1∶3或1∶4左右。隔扇上分为隔心与裙板两部分，太高的隔扇则增加池板部分。隔心花纹式样很多，用棂子构成方格、条框、菱花、"卍"字、冰裂纹等，隔心也有框格做法，在框格上面用玻璃镶嵌。隔扇门中，最高贵的隔心是用整块木板精心雕镂而成的通雕雕饰，题材有花鸟、人物故事等。裙板多施花卉、植物和动物雕刻，以浮雕和隐雕居多（图8-1-11～图8-1-13）。

其他的门用木板做成，一般做成双扇形式。

在寺庙建筑中仍有沿袭古制的破子棂窗，窗棂的截面是菱形的，显得刚劲、淳朴，在一些仿木的砖塔中可以看到这种棂窗的沿用可溯源到唐宋时期。

大型民居上房都用槛窗。槛窗下为槛墙，也有用槛板代替墙体者。有的槛板用素板，也有的用精刻或图案的木雕板。槛窗常用在厅堂次间和园林建筑柱间，其形式与隔扇有些相似，但没有隔扇灵活。槛窗的题材与隔心相同，有花草、文字或几何形图案等。

支摘窗在民居中使用较少，一般只是在庭园中采用，作为点缀。支摘窗一般分成两段，左、右两列，每列上、下两段，上段可支，下段可摘。粤中庭园建筑也有分成三、四段。夏季摘窗后通风量大，室内非常凉爽。窗棂图案有步步锦、灯笼框、冰裂纹等各种花纹。支摘窗直接安在槛板之上的，在庭园中较多见。

满洲窗是珠江三角洲一带民居和庭园建筑喜用的一种窗户形式，开启方向为上下推拉，但也有向上翻动的，满洲窗一般做成方形，分为上、中、下三段，形成方形九宫格窗状，其隔心棂子纹样很多，并且爱在窗棂间镶嵌彩色玻璃，具有明朗活泼和富丽堂皇之感。

挂落是南方的称呼，北方称作飞罩，是不着地的罩，是一种用棂条编织组成网络状的装饰构件。主要用于室内两柱之间的枋下或外廊两檐柱之间的枋下，起着空间分隔和装饰作用。

檐板即封檐板，也称花板或檐下花板，设在建筑物的檐口下，保证檩条端部免受日晒雨淋。其装

图8-1-11 揭阳雷神庙大殿隔扇

图8-1-12 潮州己略黄公祠厅堂隔扇与梭柱

图8-1-13 宅园厅堂隔扇

饰题材常用花卉、飞鸟、动物、图案、纹饰等。工艺多用隐雕和浅浮雕。

横披是设置在槛窗、隔扇上部或柱子之间上部横向的屏壁，常用棂子拼成各种图案花纹，一般用于较高大的住宅厅堂、斋轩或园林建筑中，形式多样，外观典雅。在广东，因气候关系，常不安玻璃，而用细木条组成花纹图案，既通风，又美观大方。

（二）室内小木作

屏门在园林建筑和祠堂民居中较多采用。屏门主要用作室内空间的分隔，式样与隔扇相似，但更为精致，屏门一般取偶数，上面常雕有题材丰富的木刻，在粤中庭园中，屏门常用来代替类似江南园林建筑中的纱槅（图8-1-14）。在广东城镇中，有的民居进深较大，内部间隔也有采用屏门或隔断，其式样和大小随房间的高矮宽窄而定，其材料是门框用木，框心可用玻璃，也可用素板、直棂或其他花纹。

隔断是类似于屏门的一种分隔室内空间的构件，有活动式和固定式两种（图8-1-15～图8-1-17）。按功能分，还可以分为间隔式和立体式两类，前者单纯作间隔空间用，后者可以做成柜式隔断。隔心部分可以做成博古架形式，兼有装饰和实用价值。

罩的功能主要也是分割室内空间，也有单纯作装饰用的，似分似合，相互渗透，以达到扩大有限空间的效果，一般在园林厅堂或民居书斋中多用之。其做法是按罩的形式用浮雕或通雕手法，以硬木雕成几何图案或缠交的动植物、人物、故事等题材，然后打磨精雕加工而成。也有的罩用硬木分成几件拼装而成（图8-1-18）。罩的形式很多，有圆罩（也称圆光罩）、落地罩等。

在室内柱挂楹联、梁上横匾以装饰厅堂的做法在祠堂、庙宇、园林建筑中常见，彰显人文气息。在一些庙宇中还保留了早期的匾额，和宋《营造法式》的匾额相似，额框是四块华板相扣而成，例如光孝寺的"光孝禅寺"匾额。和后世横匾的形制不同，是因为古制斗栱外出昂头，不好作横匾。

在祠庙建筑中，神龛、佛帐往往要与殿堂、厅堂室内空间相配合，也是室内最主要的装饰部分。潮州金漆木雕佛帐是广东地区有名的庙堂陈品，与宋制的佛道帐类似，佛帐以小木仿造房屋之形，神佛端坐其中，庄严顿生（图8-1-19、图8-1-20）。

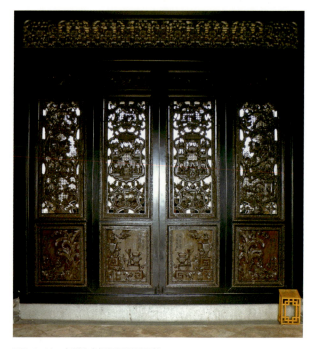

图8-1-14　广州陈家祠门厅屏门雕饰

图8-1-15　佛山祖庙前殿木雕活动隔断

图8-1-16　余荫山房深柳堂室内隔断

图8-1-17　余荫山房深柳堂隔断

图8-1-18 殿堂门罩局部

图8-1-19 揭阳雷神庙大殿金漆木雕佛帐

图8-1-20 揭阳城隍庙大殿金漆木雕佛帐

第二节 砖石结构

一、砖结构

我国古代地面建筑使用砖砌墙比夯土墙与土坯墙要晚得多，而且不如同时期的地下墓室建筑那样规整完善。砖砌技术进展也相当缓慢，到唐宋时期，在土坯墙下面才较多用砖来砌筑"裙肩"。至元代已有质量较高的实砖墙、包砖墙、包框墙等做法。明代起较广泛地用砖砌墙，并在南方发展了空斗砖墙。历代地面建筑的砖墙砌法，除空斗砖及饰面砖外，基本上都是用平砖砌筑。

（一）实砖墙做法

明清建筑除无梁殿、砖塔之外，仍以木构为骨架，砖墙只作围护或分隔之用，不承受荷载。墙体除窗下槛墙以外，墙的下部做"裙肩"，按清工部《工程做法》规定，裙肩高度为柱高的1/3。上部墙身较裙肩约薄五分，墙身"收分"是每高一尺收进一分。元代以前裙肩与墙身同样收分，在裙肩墙的四角置"角柱石"。裙肩与上部墙身之间砌"腰线石"一道，或称"押砖板"。这些"裙肩"、"收分"、"腰线石"、"角柱石"等构件和做法，是渊源于唐宋或更古老的夯土墙或土坯墙做法。裙肩是为防止雨水侵蚀之用，角柱石能保护转角处夯土或土坯免受碰伤，腰线石或押砖板是为了便于在上面夯筑土墙，收分则全是模仿古代筑墙的遗规。

岭南地区因气候湿热的关系，建筑多采用砖墙，砖块颜色以青砖为主，部分地区采用红砖。无论青砖还是红砖，都有很好的抗风防水性能，也有很好的防潮作用。为了提高整体砖墙的防水防潮等作用，常将贝灰加入石灰、桐油、糯米浆，甚至蛋清与红糖制成砂浆砌筑。建筑外观砖墙外表通常不抹灰，裸露砖缝，室内墙面或抹灰或扫白或保持清水墙。其砌法有一顺一丁、三顺一丁、五顺一丁或七顺一丁等。

（二）包砖墙做法

包砖墙在明代或更早以前即有此做法，比较经济。它是用整砖与土坯或碎砖合砌的砖墙。具体又分两种砌法。一种是墙体四周砌砖，中心填馅用碎砖或土坯，北方俗称"金镶玉"，岭南广府地区称"金包银"。外砌平砖面，间有平丁砖，中间用碎砖填馅。到清代这种做法更多，殿宇墙壁及很多民居都是好砖砌外皮，中加暗丁，内用碎砖灰土填馅。南方空斗墙斗内填碎砖土等，俗称"金满斗"，也是包砖墙的做法。另一种做法为外面作平砖顺砌，内侧砌土坯，每隔三、五层加平砖丁砌，使其互相叠压，北方俗称"里生外熟"。外皮砖墙为平砖顺砌，每隔几层砌平砖，作三顺一丁，使与土坯联系。

岭南建筑的砖墙有单层墙和双层墙两种。前者为实体砖墙，清代以前多用；后者一般是六顺一丁或十顺一丁，墙内分段留空，即空斗砖墙，清末民初多用。随着双层青砖墙的出现，从明初到清末，青砖的尺寸呈现逐渐减小的趋势，这在保证墙体的结构强度以及隔热隔声等功能的前提下，有利于节约材料以及降低施工强度等方面的技术发展。砖尺寸的缩小有利于在同样的墙体厚度下，增大中间空气层的空间。

（三）包框墙做法

到明清时期，尤其清代，包框墙的做法也很多。墙体的裙肩及上身两侧与墙顶四边作实砌砖墙，形如镜框，框内壁心的构造与四周包框不同。壁心略为收进，可砌实砖、碎砖、空斗、土坯等，但壁心外表都装有饰面层或抹灰，看不见内部构造。这种墙壁多为门墙、影壁、看墙、院墙等的做法。壁心表面常有装饰，或用各式砖雕嵌饰，或用面砖贴面，或用抹灰做成素面等。

岭南古建筑中，一些较讲究的建筑墙面使用水磨青砖丝缝砌筑。水磨青砖与一般的青砖相比，黏土用料讲究且须配合精细的磨工，施工时将青砖的上下面铲出凹面，留起齐整尖锐的四边和平整光洁的一面，砌筑时使砖的周边紧紧咬合，再以白石膏浆勾齐缝隙，使得外观达到严丝合缝的效果。

砖墓的砖砌结构主要是墓顶的拱　结构技术。广州市番禺区小谷围岛上的南汉王陵二墓，即南汉烈宗刘隐的德陵和南汉高祖刘岩的康陵。德陵是南汉奠基者烈宗刘隐的陵墓，南距康陵800米，墓坐南朝北，为带墓道长方形多重券顶砖室墓，墓坑长26.47米，宽5.82米，当地人称为"刘王冢"（图8-2-1）；康陵地宫也是带墓道的长方形多重券顶砖室墓，墓室内全长11米，宽3.15米，高3.3米，墓室前室当门横立着一通石哀册，其形如碑，首题"高祖天皇大帝哀册文"，石哀册上明确记载：高祖（刘岩）于大有十五年（公元942年）四月崩，于光天元年九月"迁神于康陵"。

砖砌结构最有特色的是砖塔，而早期地面砖砌建筑主要也是用于砖塔。我国古代砖塔砖构楼层的结构方式，除了拱券结构以外，常采用叠涩结构，其原因大约是施工便利。叠涩结构在东汉时期已产生，但由于当时砖砌结构用于砖墓较多，而墓顶仍以拱壳结构为主，故应用很少，至唐代后才开始常见叠涩结构的建造方式，宋、辽、金的穹窿顶叠涩结构就更多了。随着墓室平面向多角形及圆形变化，叠涩圆穹窿顶就被较多地运用。砖砌叠涩结构方式还在砖塔塔顶、塔檐、门窗等处被普遍运用。

空筒结构砖塔，是全塔用砖砌成很厚的壁体，中心形成一个空筒，故称之为"空筒结构"（图8-2-2、图8-2-3）。唐代随着佛教文化的大量传入，砖塔的建造数量大增。这个时期建造的砖塔主要都采用"空筒结构"，成为唐代砖塔特征之一，也影响到宋代以后的一些砖塔亦采用此种结构方式。塔身往上逐层缩小，塔身内部亦逐层变窄。各层塔檐都砌一至三层菱角牙子，再上用砖叠涩出檐（图8-2-4、图8-2-5）。有的塔在整个塔身或二层以上塔身还分间，砌出壁柱、角柱、梁枋以及简单的斗栱等（图8-2-6）。塔顶一般用叠砖封顶，上部安装塔刹。

图8-2-2　梅州涵元塔内部"空筒结构"

图8-2-1　广州南汉德陵砖墓拱券（引自广东省文物局《广东文化遗产》）

图8-2-3　罗定文塔砖砌叠涩结构楼梯

图8-2-4 罗定文塔檐口菱角牙子叠涩出挑

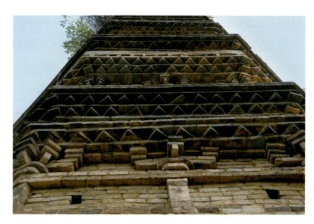

图8-2-5 韶关仙人塔檐口菱角牙子叠涩出挑

图8-2-6 高州宝光塔首层入口仿木壁柱梁枋斗栱

叠涩结构主要利用砖的抗剪强度，每皮叠出尺寸与砖厚尺寸的比例，须限制在刚性角的范围之内，故要出跳很多皮数，才能达到某一出跳长度。所以叠涩结构通常是不利于跨越较大的建筑跨度。砖塔为了减缩叠涩结构楼层的跨度，于是出现塔心柱或塔心室，使楼层分隔为小面积的内廊和塔心室，每一部分跨度都不大。

砖塔内部的变化，是围绕着登塔这一基本要求而发展的。砖塔中用砖梯级的方式，大致分为四种：①梯级安排在外壁内，称为"壁内折上结构"；②在塔心柱内设梯级，称为"穿心结构"；③梯级盘绕中心柱螺旋而上，没有内廊和楼层，称为"旋梯结构"，广州怀圣寺光塔也是采用"旋梯结构"的方式；④阶梯穿外壁而达上层、塔身外平坐。以上四类梯级，实际都是在砖砌体内留出一个通道，通道的顶部仍用拱券或叠涩结构跨复。

二、石结构

石构建筑是我国古代建筑的一个组成部分。殷商早期宫殿遗址，在木构建筑的柱下使用了石础。《礼记·曲礼》记载："天子之六工，曰：土工、金工、石工、木工、兽工、草工"，说明石工是六工之一。春秋战国之交，我国进入封建社会，铁工具的普遍使用，为石材的开采和加工创造了有利条件。秦汉以后，石材较普遍应用于各类建筑上。20世纪90年代在广州发现的两千年前赵佗建立的南越王宫署遗址，就清理出一座大型石构水池一角，水池呈仰斗状，池壁用灰白色的砂岩石板呈密缝冰裂纹铺砌，池底平正，用碎石铺砌，水池当中还散落有大量的八棱石柱、石栏杆、石门楣等建筑材料和构件。还发掘出宫署御花苑全石构的曲流石渠，长有150米，渠底密铺黑色卵石，东头有弯月形石池，西头有石板平桥和步石，石渠连接大型蓄水池用以引水之用。

我国古代匠师在石构建筑的结构与施工方面积累了丰富经验，在结构上汉代就有板式结构，梁式结构和拱券结构三种。板式结构一般使用石灰质板岩作为墙壁，上下铺盖石板，但这种结构限于板料的尺度，一般规模都比较小。梁柱结构在石构建筑上使用很普遍。

石材在受力性能上和砖有着共同的特点：都适合承受压力，花岗石的抗压强度为1200~3000公斤/平方厘米，而它的抗拉强度约相当于抗压强度的1/50，所以材料完全受压的拱券结构是石结构的最理想结构方式。

石材的砌筑，一般采用上下错缝、平叠垒筑，和一般砖砌体没有多大区别。为了加强墙体的稳定性，也有采用空斗墙的砌法。在需要出跳的部分，使用叠涩。石块与石块之间一般不用胶结材料，在拱券上使用铁构件，加强横向联系。明清以后，一般工程在石缝中灌石灰浆。根据清工部《工程做法》，灌浆在白灰中加有江米和白矾；石缝勾抿用白灰加桐油；粘补石料使用黄蜡、芸香、木炭；补石须加白蜡、石面。它们都有一定的配合比。在各石构件之间，为了稳定起见，有时垫铜片或铁片，在江河堤岸的石块间，普遍使用铁锭，使石块之间联系紧密。[①]

石构建筑有用作地下工程——墓室，以及地面建筑——塔、房屋、桥梁等。墓室建筑在发展过程中，砖石墓逐渐取代了木椁墓，东汉中期后石室墓很盛行，其平面以长方形单室为最多，壁体用石块叠砌，上下用石板铺盖。南越国文王墓劈山为陵，从象岗山顶向下凿开石山20米，凿出一个呈"士"字形的平面，墓室用750多块红砂岩石仿照"前堂后寝"的形制砌成地宫，墓顶用24块大石覆盖，再分层夯实而成。墓室坐北朝南，宽12.5米，长10.85米，面积约100平方米左右，由七个墓室构成，前面三室分别为前室和东、西耳室，后面四室为主棺室、东西侧室和后藏室（图8-2-7）。南面开辟斜坡墓道，墓室前部前室的四壁和顶上绘有朱、墨两色云纹图案，象征朝堂。东耳室放饮宴用器，西耳室放兵器车马和珍宝等；墓主居于后部的主棺室，以一棺一椁入殓，身着丝缕玉衣，两侧有10把铁剑、9枚印鉴，其中一枚是"文帝行玺"的金印；东侧室是4个姬妾的殉葬室，西侧室为7个厨役的殉葬室，后藏室为食物储藏室。直到隋唐以后，石室墓仍多用石梁、石板盖成平顶。在结构上，东汉砖墓已使用拱券，这种拱券结构方法在石墓也得到了应用，明代后地面石砌建筑也运用拱券结构技术。

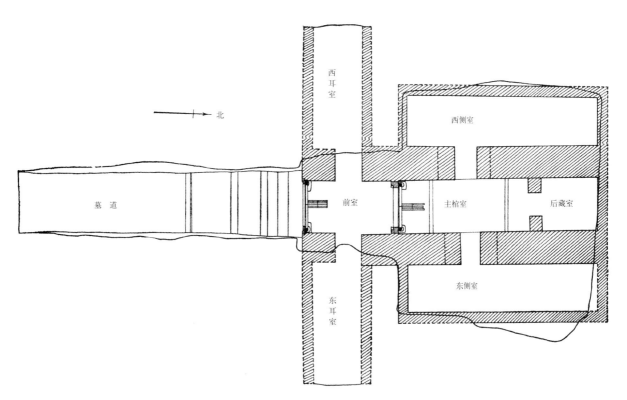

图8-2-7　广州南越文王墓平面图（引自广东省文物局《广东文化遗产》）

桥梁是重要的交通工程，不仅承受较大的荷载，而且跨度大，还处于露天环境，所以石材是古代建造桥梁的最佳材料之一。宋代我国石工技术有较大的发展，在一些宽阔的水面上，出现了多跨梁式石桥，宋代以后又普遍出现多跨连续拱桥。

塔是一种高层建筑，形式上多属于仿木构楼阁式。除个别的为实心砌体的石雕小塔外，一般都能攀登。石塔的类型可分为三种。第一种是没有塔室的小型塔，塔心部分仅设阶梯踏道，直通上层平坐。这种塔仅比实心砌体的石雕小塔大些。第二种为空筒型石塔，外围用石块砌出八角形塔壁，一般用叠涩出檐。塔室各层用石梁、石板分隔。第三种为带有塔心柱的石塔。这种塔仿木构的特点最为显著。

纯用石材构成的建筑物，如石屋、石亭、石室等为数不多，规模也不大，其外观亦多仿木构建筑，石构中建筑小品占有一定比重，而且种类繁多。它介于建筑工程也与雕刻艺术之间，就工程技术来说比较简单，例如石阙、经幢等。

古代在宫殿、祠庙、陵墓前往往建有阙，以标志入口。石柱和华表也是出入口的重要标志。明清封建地主阶级为了在思想上加强统治，大力宣扬封建礼教和旌表忠贞，除了石碑外，大量建造牌坊。经幢是佛教特有的一个类型，也是佛教寺院中的建筑小品，具有宗教上的意义，经幢的基座多雕刻成"须弥座"，幢身为八角形，上刻陀罗尼经，幢顶饰以莲花火焰。唐代的经幢造型简朴，有很高的艺术价值。此外实心的小石塔，也是佛教寺院中的建筑小品，由石块叠砌，或加以丰富的雕刻。

在木构建筑需要重点防潮、防腐的部位，一般都采用石材。石柱础可以使上部的荷载均匀地传给地基，而且对木柱有防潮作用。一般木构建筑的台基外沿包砖上有阶条石，转角处有角柱石，正中设有石踏跺。大型建筑，采用须弥座台基，周围有石栏杆。一些木构建筑的外檐部位，也有使用石柱、石础、石梁枋等，并在这些石构件上做有精美的雕刻。

房屋台基的基础，在墙基范围内下挖80~150cm，然后选取密实、整齐的红砂岩或花岗石等石块为基材，将石块按层向上砌筑，直到高出建筑的地平面（图8-2-8）。一些经济条件较好的地方，通常向上多砌筑2~3层条石至60~80cm的高度形成台基，石材间使用混合砂浆填充，在增加砌体整体强度的同时也起到了防潮的作用。台基也有用卵石砌筑成的，如建于明万历三十六年（1608年）的梅州大浦

图8-2-8 广东古建筑石筑墙裙

县花萼楼，就是卵石筑基。

用石砌筑的墙体，主要有毛石和卵石墙，砌筑时用较好的石灰砂浆加黄泥砌结，所砌筑的墙体十分坚固，体现出很好的防御性。毛石墙是用大小不等的石块砌筑而成，砌筑时把大块的和平整的面向外，小块的凹凸不平的面向内；卵石墙也是用同样的方法，一般是将较大的卵石摆在下面，较小的摆在上方。梅州大埔县的泰安楼，同时使用毛石和卵石砌筑墙体，并与砖墙结合使用（图8-2-9）。

室外地面多使用花岗石条石，具有历久不坏、易干且热容量小的特点，因此常在天井、巷道等室外空间使用，其铺设的方式以水平横铺为主。在较大型民居厅堂前的天井石板铺地还有规定：大厅前是五路排开，后厅前是三路排开，石板条数应为单数。

在广东古建筑中，石构件多在柱础、外檐梁枋、抱鼓石、门窗框等建筑部位使用。

柱础因其材质大多为石材，故称柱础石，在建筑体系中既是受力构件又具较强的装饰作用，是广东古建筑中结构构件与艺术构件完美统一的典型代表之一。柱础石主要有三方面作用：① 防潮功能：柱础避免了柱子直接接触地面，保护木柱免受湿气的侵蚀，以免柱脚腐蚀或碰损；② 荷载传递：柱础可增加柱基的承压力，以将柱身承受的荷重比较均匀地传递到地面，所以石柱础的直径要比柱子大；③ 装饰效果：柱础虽然是柱子的附属构件，但在外形上是独立的，柱子由于承重要求而不宜做精细雕刻，承托柱子的地面亦不可能大面积雕饰，所以处于柱子与台基两者之间的柱础，便成为历代工匠施展技艺的好地方。柱础虽因机能上的需求而产生，但当其发展成熟后，也逐渐形成了柱子的收头，使单调平直的柱身产生视觉上之变化，兼具有装饰之功能，柱础造型有方形、圆形、鼓形、半凹鼓形、束腰形、覆莲形、重叠形、六角形、八角形、须弥座形等多种式样。

外檐梁柱体系中，也常用石材，并在梁枋石构件上进行雕饰，如月梁、驼峰、垂花柱等。虽然石梁上的雕饰不如木梁上的雕饰般繁琐、轻巧，但石梁上的雕饰能够给人带来一种厚实之美感。石梁构件中，有一种尤为特别的石梁，因造型似弓背的虾，故称"虾弓梁"，在广府地区特别常见（图8-2-10、图8-2-11）。虾弓梁多用于建筑的次间而非正中，与一般的石梁有所不同，横向分为三段，

图8-2-9 大埔泰安楼毛石和卵石砌筑墙体

图8-2-10 广州陈家祠门厅檐廊"虾弓梁"

图8-2-11 门厅檐廊"虾弓梁"

中间最长且比两边要高（有的要高出一个梁高），两边的两段对称，三段之间的衔接可以用弧形或者直线过渡。作为石梁收口的石梁头，通常会被着重进行一些雕刻，有简单的涡卷纹、博古纹，也有复杂一些的龙头、龙鱼纹。石梁头在外观上与檐柱、次间虾弓梁及柁墩作用的石雕麒麟、狮子等形成材质与风格上的统一。

门枕石为清代称谓，在宋代则称作"门砧"，位于门槛两端下部，用以承托大门转轴的石构件。广东古建筑中，门枕石材主要有红砂岩、灰白花岗石、青石等数种，个别会用到汉白玉。广东古建筑中的门枕石形式主要有三种：方形门枕石、几案形门枕石和须弥座形门枕石。抱鼓石是门枕石的一种，在民间有诸多称谓，如：石鼓、门鼓、石镜等。抱鼓石是放置于古建筑门槛两旁的形似圆鼓的石制构件，以稳固门面（图8-2-12）。在传统牌楼建筑中也常使用抱鼓石作为牌楼的夹杆石，也是起稳固楼柱的作用。

图8-2-12 陈家祠大门石鼓

第三节 建筑装饰

一、木雕

木雕雕饰是建筑结合构架及构件形状、利用木材质感进行雕刻加工、丰富建筑形象的一种雕饰门类。它在传统建筑上应用很广，使建筑与木构件紧密联系，从而使技术与审美达到和谐统一的境地。

我国木雕历史悠久。远在奴隶社会，据《周礼·考工记》记载："攻木工之工有七，其中有匠、梓。匠为匠人，专做营造。梓为梓人，专做小木作工艺，包括雕刻"。南北朝时期，建筑上已有木雕装饰，并使用隐刻技法，这种手法多用于非承重结构上，如曲木、斜撑、悬鱼及门窗、隔扇等构件。唐宋时期的建筑木雕可在宋《营造法式》一书中得以了解，其章节中有雕木作。雕作制度按雕刻形式分为四种，即混作、雕插写生华、起突卷叶华、剔地洼叶华。按雕刻技术可分为线雕、隐雕、剔雕、透雕、混雕五种形式。线雕即突雕；混雕为全形雕，即圆雕。此外，宋代木雕装饰已开始使用髹漆贴金。明清时期，木雕工艺又有了进一步的发展，其特点有：①木雕装饰在各类建筑中得到更广泛采用；②题材内容大众化，常选用普通百姓所熟悉的内容作为题材；③图案花纹趋向于浓厚的自然生活气息；④工艺技法趋向立体化，出现了透雕、镂雕、玲珑雕等多层次的雕刻手法；⑤艺术风格从明代木雕的构图简洁，形象丰满生动发展到清代木雕的构图定型化，形象富丽且繁琐。清代的木雕工艺倾向于表面装饰化，它要求形象更为繁复，又要求工艺操作简化，因而，产生了贴雕和嵌雕等新类别。

木雕按其材料的质感和加工工艺来说，是一种柔性造型艺术，其基本要素是多用流畅的曲线和曲面，它的图案构成讲究线面结合和节奏旋律。如清代的木雕喜用自然的花草纹样，它以整体形象的花样为主，衬以枝叶，造型立体化，形象逼真。这种图案，多适用于装饰性题材的构件。而在门窗、屏罩等实用性很强的构件中，刚性的直线框边常与柔性的曲线、曲面隔芯题材相组合，组成了各种不同效果的图案。总的来说，由于木材的质感和不同的雕琢技法，在不同的部位，采用各种丰富变化和精巧的图案，表现出雕饰的明快和木质的柔美风格，增加了建筑艺术的表现力和感染力。

木雕属于细加工，其工具主要有钢丝锯、叩槌、雕刀、方凿等。各种工具规格小的仅一分，大的有一寸多，各种类型、规格工具达数十种。

木雕的操作过程是：①按用途需要选定用料；②由木工师傅按规格要求做好木胚；③由木雕艺人进行设计，画出图样，并贴于木胚上，然后按图案将需要镂空地方用钢丝锯镂空；④由艺人凿出轮廓，进行精雕细刻；⑤油漆、贴金成为成品。

木雕材料大多用楠、樟、椴、黄杨等木，一般多层次、高浮雕装饰多选用这些硬质材料，雕饰后用水磨、染色、烫蜡处理，使木的表面光滑有光泽。也有用杉木的，因杉木质地脆弱，故多以镂空、线刻、薄雕形式出现。根据不同的部位和不同的雕刻类别，然后选用不同的木料，使之物尽其用。

木雕的种类很多，基本有线雕、隐雕、浮雕、通雕、混雕、嵌雕、贴雕等，其工艺做法如下。

线雕又称线刻，是木雕中最早出现也是最简单的一种做法，是一种线描凹刻的平面型层次木雕做法。

隐雕也称暗雕、阴雕、凹雕，也有称为沉雕、薄雕者，是剔地做法的一种，属于凹层次的一种木雕做法。

浮雕也称浅浮雕、突雕，广东地区称为"铲花"，古称剔雕，属采地雕法，是木雕中最普遍使用的一种木雕做法（图8-3-1）。其工艺是按所需

图8-3-1 祠庙大门檐廊梁架浮雕装饰

的题材在木板上进行铲凿，逐层加深形成凹凸画面。这种雕法层次比较明显，工艺也不复杂，一般多用于屏门、屏风、栏板、栅栏门和家具等构件。

通雕也称透雕、深浮雕，广东有的地方称为"拉花"，是一种有立体层次的木雕技法，工艺要求较高。其做法是先在木料上绘成花纹图案，然后按题材要求进行琢刻，需透空的地方就拉通，需凹凸的地方便铲凿，形成大体轮廓后磨平至光滑，再进行精细加工而成。这种雕法一般在隔扇、屏罩、挂落和家具上多用之（图8-3-2、图8-3-3）。通雕中更高一级称为"镂空雕"，即全构件通透的一种雕刻方法。这种雕刻，工艺复杂，但效果很好，只有在高贵的装修中才用之（图8-3-4、图8-3-5）。

混合木雕，是木雕中各种雕法的综合运用。这种雕法工艺复杂，但构件成品效果好，故常采用。一般用于落地罩、飞罩等处，在园林、庭园中更多见。

贴雕和嵌雕，这是在清代发展而成的两种木雕雕饰类别。贴雕的做法是在浮雕的基础上，将其他花样单独做出后，再胶贴在浮雕花样的板面上，形成一种新的突出花样，称为贴雕。嵌雕的做法是在浮雕的花面上，另用富有突面的雕饰或其他式样的木色进行嵌雕，方式可以插镶，也可以贴镶，称为嵌雕。嵌雕可以说是在透雕和浮雕相结合的基础上，向多层次表现的一种雕刻技法。嵌雕在广东地区称之为"钉凸"。钉凸的做法是，在构件通雕起几层立体花样后，为了使立体感更强，就在透雕构

图8-3-3 东莞可园厅堂门罩红梅题材的通雕装饰

图8-3-2 广州陈家祠屏门通雕

图8-3-4 揭阳关帝庙门厅梁架镂空木雕

图8-3-5 揭阳关帝庙门厅出檐镂空木雕

图8-3-6 佛山祖庙庆真楼隔扇混合木雕装饰

件上钉上或镶嵌已做好的小构件，逐层钉嵌，逐层凸出，然后在细雕打磨而成。这种做法工艺复杂，一般多用在门罩、屏风、屏门等部件上，也有用于高档的隔扇上（图8-3-6）。

二、石雕

石雕在广东古建筑中常用于建筑物的檐柱、柱础、梁枋、门槛、栏杆、栏板、台阶等地方，也有用于凹入式大门的墙面作贴面。石材质坚耐磨，经久耐用，并且防水、防潮，外观挺拔，故在建筑中需防潮和受力的构件常用之。宋《营造法式》石作制度中雕镌制度的剔地起突、压地隐起、减地平钑、素平等四种雕刻类别，可以说是历代石雕技法的总结。由于石材昂贵，好料不易取得，同时，石材运输和加工也比较困难，所以在雕饰方面，木雕、砖雕占了主要地位。明清之后，石雕技艺也日趋简化，但仍保持着传统的类别和做法，如线刻、隐刻、突雕（浮雕）、混雕（圆雕）等。

石雕是在大小已定形的石件上进行雕刻加工。其工具主要有凿、锤等，精细的石雕还有用钎、钻等，因石雕工具不多，其加工主要靠艺人技艺。石雕种类有：线刻、隐刻、减地平钑、浮雕（又称突雕）、圆雕（也称混雕、立雕）、通雕（也称透雕）等，根据不同部位而选用不同的类别。早期多使用线刻、隐刻做法，逐步发展到减地平钑，后期较多使用浮雕、圆雕以及多种雕艺的结合使用。

线刻，即素平雕法。其工艺是：首先将石面打平，再磨砻加工，即用砂石加水打磨光滑，然后用金属工具刻划、放样和施工雕刻。线刻主要用于台基、柱础、碑石花边等部位，题材以花纹为主。

隐刻，也称隐雕，是平面线刻向深度发展的第一步。其工艺是将图像刻划出形，沿形象纹路略加剔凿其细部，在光平的石面上呈露微凸，以增强石雕的表现力。减地平钑雕法，是隐雕的进一步发展。为了突出雕刻图案，将所表现的图案以外部分薄薄地打剥一层，然后在图案部分施以线刻。这样，可以使图案更加显耀，这也是最早期的浮雕。浮雕（突雕），这是逐步走向立体化的一种雕刻手法，也是建筑上应用最广的一种雕饰方法。它可使雕面上的花草、卷叶等题材刻出其深度，如平的、凹的、翻卷的等，使这些题材富有立体感和表现力。宋《营造法式》所载石作雕镌制度中的剔地起突雕法，就是隐刻和浮雕两者的结合。它集中了两者雕饰的做法和特点，产生了一种富有立体效果的雕饰新方法。隐刻和浮雕因其装饰效果好，在民居

图8-3-7 潮州从熙公祠大门石狮子

图8-3-8 德庆龙母庙门枕石石雕狮子

建筑中常用于柱础、台基、勾栏等部位。通常两种雕法结合使用，既有隐刻线刻，又有花草枝叶施以突雕，而贴面石板则多用浅雕手法。

圆雕，也称混雕，在明代称"全形雕"。其做法是在凿出全形后，其细部用混作剔凿（皆为圆面），力求形象表现自然。至清代，雕法已简化，用钎打出全形后，其细部随其初形雕刻出来。圆雕用于单个构件，也有用于组合构件，造型有动物、人物、花草等，如大门前的石狮子、石麒麟，水池里的石龟，梁枋上的狮子、蝙蝠、蝴蝶额垫，还有台级两侧各式垂带造型等。圆雕常因其石材加工精确度不高，一般取其粗犷豪放的特性（图8-3-7、图8-3-8）。

通雕，也称透雕，是浮雕的再进一步加工，达到多层次表现。因工程复杂，在建筑中采用不多，广州陈氏书院中大堂月坛的石栏板上，潮州己略黄公祠、从熙公祠入口大门梁架、两侧的墙面装饰都采用了此法（图8-3-9、图8-3-10）。

图8-3-9 潮州己略黄公祠门厅檐廊梁柱石雕1

图8-3-10 潮州己略黄公祠门厅檐廊梁柱石雕2

三、砖雕

砖雕，是用凿和木锤在砖上加工，刻出各种人物、花卉、鸟兽等图案而作为建筑上某一部位的一种装饰类别，是一种历史悠久的民间工艺形式。砖雕是模仿石雕而出现的一种雕饰类别，由于它比石雕省工、经济，刻工细腻，题材丰富，故在建筑和园林中广泛被采用。

砖雕从石雕发展而来，在表现风格上，力求生动活泼，在表现手法上，又承袭了木雕工艺。它有三个特点：①既能表达石雕的刚毅质感，又能像木雕一样精细刻划，呈现出既刚柔结合又质朴清秀的风格；②所用材料与建筑的墙体材料一样，都是青砖，这就使它们在色调上、施工技术上，以及建筑的整体与细部上取得高度的统一；③青砖能适应于室外环境，打磨过的青砖有较好的抗蚀性和装饰性，既耐久，又丰富了建筑的外貌。

砖雕所用工具小巧精致，几乎全部用钢自制而定。过去的砖雕师傅有的还自备小风炉，以便随时按需要加工做成各种工具。砖雕工具的种类和数量都很多，总数约有一百多件，主要工具有：①手锯，用钢片制成，常与直尺配合使用；②手钻，在砖上钻孔用，用钢条做成，圆头，用手搓而钻，钻头大小从1毫米至5毫米不等；③木锤，凿砖时与凿配合使用，硬木制成，长约30厘米，锤头直径约6厘米；④凿，用钢制成，上用木柄。其类别有尖凿、平凿、圆凿、半圆凿、四分之一圆凿等。平凿、圆凿还有各种不同尺寸和大小规格。

用作砖雕的砖必须选用色泽明亮且质量上乘的青砖，并要砖泥均匀、表面平整和孔隙较少。砖雕的制作工艺比较复杂，据调查，可以归纳出以下几个步骤。

1．将经过淘洗的细泥土烧制成青砖，再把挑选后的青砖按需要尺寸进行刨平、刨光、打磨，遇到空隙用油灰填补，边填边磨成砖雕坯。同时，它除去了表层材料的浮松部分，使砖坯色泽均匀，坚实耐用。这种手工操作的劳动强度很大，通常一个熟练工人每天只能打磨五块砖左右。

2．制作较大型砖雕时，需要分成几部分进行雕刻，每一部分要用几块砖拼制合成。其拼制的方法是，先浇水湿润砖块，稍干后用粘结材料粘结而成。粘结材料一般用灰、糯米、红糖及少许乌烟墨调合而成，砖缝的宽度仅0.5~1毫米，因粘结材料的色泽与青砖相仿，故干透后坚固如整砖。

3．用刻划笔直接在砖上刻出图案的轮廓，这一点与木雕做法稍有差别。木雕做法是用纸画好图案后，贴在木料上进行雕刻，而砖雕只是略刻出图案轮廓，至于成形就全凭艺人们的"腹稿"和手艺来完成。

4．雕刻的一般手法有：锯、钻、刻、凿、磨等多种。在整个过程中，必须保持砖的湿润状态，以避免脆裂。

5．最后将雕刻好的成品砖，用粘结、嵌砌、钩挂等方法安到预定的装饰部位，准确对位，使整幅砖雕浑然一体。

此外，还有一种预制花砖。这是由于构件中常出现重复性而又带有几何图案的砖块雕饰，为了避免重复劳动，减轻工艺劳动强度而出现的。由于烧制过程中预制砖坯容易变形，而且表层抗蚀性略差，所以，在制作时要细致操作，逐块雕磨整形。为此，预制花砖通常也只用于园林中的漏窗通花、牌坊的檐下翻花等精致程度要求不太高的部位，很少用于重点装饰部位。

砖雕的种类除剔地、隐刻外，还有浮雕、多层雕、透雕、圆雕等。早期的砖雕多用于嵌面，其手法仿石雕，采用剔地、隐刻等工艺做法（图8-3-11）。其后，由于花卉等题材需要多层次表现，故产生有

图8-3-11 顺德清晖园以竹子为题材的"轻烟挹露"砖雕

浮雕（也称突雕）、圆雕（也称混雕）、透雕等种类和做法。

砖雕在广东古建筑中，多用在大门、屋脊、墀头、墙面、影壁等处（图8-3-12～图8-3-14）。屋脊采用砖雕脊花者，工艺多用透雕，有立体感。平脊为底面者，其砖雕方法多用剔地雕。墙楣砖雕，也称画幅式砖雕，因用边线框成画幅，故取名之。砖雕应用最多的一般在建筑山墙墀头部位，大者高约2米，小者也有30厘米左右。以大型墀头为例，整幅雕饰分为三部分，最上层称为翻花，其面倾斜，上承檐口，一般由三层向上翻卷的砖雕花瓣组成，风格粗犷有力。翻花下面是一长方形的垂直

图8-3-12 陈家祠砖雕"五伦全图"

图8-3-13 陈家祠砖雕"刘庆伏狼狗"

图8-3-14 陈家祠砖雕"梁山聚义"

图8-3-15 南海云泉仙馆大门墀头砖雕

面，在其四周用砖线凸出装饰，也有在该砖面上进行雕刻者，题材用人物故事或梅、菊、牡丹。这部分是墀头装饰的重点。它的做法可用透雕、圆雕以增加立体效果。再下面称为墀尾，雕刻比较精细，内容为宝瓶、花果等。整个墀头从上到下是一个从粗到细的序列，这是根据人的视距远近和视域高矮规律而决定的（图8-3-15）。

四、灰塑

灰塑在广东古建筑装饰中占有一定的地位，使用也比较普遍。它是以白灰或贝灰为原材料做成灰膏，加上色彩，然后在建筑物上描绘或塑造成形的一种装饰类别。灰塑的原料配制主要有：

1．白灰或贝灰，经烧制而成，呈粉状。

2．白灰或贝灰砂浆，灰粉经过筛后，按一定比例加上河砂，再加适量的水配合而成。

3．纸筋灰，主要用于灰塑的面层细部。做法是先将石灰或贝灰水化，过筛后掺入纸筋，捣至不粘灰匙为准。由于灰和纸的质量不同，纸筋灰有多种。高质量的纸筋灰选用较好的灰料拌入宣纸纸筋；稍次的纸筋灰则拌入玉扣纸纸筋，略呈淡黄色。

4．砂筋灰浆，也称草筋灰浆，是灰塑成形的材料。其做法是用石灰或贝灰与砂混合，加适量的水成为砂浆。再将一定量的稻草、麻皮等，用水浸泡、槌碎后掺入砂浆中，捶捣使之成为有黏性和韧性的砂筋灰浆。

5．灰膏，选用最好的灰料水化后成为灰粉，过筛后再用水调稀，然后按漂洗、过滤、沉淀三个步骤反复多次，最后得到质量很高的灰泥。灰泥去水后做成灰膏条，在露天处放三至四个月而成为细腻洁白的灰膏，是调制色彩的基本原料。使用时，在碗内加水研磨成灰膏泥。

灰塑中所用的颜料要求是化学稳定性好，能耐酸、耐碱，并容易大量制取者。通常是采用矿物颜料，如银朱、红丹、土黄、石绿、佛青、乌烟等，并用牛胶或桃胶水调制而成。

灰塑的工具多用木制，如九里香木，取其质坚耐磨。灰塑主要工具品种有：灰刀、灰匙、灰帚等，每一种又有多种规格。民间老艺人一般都有一套自制的工具，常用的有：①木灰匙，九里香木制成，主要用于批细部；②灰刀，钢制，有多种尺寸，用于塑造粗形和调配灰料；③灰帚，细部加工时用。

灰塑包括画和批两大类。画即彩描，即在墙面上绘制山水、人物、鸟兽、花草、图案等壁画。批即灰批，即用灰塑造出各种装饰。

（一）彩描

彩描是灰塑的一种平面表现形式，着重于用色彩"描"和"画"，主要流行于经济较差的地区，称之为"墙身画"。彩描的工艺操作一般分为下列几个步骤。

1. 将所需装饰的部位淋湿，用砂筋灰作底，以增强画与墙面的粘结力。底子的厚度视需要而定。

2. 在底子上用纸筋灰批面、找平，要求表层细腻平滑、洁白如纸。

3. 用灰膏条或其他材料画轮廓起稿，以隐约可见为准。

4. 染色，模仿国画中工笔画的作画法，力求线条流畅、色彩调谐。

彩描的技法有意笔、公笔、水彩、双勾、单线等画法。彩描所使用的工具比较普遍，分为两种：一类是做底时用的，有大小不等的各种钢制或木制灰匙；另一类是绘画时用的毛笔，基本上与国画用具相同。

彩描的抗蚀性较差，因此，露天部位一般较少用，而多用于檐下、外廊门框、窗框、室内墙面等。不同的装饰部位，题材也不同。

外檐下彩描是彩描运用最多的部位。建筑立面檐下的墙楣，是墙面和屋面的过渡部分。墙楣彩描呈带条状，高度约30~60厘米。这条由多个画面组成的墙楣，在建筑外观上弥补了因出檐而带来的空间深度不够的感觉。外檐下的彩描由于画幅较长，通常是将墙楣部分分为若干个画幅，每一画幅自成一独立的画面。题材多为历史人物、神话故事或山水风景画，也有花鸟一类的彩描。

总的来说，彩描的色彩在沿海一带用色较为鲜艳，内地一带较为温和沉着。色彩运用原则是使自然色彩与理想色彩相结合，其方法是在写实的基础上进行归纳和夸张，并与建筑物的色调和装饰部位的视觉要求相适应，以达到理想的效果。

（二）灰批

灰批是指有凹凸立体感的灰塑做法，分为圆雕式和浮雕式两种。

圆雕式灰批，又称立雕式灰批。分为多层立体式灰批和单体独立式灰批两类。

圆雕式灰批主要用在屋脊上，有直接批上去的，也有做好后粘上去的。它的做法是先用铜线或铁线做出骨架，将砂筋灰依骨架做成模型粗样，半干时再用配好颜料的纸筋灰仔细雕塑而成。广东潮汕地区的做法是用大白灰塑面层，最后染好颜色。圆雕式灰批制作过程复杂，特别是多层立体式，人物多，层次多，为了增强效果，特别讲究粘合材料，红糖、细石灰、鸡蛋清的混合物是上乘的粘合材料（图8-3-16~图8-3-18）。圆雕式灰批的题材，因使用在屋脊部位，多与厌胜和阴阳五行学说有关，如垂鱼、鸡尾、龙、水兽等。

浮雕式灰批用途很广，不论门额、窗楣、屋檐瓦脊、山墙墙头、院墙等部位都能使用，而且，它的处理手法多种多样（图8-3-19、图8-3-20）。浮雕式灰批的做法，各地区略有差别，一般工艺步骤如下：先在墙上打上铁钉，用砂筋灰（草筋灰）在所装饰的部位做底子找平，塑好模型，在需要凸出

图8-3-16 广州陈家祠屋脊灰塑装饰

图8-3-17 陈家祠屋脊灰塑人物装饰

图8-3-18 三水胥江祖庙屋脊灰塑人物装饰

图8-3-19 番禺瑜园院墙灰塑装饰

图8-3-20 余荫山房院墙灰塑装饰

较大的部位则预埋铜线或铁线；然后用灰膏或其他材料勾出图案的轮廓；最后按需要将纸筋灰调上各种颜料，然后塑造而成。

广东有的地区不在纸筋灰中调上颜料，而将纸筋灰工序分为两道。先用二白灰浆做成粗型，凸出较大部位用铜线或铁线做骨架，然后用高质量的大白灰浆细致地塑造面层，在未干透时按需要染上颜色。前者做法颜料和灰料混合，色调略偏灰沉，灰批的表层也粗糙，但优点是经久不变其色。后者做法的颜料施于表层，容易发挥其原有的色彩效果，但材料的耐久性会差一些。

五、陶塑

陶塑是用陶土塑成所需形状后，进行烧制而成的建筑装饰原构件，然后用糯米、红糖水作为粘结材料，把原构件粘结在预定的部位。

陶塑不像灰塑，工艺精致、形象逼真，题材大多与灰塑相同。陶塑的材料较粗较重，成品主要靠烧制，实用性强。虽然屋脊也有用陶塑做脊饰，由于人们望它视线较远，故对塑像构件只要求比较粗犷和象征而已（图8-3-21~图8-3-23）。

陶塑材料有两类：一类是素色，即原色烧制；另一类是陶土胚在烧制前，先涂上一层釉，然后再烧制而成，称为釉陶。后者防水、防晒，且色泽鲜艳，经久耐用，但造价较贵。

陶塑的用途，一类是在屋面上作脊饰用，另一类是在庭院中作漏窗、花墙、栏杆、花坛用。前者多用于寺庙、祠堂等大型建筑中，工艺比较复杂和

图8-3-21 佛山祖庙屋顶陶塑灰塑装饰

图8-3-22 陈家祠屋脊陶塑戏曲人物装饰

图8-3-23 佛山祖庙屋顶陶塑装饰

讲究，大多采用圆雕和通雕做法。后者多用在民居庭院或园林中，构件多为几何图案纹样拼装而成（图8-3-24、图8-3-25）。

六、嵌瓷

嵌瓷装饰在广东潮州一带的建筑中多用之。工匠常用专门烧制的瓷片或利用破碎瓷片作为装饰原材料，不但经济美观，而且能防止海风侵蚀，是这些地区具有独特风格的一种装饰门类。

嵌瓷装饰的用料比较严格，原料中，除贝灰、砂筋灰浆、灰膏等与灰塑做法相同外，其他原料如下。

1．大白灰浆，用海螺壳烧制成的贝灰，因它颜色纯白，黏性又好，过筛后，加入宣纸或高连纸浸透、磨成沫状，槌到冒泥而不粘锤为止。

2．二白灰浆，比大白灰浆质量差一些。其制作方法同大白灰浆，但拌入的材料，不用宣纸而是

图8-3-24 揭阳关帝庙连廊墙面陶塑通花

图8-3-25 粤中宅居院墙陶塑漏窗装饰

用草纸筋。

3．糖灰，这是嵌瓷的粘结材料。它的做法是糯米红糖加入少量水分，加热煮溶，有的还加上蛋青，增加黏度，再配入二白灰浆拌和即成。

4．瓷片，用箔瓷碗盘涂上色彩后火烤而成，或用有色彩的日用瓷器碎片也可。

5．金箔，用福建漳州出产的漳金箔，色带白，含银量成分多，可以用来染化瓷面。

嵌瓷装饰的操作方法有三种，即平瓷、半浮瓷、浮瓷。

平瓷的工艺做法是用砂筋灰打底后，用佛青画轮廓，然后用糖灰将有色瓷片嵌配。在不需嵌瓷片的地方，则用灰浆批抹后配以色彩。因瓷面与灰面一样平，故称之为平瓷。

半浮瓷的做法是用砂筋灰打底后，用佛青画轮廓，然后塑上花鸟、人物等图案浮坯，最后用糖灰嵌瓷片。

浮瓷也称立体嵌瓷，是先用瓦片、碎砖、麻丝、

图8-3-26 粤东普宁祠堂屋顶嵌瓷装饰

糖灰在屋顶或墙面上塑成枝骨模胚，再用砂筋灰加糖灰进行批、塑、雕，然后用糖灰粘结彩色瓷片而成。

嵌瓷一般多用在屋脊和翼角等处，也有做在影壁墙面上的。题材方面可制成各种自然图案和人物、花卉、鸟兽等。其特点是色彩艳丽、外观洁净，经久耐用，尤其在沿海地区可以防风、防雨、防晒和防腐蚀（图8-3-26、图8-3-27）。

图8-3-27 潮州开元寺榴院院门屋顶嵌瓷装饰

七、彩画

彩画装饰主要用在古建筑的木材上，如梁架、大门、屏门、门罩、神龛及木雕上，用以保护木材以利防潮、防水，阻止木材表面腐烂生菌，同时有防虫、防蚁作用。广东潮州古建筑称彩画为"五彩画"，所谓五彩，即"正五色"，青、黄、赤、白、黑，再加上金色。潮州建筑彩画鲜艳夺目，华丽辉煌（图8-3-28～图8-3-31）。

建筑彩画油漆通常分为桐油和大漆。绘有彩画的木构件，常在室内或有遮掩的屋檐下，因颜料在紫外光作用下容易褪色，而且最外层的油漆涂膜较硬，不具备很大的弹性，其基层的木料遭受阳光曝晒、雨淋受潮后膨胀，或低温寒冷、气候干燥后收缩，会使油漆层起皱、鼓泡，导致开裂而破坏画面。

（一）彩画用料

1. 彩画颜料多以矿物质为主，如石黄、佛青、银朱和赭朱等，也有用植物提取的颜料。潮州建筑彩画颜料除了店铺购买的各种色料粉末外，工匠也常自行制作，采用廉价色料。黄色用黄土；红色用偏红的土，或将黄土放入锅里炒后变红；白色就用白泥，泡水过筛后除去杂质晒干的粉末就成为白色颜料；黑色就用乌烟。各种色料要尽量研磨细腻，越是细腻，色泽越美。勾画用墨条，好的墨条因其本身的胶质含量可以令墨迹留存多年。

金箔有红金、赤金、黄金、白金和青金之分。金是唯一可以被敲成非常的薄片状的金属，传统方法是把一片非常细小的金粒反复敲打成薄片。以金箔作彩画之用，其选色要配合画面，可交替使用上

图8-3-28 陆丰元山寺山门彩绘

图8-3-29 揭阳雷神庙梁架彩绘

图8-3-30 揭阳城隍庙门神彩绘

图8-3-31 揭阳城隍庙大殿拜亭梁架彩绘

述几种颜色的金箔来构图，由于白金最贵，常贴在醒目之处；红金多用于户外，在阳光下非常绚丽。

2．桐油分生桐油和熟桐油，生桐油是由桐油树的种子压榨出来的油，原生生桐油必须经过过滤，才能够制成纯生桐油。熟桐油是用生桐油经过加入中药，在铁锅煮炼后成为黏稠的透明油，潮州当地称之为"光油"。

3．大漆的基本材料有生漆、熟漆、水漆（胚、底层时候的漆）、桐油漆等。在漆树上割下来呈白色乳胶状的生漆，要将漆液里面的木屑、木皮等杂质筛掉，经过多次过滤的漆液比较细嫩，才能算是好漆。潮州工匠习惯将刚买回来的生漆加少许水方便操作，称之为"水漆"，通常头几道上生漆都是水漆。

4．猪血料、牙粉、桃胶，都用于木缝填补材料，牙粉也是"包麻布"的基本材料。桐油做底用猪血，由于猪血为碱性，大漆是酸性，所以大漆做底不能用猪血。猪血的作用是将其他物料凝结在一起，以猪血加石灰（或贝灰）粉，用生桐油搅拌而制成。牙粉用于大漆，牙粉的原料是瓦片磨成的粉，过筛后加进生漆搅至均匀，形成糊状用以填补木缝之物料，或用作将麻布粘贴到木基层之灰浆。当木缝不太深的时候可以用生漆加牙粉，但木缝太深则渗入的漆比较难干透，这时就会采用桃胶。牙粉配生漆的漆浆干后会收缩，而桃胶填缝就不会发生这种情况。

5．胶。要颜料依附在底层上，单靠油的成分还不够，为了加强色粉与底层的粘结，通常会加入适量的胶。梁架彩画的桐油入胶常选用动物胶，如牛皮胶、驴皮胶、猪脚筋胶、狗等动物骨胶；壁画桐油入胶则通常多用植物胶，如松树胶或桃胶等。入胶后的色油能异常耐久。

6．夏布。油漆可以直接施于木上，但通常都会包上布料作底层。以前选用的布多是萱麻布，所以潮州工匠俗称这个工序为"包麻布"。麻布也称作"夏布"，因为是夏天衣服的材料，它的纤维强度较大，用的时候要将它泡水变软。

7．稀释剂。熟桐油本身通常呈现黏稠状态，不易加入色粉，因此要加入松节油或煤油等稀释剂。松节油除了可以作为稀释剂外，对桐油还有催干的作用。

8．粘结剂。贴金箔需要粘结剂。传统的粘结剂是用"透明漆"加入少量熟桐油而成，称为"金胶"。

（二）彩画工具

1．靠尺。画工都有一把自制的靠尺，上面刻度通常是以寸为单位，操作时让手可以离开画面，不会弄脏画面，同时手也不会抖。

2．毛刷。传统油刷工具有牛毛、猪毛、头发等，按需要制作大小，用来打底、起光（盖光）、绘画的各种刷子均不同。桐油画由于会很快干，所以常用较硬、短、扁的刷子，不然刷不开；刷大漆的毛刷也分毛的长、短，短毛刷常用来刷细线。

3．毛笔。画心的画体多是国画，因在木头上作画，故选用的毛笔多为狼豪，比较硬朗。

4．铁笔。用于潮州建筑漆画。在加工完好的漆板上打好草稿（粉稿），描朱红色的金地漆，再扫金粉、描金线，线条粗细表达出来后，用不同的金粉表达人物、植物、山石等不同的质感，最后精致的地方用尖尖的铁笔勾画，按线条把金箔划破，露出底下的黑色，成为精美的细线。当地也称铁线描。

5．刮刀。有牛角片、竹片、钢刮刀等。做底色漆、上牙粉、退光等工序时，都会用到刮刀。

（三）彩画工艺

1．桐油彩画工艺

桐油工艺基层工序包括木基层处理、生桐油渗透、底灰、生桐油钻生、熟桐油底油以及熟桐油刷饰等；桐油工艺面层工序包括：描木纹及面层彩绘等。

木料上彩前先用猪血加贝灰填缝，如果裂缝较大或者木材有较深的洞的时候，可用木条、瓦粉，加生漆或清漆混合填补。为防止木材开裂而破坏面漆，在经济允许的情况下，会在木头上裹 1~2 层麻布，然后浸泡生桐油以防虫防霉，待干透后磨平，至表面光滑为止。

能成为桐油彩画颜料的原料很多，许多不可入漆的色粉，都可以用在桐油调色中，因此桐油彩画所呈现的色彩范围远比漆画丰富得多。漆画色调偏向深沉，所以常用金箔提亮，因为就只有金色才可以从深沉的漆膜底下仍然透现出来。潮州桐油彩画可采用许多浅色和鲜色，表现出色彩斑斓的景象。

潮州建筑彩画的底色主要有白色、红色、绿色和黄色。要在木料上施彩，传统做法是先刷两道生桐油，待干之后用熟桐油加色粉直接上色。彩画颜色不褪色的最大原因是熟桐油油膜对它起着保护作用，但是色粉本身不溶于桐油的微细颗粒状，故通常会加胶，令颜色和底层粘牢，越是粉状的颜料，入胶量越大。

彩画贴金有用金箔贴，或金粉加入熟桐油做描金画。木材的贴金是用熟桐油做粘结剂，待熟桐油快干未干的时候贴上去。贴金箔的操作环境是要拿罩子把金箔罩起来，贴金时通常先将金箔盖纸打开半边，将又薄又轻的金箔，连同前后保护的衬纸一同执起，轻放到需要贴金的部位，用软毛刷将金箔贴上，最后拿掉衬纸。因为金箔很容易粘上别的地方，一旦粘上就不能掀起再用，因此工匠都会小心操作，以免造成浪费。

2. 大漆彩画工艺

大漆彩画工艺与桐油工艺工序相近。由于"天然生漆对入漆色料有独特的要求。凡含锌、钡、铅、铁、钙、钠、钾等金属色料，一入漆即与漆中的乙酸起化学反应，色泽变暗甚至变成黑色，故不堪使用。凡金属与酸及漆中的乙酸不起化学反应的就能入漆。如金、银、贡、钛等贵重金属类。"[②]可见色彩原料入漆限制很大，能够成为大漆彩画的颜料不多。

漆艺基层工艺也是从木基层处理开始，首先要"底板出油"，即要先烧去掉木材里的油，重点是木节上的"眼"，这是最出油的地方。然后将木料裂纹以清漆加灰填缝，通刷一遍后用麻布包裹以防开裂，即"褙布"。"褙布"工序是以生漆调和瓦粉成糊状，将布料粘贴在上面，生漆不能一次厚涂，要重复多次以达到布料的网目看不到的程度。

完成底漆后，再施以多层有色漆，每层打磨，多到几十层。在这个过程中，工匠用牙粉和手心先反复擦漆面，擦至光泽退去，这个程序被称为"退光"。经过退光程序处理的漆面，清理后用不同的方法使漆面再次发亮，被称为"推光"，也称为"催光"。其作用是使漆面光滑如镜，然后由画师绘画或做镶嵌等各种面漆装饰。

潮州木漆画有单彩、五彩、描金和混色四种，大漆金画有贴金、扫金、描金、化晕、戗金等，当地最有特色的手法是"铁笔画"。当漆画面完成之后，用明光漆薄薄地上一道当保护层，使漆画表面光亮晶莹。油彩画上涂的罩光漆跟漆画面上涂的罩光漆有所不同，桐油画面可用黄油作保护层，大漆画面的保护层用明光漆（熟漆加生漆）或广漆（熟漆加熟桐油）。

注释

① 中国科学院自然科学史研究所主编. 中国古代建筑技术史[M]. 北京：科学出版社，1985.

② 乔十光. 漆艺[M]. 郑州：大象出版社，2004：91.

广东古建筑地点及年代索引

名称	类型	地点	建成年代（变化情况）	材料结构	规模	文保等级
光孝寺	佛教寺庙	广州市	三国寓居改寺，历代有修建	木结构	现存面积30490平方米，总建筑面积为12690平方米	全国重点文物保护单位
梅庵	佛教寺庙	肇庆市	北宋至道二年（公元996年）	木结构	占地面积5000平方米，建筑面积1400平方米	全国重点文物保护单位
南华寺	佛教寺庙	韶关市	南朝梁武帝天监元年（公元502年）始建，民国23年（1934年）重建	砖木结构	建筑面积12000多平方米	全国重点文物保护单位
开元寺	佛教寺庙	潮州市	唐开元二十六年（公元738年）始建，宋后多次修缮	木结构	占地面积2万平方米	全国重点文物保护单位
元山寺	佛教寺庙	陆丰市	南宋建炎元年（1127年）	木结构	总占地面积约3万平方米	全国重点文物保护单位
灵光寺	佛教寺庙	梅州市梅县	创建于唐咸通年间，明洪武十八年(1385)重建，清顺治十年(1653年)大修	木结构	现占地面积约6000平方米	广东省文物保护单位
国恩寺	佛教寺庙	云浮市新兴县	始建于唐弘道元年（公元683年），明隆庆元年(1567年)重建	砖木结构	建筑面积9200多平方米	广东省文物保护单位
五仙观	道教宫观	广州市	明洪武十年(1377年)迁至今址重建	木结构	民国12年(1923年)占地面积仍有4600多平方米	全国重点文物保护单位
云泉仙馆	道教宫观	佛山市南海区西樵镇	清乾隆四十二年(1777年)创建，道光二十八年(1848年)扩建，光绪三十四年(1908年)在此供奉吕祖，由道士住持	砖木结构		广东省文物保护单位
三元宫	道教宫观	广州市	始建于东晋大兴二年（公元319年），明万历年间重修。清乾隆五十一年（1786年）、清同治元年（1862年）均有改扩建重修	砖木结构		广州市文物保护单位
冲虚观	道教宫观	惠州市博罗县	东晋咸和年间（公元327～334年）创建，唐大宝年间扩建，清嘉庆、光绪年间重修	砖木结构		广东省文物保护单位

续表

名称	类型	地点	建成年代（变化情况）	材料结构	规模	文保等级
怀圣寺	伊斯兰教建筑	广州市	创建于唐初，相传为阿拉伯传教士阿布·宛葛素所创建。元至正三年（1343年）寺毁于火，至正十年（1350年）重建。明成化四年（1468年）及以后经多次重修	光塔为砖石结构	占地面积为2966平方米	全国重点文物保护单位
清真先贤古墓	伊斯兰教建筑	广州市	唐贞观三年（公元629年）	砖石结构		全国重点文物保护单位
德庆龙母神庙	坛庙	肇庆市德庆县悦城镇	始建年代无考。唐，现存建筑多为清同治至光绪年间所建	砖木结构	占地面积4.8万平方米	全国重点文物保护单位
佛山祖庙	坛庙	佛山市	始建于北宋元丰年间（1078~1085年），此后历代多次重建及改、扩建，清光绪二十五年（1899年）大修	主要以石木结构为主	建筑面积3600平方米	全国重点文物保护单位
南海神庙	坛庙	广州市	隋开皇十四年（公元594年）	木结构		全国重点文物保护单位
仁威庙	坛庙	广州市	始建于北宋，明初重建，清代重修	砖木结构		广东省文物保护单位
胥江祖庙	坛庙	佛山市三水区芦苞镇	始建于南宋咸淳四年（1268年）	砖木结构	占地面积965平方米	广东省文物保护单位
冼太庙	坛庙	高州市	明嘉靖十四年（1535年）始建，嘉靖四十三年（1564年）和清同治年间重修	木结构	建筑面积882.39平方米	广东省文物保护单位
揭阳关帝庙	坛庙	揭阳市榕城区	明万历二十九年（1601年）建，清乾隆十二年（1747年）扩建，光绪元年（1875年）重修	砖木结构		全国重点文物保护单位
揭阳城隍庙	坛庙	揭阳市榕城区	建于南宋绍兴十年（1140年），明洪武二年（1369年）重建，万历三十一年（1603年）增扩建，清乾隆四十三年（1778年）重修	石木结构	总面积有2000多平方米	广东省文物保护单位
雷州真武堂	坛庙	雷州市	始建于宋天圣元年（1023年）。明万历三十二年（1604年）重修	石砖木结构	三进四合院布局，占地面积837平方米	广东省文物保护单位
广州陈家祠	宗祠	广州市	清光绪十四年（1888年）动工，光绪二十年（1894年）落成	石砖木结构	占地面积1.5万平方米，建筑面积6400平方米	全国重点文物保护单位

续表

名称	类型	地点	建成年代（变化情况）	材料结构	规模	文保等级
留耕堂	宗祠	广州市番禺区沙湾镇	始建于元至元十二年（1275年），清康熙年间重建	石砖木结构	占地面积约 3300 平方米	广东省文物保护单位
广裕祠	宗祠	广州市从化区太平镇钱岗村	明永乐四年（1406年）	砖木结构	占地面积约 992 平方米，建筑面积 816 平方米	全国重点文物保护单位
雷祖祠	宗祠	雷州市	始建于唐贞观十六年（公元 642 年），后梁乾化二年（公元 912 年）重建	砖木结构	占地 10000 多平方米	全国重点文物保护单位
韩文公祠	宗祠	潮州市	始建于宋咸平二年（公元 999 年），元祐五年（1090 年）、南宋淳熙十六年（1189 年）有迁建	石砖木结构	建筑总面积 624.27 平方米	全国重点文物保护单位
己略黄公祠	宗祠	潮州市	建于清光绪十三年（1887年）	石砖木结构	总面阔 18.54 米，总进深 25.7 米，现有建筑面积 550 平方米	全国重点文物保护单位
丛熙公祠	宗祠	潮州市潮安县彩塘镇	清同治九年（1870年）奠基，光绪九年（1883年）建成	门厅为石结构，主体建筑为石木结构	总建筑面积 1319 平方米。	全国重点文物保护单位
陈白沙祠	宗祠	江门市	明万历十二年（1584年）	石砖木结构		广东省文物保护单位
湟涌黎氏宗祠	宗祠	东莞市中堂镇湟涌村	始建于南宋乾道九年（1173年），历代有重建重修	砖木结构	全祠占地面积 1152 平方米	广东省文物保护单位
河田方氏宗祠	宗祠	东莞市厚街镇河田村	始建于明建文元年（1399年），清咸丰五年（1855年）重建	砖木结构	占地面积 1226 平方米	广东省文物保护单位
逢简刘氏大宗祠	宗祠	佛山市顺德区逢简村	明永乐十三年（1415年）建祠，明天启年间（1621~1627年）进行过修缮、扩建。清嘉庆年间有重修	砖木结构	总面阔 32.20 米，总进深 85.50 米，占地面积 2600 多平方米，建筑面积 1115 平方米	广东省文物保护单位
德庆学宫	学宫	肇庆市德庆县德城镇	始建于宋祥符四年（1011年），元丰四年（1081年）迁今址重建，元大德元年（1297年）再建	木结构	占地面积 8000 多平方米	全国重点文物保护单位

续表

名称	类型	地点	建成年代（变化情况）	材料结构	规模	文保等级
番禺学宫（广州农民运动讲习所旧址）	学宫	广州市越秀区	宋淳祐元年（1241年）创建，明洪武三年（1370年）重建，洪武十三年(1380年)重修。现格局形成于清乾隆十二年（1747年），道光十五年(1835年)重修	木构架	占地面积5425平方米	全国重点文物保护单位
罗定学宫	学宫	罗定市罗城镇	始建于清顺治四年（1647年），康熙至光绪年间多次扩建	木结构	占地8300多平方米	广东省文物保护单位
揭阳学宫	学宫	揭阳市榕城区	创于宋绍兴十年（1140年），清嘉庆七年（1802年）和光绪二年（1876年）重修	木结构	占地面积5526平方米	全国重点文物保护单位
阳江学宫	学宫	阳江市	始建于北宋庆历四年(1044年)，明成化二十一年(1485年)迁建于今址，清嘉庆五年（1800年）重修	木结构		广东省文物保护单位
新会学宫	学宫	江门市新会区	始建于宋庆历四年(1044年)。以后历代均有重修	木结构	占地12189平方米，建筑面积3225平方米	广东省文物保护单位
兴宁学宫	学宫	梅州市兴宁市兴城镇	始建于南宋嘉定年间（1208~1224年），明洪武四年（1371年）与成化十八年（1482年）均有重建、改建，清同治十二年（1873年）重修	木结构	占地面积6000多平方米	广东省文物保护单位
龙川学宫	学宫	河源市龙川县佗城镇	始建年代不详，南宋时对学宫修葺过，元至元十八年（1281年）遭兵燹，明代曾重建学宫。现存的龙川学宫建于清康熙七年(1668年)	木结构		广东省文物保护单位
归善学宫	学宫	惠州市	始建于元泰定元年（1324年），现仅存有明万历四十一年（1613年）所建的戟门与大成殿。	木结构		广东省文物保护单位
长乐学宫	学宫	梅州市五华县长乐镇	始建于宋朝，元朝元贞年间、明洪武三年均有迁建。明成化五年（1469年）在现址重建，清同治六年（1867年）重修。	木结构	总占地面积5460平方米，建筑面积2024平方米	广东省文物保护单位

续表

名称	类型	地点	建成年代（变化情况）	材料结构	规模	文保等级
海阳县儒学宫	学宫	潮州市	至南宋绍兴年间(1131～1162年)在今址复建，明洪武二年(1369年)重建，永乐年间及正统元年(1436年)扩建，此后历代多有维修。	木结构	学宫的现有面积仅存4000平方米，只占原来面积的1/3	广东省文物保护单位
高要学宫	学宫	肇庆市	始建于北宋崇宁年间，明洪武二年（1369年）重建。后有多次重修	木结构	占地面积为3037平方米	广东省文物保护单位
化州学宫	学宫	茂名化州市	始建于南宋绍兴年间。学宫地址曾数次迁移，现学宫为清嘉庆六年(1801年)重建	砖木结构	建筑面积6000平方米，占地约一万平方米	广东省文物保护单位
玉岩书院	书院	广州市萝岗区	始建于南宋孝宗三年（1163年）	砖木结构	占地1348平方米	广东省文物保护单位
东山书院	书院	梅州市	始建于清乾隆十一年（1746年）	砖木结构	建筑占地1642平方米，建筑面积2655.5平方米	广东省文物保护单位
嵩台书院（叶挺独立团团部旧址）	书院	肇庆市	明宣德六年至十年（1431～1435年）将石头庵改建为嵩台书院。崇祯十四年（1641年）重建，更名为阅江楼。清顺治十四年（1657年）重建，康熙、光绪年间有修缮	砖木结构	占地面积约7551.9平方米，建筑面积约1238.6平方米，庭院面积为248平方米	广东省文物保护单位
锦纶会馆	会馆	广州市	始建于清雍正元年(1723年)，道光二十四年（1844年）重修	砖木结构	现存主体建筑面积700平方米	广东省文物保护单位
南雄广州会馆	会馆	南雄市	始建于明代中叶。清乾隆二十一年(1756年)重建，至清光绪九年（1883年），先后进行了四次重修	砖木结构	坐北朝南，三进，占地面积3834平方米，使用面积2510平方米	广东省文物保护单位
徐闻广府会馆	会馆	湛江市徐闻县	建于清乾隆五十二年（1787年），重建于清光绪十八年（1892年）	砖木结构		广东省文物保护单位
两海会馆（潮州会馆）	会馆	梅州兴宁市	始建于清嘉庆十一年（1806年）	砖木结构	占地面积约2000平方米	广东省文物保护单位
许驸马府	民居	潮州市	始建于北宋英宗治平年间（1064～1067年）	木结构	占地2450平方米，建筑面积约1800平方米	全国重点文物保护单位
职方第	民居	佛山市顺德区碧江镇	始建于清道光二十三年（1843年）	砖木结构		广东省文物保护单位

续表

名称	类型	地点	建成年代（变化情况）	材料结构	规模	文保等级
南华又庐	民居	梅州市梅县南口镇	始建于光绪三十年（1904年）	砖木结构		广东省文物保护单位
丘逢甲故居	民居	梅州市蕉岭县	清光绪二十二年（1896年）		面积1800平方米，二堂四横围屋	全国重点文物保护单位
光禄第	民居	梅州市大埔县西河镇车龙村	建于清光绪三十四年(1908年)	土木结构	建筑面积4180平方米	广东省文物保护单位
满堂围	民居	韶关市始兴县	清道光年十三年（1833年）始建，咸丰十年（1860年）建成	砖木结构	占地面积达2万平方米，共有大小房间777间	全国重点文物保护单位
双峰寨	民居	韶关市仁化县	始建于清光绪二十五年（1899年）	砖木结构	面积有4164平方米	全国重点文物保护单位
道韵楼	民居	潮州市饶平县三饶镇	始建于明万历十五年（1587年）	土木结构	呈八角形，周长328米，高11.5米，外墙厚1.6米，总面积约1万平方米	全国重点文物保护单位
花萼楼	民居	梅州市大埔县	明万历三十六年（1608年）	土木结构	占地面积2886平方米，共有房间210间	广东省文物保护单位
泰安楼	民居	梅州市大埔县	清乾隆二十八年（1763年）	石木结构	围楼面宽52米，进深49米，建筑占地面积6684平方米，主楼高3层11米，共有200多间房	广东省文物保护单位
可园	园林	东莞市	清道光三十年(1850年)始建，同治三年(1864年)基本建成，此后多次扩建改建	砖木结构、木结构	占地面积2204平方米	全国重点文物保护单位
余荫山房	园林	广州市番禺区	始建于清同治六年（1867年）	砖木结构、木结构	占地面积约1590多平方米	全国重点文物保护单位
清晖园	园林	佛山市顺德区	建于清嘉庆年间	砖木结构、木结构	其占地面积面积为3000多平方米	全国重点文物保护单位
佛山梁园	园林	佛山市禅城区	始建于清嘉庆、道光年间	砖木结构、木结构	总占地面积达21260平方米	广东省文物保护单位
光孝寺西铁塔	塔幢	广州市	铸于南汉大宝六年（公元963年）	铁塔	塔平面方形，原为7层仿楼阁式铁塔，今仅存3层，残高3.1米	全国重点文物保护单位（归属光孝寺）

续表

名称	类型	地点	建成年代（变化情况）	材料结构	规模	文保等级
光孝寺东铁塔	塔幢	广州市	铸于南汉大宝十年（公元967年）	铁塔	塔平面方形，为7层仿楼阁式铁塔，塔刹已残，高6.5米	全国重点文物保护单位（归属光孝寺）
千佛铁塔	塔幢	梅州市	铸于南汉大宝八年（公元965年）	铁塔	塔平面方形，为7层仿楼阁式铁塔，高4.2米	广东省文物保护单位
六榕寺塔	塔幢	广州市	宋绍圣四年(1097年)，塔刹为元至正十八年（1358年）铸	砖石结构	平面呈八角形，外观9层，内设暗层8层，共17层，为仿楼阁式穿壁绕平坐结构的砖木塔，通高57.6米	全国重点文物保护单位
云龙寺塔	塔幢	韶关市仁化县	始建于唐乾宁（894~898年）至光化年间（894~901年）	砖石结构	塔平面正方形，为五层平坐楼阁式实心砖塔，残高10.4米。首层边长2米，除塔腔底层筑一券顶塔心室外，余皆实心	全国重点文物保护单位
三影塔	塔幢	韶关南雄市	建于北宋大中祥符二年（1009年）	砖石结构	平面六角形，9层，塔通高(地面至刹顶)50.2米	全国重点文物保护单位
慧光塔	塔幢	清远连州市	始建于南北朝宋泰始四年（公元468年），初为木塔。宋代重建楼阁式砖塔	砖石结构	平面为六角形，外观9层，通高49.866米，其中塔刹高7.776米	全国重点文物保护单位
龟峰塔	塔幢	河源市	始建于南宋绍兴二年（1132年），明万历三十年（1602年）重修	砖石结构	平面为六角形，外观为7层，内为14层，首层外边长为5.4米，通高42.6米	全国重点文物保护单位
琶洲塔	塔幢	广州市	明万历二十五年（1597年）奠基，万历二十八年（1600年）落成。清道光二十四年（1844年）重修	砖石结构	八角形楼阁式，青砖砌筑，内腔为八角直井式，外观9层，内分17层，高50余米	广东省文物保护单位
莲花塔	塔幢	广州市番禺区	建于明万历四十年（1612年）	砖木结构	塔为八角形楼阁式塔，外观9层，内为11层，通高48.46米	广东省文物保护单位
金鳌洲塔	塔幢	东莞市	始建于明万历二十五年（1597年），清乾隆二年（1737年）重建	砖石结构	八角九层砖室塔，高49米	广东省文物保护单位
宝光塔	塔幢	茂名高州市	明万历四年（1576年）建	砖石结构	为八角9层楼阁式砖塔，通高65.8米，底层边长5.72米	广东省文物保护单位

续表

名称	类型	地点	建成年代（变化情况）	材料结构	规模	文保等级
罗定文塔	塔幢	云浮罗定市	始建于明万历三十九年（1611年）。清嘉庆五年（1800年）对塔顶进行维修，道光二十八年（1848年）曾加固塔基	砖石结构	该塔平面为八角形，外7层，内分13层，是穿壁绕平坐楼阁式砖石塔，总高47米	广东省文物保护单位
三元启秀塔	塔幢	湛江雷州市	明万历四十一年（1613年）动工，万历四十三（1615年）竣工	砖石结构	塔平面八角形，外9层、内17层，其中暗层8层，为穿壁绕平坐仿楼阁式砖木塔，通高57米	广东省文物保护单位
凤凰塔	塔幢	潮州市	始建于明万历十三年（1585年），清乾隆三十年（1765年）重修	砖石结构	凤凰塔为平面八角7层楼阁式砖石塔。塔高45.8米，墙厚2米多	广东省文物保护单位
大颠祖师塔	塔幢	汕头市潮阳区	建于唐长庆四年（公元824年）	石结构	大颠祖师塔是一座天竺窣堵坡形式的石造塔，高2.8米，塔身的最大直径为1.8米，基座平面为八角束腰形	广东省文物保护单位
文光塔	塔幢	汕头市潮阳区	宋绍兴元年（1131年）初建，南宋咸淳二年（1266年）、明崇祯八年（1635年）均有重建	砖石结构	平面八角形，7层，为仿楼阁式砖石塔，通高42.42米	全国重点文物保护单位
培风塔	塔幢	揭阳普宁市	建于清乾隆七年（1742年）	砖土混合结构	塔通高36米，7层，平面八角形	广东省文物保护单位
元魁塔	塔幢	梅州市	明万历四十七年（1619年）动工，崇祯二年（1629年）竣工，历时10年	砖石结构	塔高39.5米，为八角8层楼阁式砖石塔，底层以方块花岗石作墓垫，其余各层全为青砖砌筑	广东省文物保护单位
狮雄山塔	塔幢	梅州市五华县	始建于明万历四十年（1612年），清乾隆五十九年（1794年）和民国15年（1926年）分别做过维修	砖石结构	八角9层楼阁式砖塔，高35.5米。塔基须弥座用条石砌筑，每边长5米，塔身青砖砌筑，墙厚4米	广东省文物保护单位
正相塔	塔幢	河源市龙川县佗城镇	始建于唐朝开元三年（公元715年），宋代重修	砖石结构	塔平面六角形，为7层楼阁式塔，原高30.1米，1959年修缮后高32.2米	广东省文物保护单位
仙人塔	塔幢	韶关市	始建于北宋年间	砖石结构	为八角形穿壁绕平坐楼阁式砖塔，现存6层，七层以上及塔刹已毁，残高22.76米，墙厚2.35米	广东省文物保护单位

续表

名称	类型	地点	建成年代（变化情况）	材料结构	规模	文保等级
珠玑石塔	塔幢	韶关南雄市	建于元至正十年（1350年）	石结构	为八角形7层实心幢式石塔。全塔用17块红砂岩石雕刻成形后垒叠而成，通高3.36米，基座直径1.2米	广东省文物保护单位
渐溪寺塔	塔幢	韶关市仁化县	建于北宋熙宁八年（1075年）	砖石结构	为仿木楼阁式塔，7层，平面正方形，边长3.46米，塔高23.14米	广东省文物保护单位
华林寺塔	塔幢	韶关市仁化县	建于北宋元丰五年（1082年）	砖石结构	塔平面六角形，边长1.84米，为七层楼阁式穿心砖塔，残高21.74米	广东省文物保护单位
文峰塔	塔幢	韶关市仁化县	建于明朝万历年间	砖石结构	平面八角形，塔基座高0.9米，边长6.64米，红砂岩石条砌筑。为九层楼阁式空心砖石构筑塔，通高39.15米（包括塔刹高度）	广东省文物保护单位
蓬莱寺塔	塔幢	清远英德市浛洸镇	始建于唐咸通年间（公元860~874年），宋代重建	砖石结构	六角五层，穿壁绕平坐楼阁式，高21.38米，首层高4米，边长2米	广东省文物保护单位
龟峰山灵龟塔	塔幢	佛山市高明区明城镇	明万历二十九年（1601年）建	砖木结构	平面八角形，七层楼阁式砖塔，高32.3米	广东省文物保护单位
镇山宝塔	塔幢	江门市新会区	元代所建，塔基下嵌有清乾隆十年（1745年）碑刻1通	石结构，以灰色砂岩分段叠砌而成	平面为八角形，通高3.07米。石砌阶基平面八角形，边长0.32米，高0.42米	广东省文物保护单位
崇禧塔	塔幢	肇庆市	建于明万历十年(1582年)，万历十三年（1585年）竣工	砖木结构	平面八角形，楼阁式塔，外观九层，内分十七层，塔高57.5米	广东省文物保护单位
文明塔	塔幢	肇庆高要市	明万历十六年（1588年）建	砖木结构	塔平面六角形，楼阁式塔，外观七层，内13层，高45米	广东省文物保护单位
白沙山三元塔	塔幢	肇庆市德庆县	明万历二十七年（1599年）建	砖木结构	平面呈八角形，为穿壁绕平坐楼阁式砖木塔外观九层，内为十七层，高58米	广东省文物保护单位
双峰塔	塔幢	湛江吴川市	明万历二十七年（1599年）建塔	砖石结构	塔为八角七级楼阁式砖塔，高21米	广东省文物保护单位

续表

名称	类型	地点	建成年代（变化情况）	材料结构	规模	文保等级
阳江北山石塔	塔幢	阳江市	石塔建于南宋宝祐年间的阳江北山上	石结构	平面八角形，仿楼阁式花岗石塔，九层，高18.5米，塔座为须弥座，高1.52米	广东省文物保护单位
佛山祖庙灵应牌坊	牌坊	佛山市	建于明景泰二年（1451年）	木石结构	12柱3间4楼木、石牌坊，心间为阙道，次间为高石台基，通高11.4米，通阔9.2米	全国重点文物保护单位（归属佛山祖庙）
梅溪牌坊	牌坊	珠海市	清光绪十二至十七年（1886~1891年）建	石结构	原为4座并立，现存3座。牌坊用花岗岩石仿木构斗栱榫卯结构，均为8柱3间3楼	广东省文物保护单位
"升平人瑞"牌坊	牌坊	佛山市	清代建。1983年由省元巷街口迁至现址	石结构	4柱3间3楼，通面宽4.05米。楼为歇山顶	佛山市文物保护单位
褒宠牌坊	牌坊	佛山市	明正德十六年（1521年）建	砖石结构	4柱3间4楼砖石牌坊，庑殿顶，通面宽7.15米	广东省文物保护单位
良二千石牌坊	牌坊	佛山市南海区	明万历二十六年（1598）建，清乾隆年间重修	石结构	4柱3间，高7米，长11.94米	广东省文物保护单位
探花及第牌坊	牌坊	中山市	建于清代同治元年（1862年）	石结构	4柱3间3楼牌坊，高约8米	广东省文物保护单位
功垂捍御牌坊	牌坊	清远英德市	始建于清同治十年（1871年）	石结构	4柱3间5楼仿木构牌坊，通高8.75米，正楼门宽2.15米，次楼门宽1.75米。	广东省文物保护单位
司谏进士坊	牌坊	江门市新会区	明嘉靖六年（1527）建	石结构	4柱3间3楼石牌坊，悬山顶，通高8米，面宽10米	广东省文物保护单位
"丝纶世美"牌坊	牌坊	梅州市大埔县茶阳镇	建于明万历三十八年（1610年）	石结构	12柱3间3楼石牌坊，一、二层为歇山顶，顶层庑殿顶，高12.5米，宽4.65米，	全国重点文物保护单位
节烈坊	牌坊	梅州市大埔县	建于清乾隆二年（1737年）	砖木结构	4柱3间，牌坊分两层，高7米，宽5米	广东省文物保护单位
顺德冯氏贞节牌坊	牌坊	佛山市顺德区	建于清康熙三十七年（1698年）	石结构	4柱3间，十一脊重檐	广东省文物保护单位

续表

名称	类型	地点	建成年代（变化情况）	材料结构	规模	文保等级
潮州广济桥	桥梁	潮州市	始建于南宋乾道七年（1171年），初为浮桥。绍定元年（1228年）建成，明宣德十年（1435年）、明正德八年（1513年）重修	石木结构	全长518米，总共24桥墩，以集梁桥、浮桥、拱桥于一体，是中国也是世界上最早的一座开关活动式大桥	全国重点文物保护单位
石井桥	桥梁	广州市白云区石井镇	建于清道光十一年（1831年）	梁式石桥	全桥长68米，宽3.8米，有6个桥墩	广东省文物保护单位
通福桥	桥梁	广州市石围塘五眼桥村	始建于明万历年间，清嘉庆年间重修	五孔石拱桥	全长44.6米，桥宽2.9米，南引桥长5.1米，北引桥6米	广东省文物保护单位
逢简明远桥	桥梁	佛山市顺德区	始建于南宋	三孔石拱桥	全长24.8米、顶宽4.7米、高4.5米	广东省文物保护单位
应山石桥	桥梁	韶关乐昌市黄圃镇应山村	始建于清乾隆三十一年（1766年）	三拱墩柱式石梁桥	桥长49.85米，宽6.5米，拱跨16.9米，桥高12.5米	广东省文物保护单位
新坡广济桥	桥梁	湛江市湖光农场新坡村	建于清咸丰十一年（1861年）	19孔柱梁式石桥	桥长41.8米，宽1.3米	广东省文物保护单位
虎门炮台	炮台	东莞市虎门镇	南山炮台建于清康熙五十六年（1717年），沙角炮台建于嘉庆五年（1800年），镇远炮台建于嘉庆二十年（1815年），威远炮台建于道光十五年（1835年）	砖石结构	南山威远炮台平面呈半月形，全长360米，高6.2米，宽7.6米。沙角炮台长139米，炮洞11个	全国重点文物保护单位
崖门炮台	炮台	江门市新会区	始建于明，清康熙五十七年(1718年)重建，清嘉庆十四年(1809年)重修	砖石结构	炮台呈半月城垛型，全长180多米，高约6米，上下两层共43个炮位对准海面	广东省文物保护单位
崎碌炮台	炮台	汕头市	清同治十三年（1874年）动工，光绪五年（1879年）完工	砖石结构	占地面积19607平方米，全台直径116米，内墙高5.15米（垂直），外墙高6米（稍斜），为城堡式环形建筑物	全国重点文物保护单位
澄海大莱芜炮台	炮台	汕头市澄海区坝头镇莱芜岛	始建于清康熙五十六年（1717年）	砖石结构	呈长方形，长52米，宽25.9米，高5米，外堞厚0.7米、内堞1.8米，堞高1米	广东省文物保护单位
番禺莲花城	城堡	广州市番禺区	建于清康熙三年(1664年)	砖石结构	面积达万余平方米，为不规则的椭圆形城堡，城墙高逾10米	广东省文物保护单位

续表

名称	类型	地点	建成年代（变化情况）	材料结构	规模	文保等级
镇海楼	城楼	广州市	建于明洪武十三年（1380年）	砖石木结构民国17年（1928年）木结构部分改为钢筋混凝土结构	高五层，28米	全国重点文物保护单位
广济门城楼	城楼	潮州市	始建于明洪武三年（1370年）	砖木结构	三重檐歇山顶	广东省文物保护单位
南越国宫署遗址	遗址	广州市	秦汉	砖石结构	已知面积15万平方米	全国重点文物保护单位
南越国文王墓	陵墓	广州市	汉代	砖石结构	墓室坐北朝南，前三后四共7室，宽12.5米，长10.85米	全国重点文物保护单位
南汉二墓	陵墓	广州市番禺区	南汉时期	砖石结构	德陵是南汉奠基者烈宗刘隐的陵墓，为带墓道长方形多重券顶砖室墓，墓坑长26.47米，宽5.82；康陵是南汉高祖刘岩的陵墓，墓室内全长11米、宽3.15米、高3.3米。	全国重点文物保护单位

参考文献

[1] 蒋祖缘，方志钦主编. 简明广东史 [M]. 广州：广东人民出版社，1993.

[2] 陈泽泓著. 岭南建筑志 [M]. 广州：广东人民出版社，1999.

[3] 中国科学院自然科学史研究所主编. 中国古代建筑技术史 [M]. 北京：科学出版社，1985.

[4] 程建军著. 岭南古代大式殿堂建筑构架研究 [M]. 北京：中国建筑工业出版社，2002.

[5] 李哲扬著. 潮州传统建筑大木构架 [M]. 广州：广东人民出版社，2009.

[6] 陆元鼎，魏彦钧著. 广东民居 [M]. 北京：中国建筑工业出版社，1990.

[7] 陆琦编著. 广东民居（中国民居建筑丛书）[M]. 北京：中国建筑工业出版社，2008.

[8] 陆元鼎，陆琦著. 中国民居装饰装修艺术 [M]. 上海：上海科学技术出版社，1992.

[9] 陆琦著. 岭南造园与审美 [M]. 北京：中国建筑工业出版社，2005.

[10] 陆琦，唐孝祥，廖志编著. 中国民族建筑概览——华南卷 [M]. 北京：中国电力出版社，2007.

[11] 周霞著. 广州城市形态演进 [M]. 北京：中国建筑工业出版社，2006.

[12] 广东民间工艺博物馆，华南理工大学. 广州陈氏书院实录 [M]. 北京：中国建筑工业出版社，2011.

[13] 广东省文物局编. 全国重点文物保护单位. 广东文化遗产 [M]. 北京：文物出版社，2010.

[14] 东莞市文物局，东莞市文物管理委员会编. 东莞文物图册 [M]. 北京：中国建筑工业出版社，2005.

[15] 广东潮州市建设局编. 潮州古建筑 [M]. 北京：中国建筑工业出版社，2008.

[16] 省房地产科技情报网，广州市房地产管理局编. 岭南古建筑. 1991.

[17] 程建军主编. 梓人绳墨（岭南历史建筑测绘图选集）[M]. 广州：华南理工大学出版社，2013.

[18] 汤国华编著，张国栋审定. 岭南历史建筑测绘图选集 [M]. 广州：华南理工大学出版社，2001.

[19] 蒋祖缘. 明代广东的省城与府城建设 [J]. 广东史志，1999（2）.

[20] 吴庆洲. 岭南最古的木构建筑——肇庆梅庵大雄宝殿 [J]. 广东建筑装饰，1996（12）.

[21] 吴庆洲，谭永业. 德庆悦城龙母祖庙 [J]. 古建园林技术，1986（4）（5）（6）.

[22] 吴庆洲，谭永业. 粤西宋元木构之瑰宝——德庆学宫大成殿 [J]. 古建园林技术，1992（1）（2）.

[23] 吴庆洲. 广东佛山祖庙建筑研究 [J]. 古建园林技术，2011（1）.

[24] 赖琼. 唐至明清时期雷州城市历史地理初探 [J]. 湛江师范学院学报，2004（4）.

[25] 陈小凡. 潮州古城发展演变及保护研究（华南理工大学专业学位硕士学位论文）. 2010.

[26] 张红霞. 佛山市祖庙东华里历史街区保护与更新研究（华南理工大学硕士学位论文）. 2007.

[27] 肇庆市博物馆何丽娟. 肇庆古城墙的维修与保护，2008.

[28] 郑红. 潮州传统建筑木构彩画研究（华南理工大学博士学位论文）. 2012.

后记

《广东古建筑》已基本完稿，在撰写工作中得到了有关单位及个人的支持和帮助，特别是广东省文物局、广东省文物考古研究所、华南理工大学建筑学院的大力支持，以及省内各地市、县文物主管部门、文博部门的热情帮助。本册编委及古建筑文物专家麦英豪、苏桂芬、陆元鼎、邓炳权、刘管平、邓其生、吴庆洲、程建军、曹劲等人对本书的撰写提出了许多宝贵的建议。华南理工大学建筑学院陆元鼎教授、广东省博物馆原馆长邓炳权研究员为本书文字稿进行了查对并提出了修改意见。广东省文物局提供了部分古建筑测绘图和古建筑照片。华南理工大学建筑学院程建军教授也提供了古建筑测绘图。

参加本书文字资料整理工作的有徐国忱、段彦琼、李宗倍、陈周跃、费兰、高飞、肖雯静、张启铭等，参加图片摄影及绘图工作的有梁林、高海峰、林广臻、方兴、陈周跃、梁嘉文、黄博聪、肖江辉、涂文、颜婷婷等，广东省文物考古研究所曹勇副研究员为文稿资料收集和实地调研提供了许多帮助，还有不少学者、文物工作者及爱好者提供了照片，为本书成稿做了大量的工作。在本书撰写过程中，还参考了许多书籍、论文，并选用了一些古建筑测绘图，在此一并表示衷心感谢。

陆琦
2015年5月于广州华南理工大学校园

作者简介

陆琦，博士，华南理工大学建筑学院教授，民居建筑研究所所长，博士生导师，国家一级注册建筑师。中国民族建筑研究会副会长兼民居建筑专业委员会主任委员，中国圆明园学会学术专业委员会委员，广东省环境艺术设计行业协会常务理事。

建筑学术研究专著有《岭南园林艺术》、《岭南造园与审美》、《岭南私家园林》、《中国民居建筑艺术》、《中国民居建筑丛书——广东民居》、《广府民居》、《中国建筑艺术全集21．宅第建筑（二）（南方汉族）》等；论文有《岭南造园艺术研究》、《禅宗思想与士大夫园林》、《岭南建筑园林与中国传统审美思想》、《中国南北古典园林之美学特征》、《岭南传统园林造园特色》、《岭南传统庭园布局与空间特色》、《岭南园林石景》、《岭南园林几何形水庭》、《珠江三角洲水乡聚落形态》、《岭南传统聚落的保护与功能置换》、《岭南民居庭园借鉴与运用》、《传统民居园林与设计借鉴》、《传统聚落可持续发展度的创新与探索》、《时代与地域：风景园林学科视角下的乡村景观反思》等。

参与了广州东铁路新客站及广九直通车新客站、广州地铁一号线广州东站、广州大学城民俗博物馆（岭南印象园）、新疆哈密回王府、广东潮州饶宗颐学术馆、广东中山泮庐住区、广东揭阳楼、广东惠东巽寮湾天后宫、广州亚运城岭南水乡景观建筑、广州十香园博物馆、广州海珠湖湿地公园入口景观建筑群、佛山南海魁星阁等工程项目设计。